岩波現代全書

086

沖縄戦後民衆史

GendaIzensho
岩波現代全書
086

沖縄戦後民衆史

ガマから辺野古まで

森　宣雄
Yoshio Mori

目 次

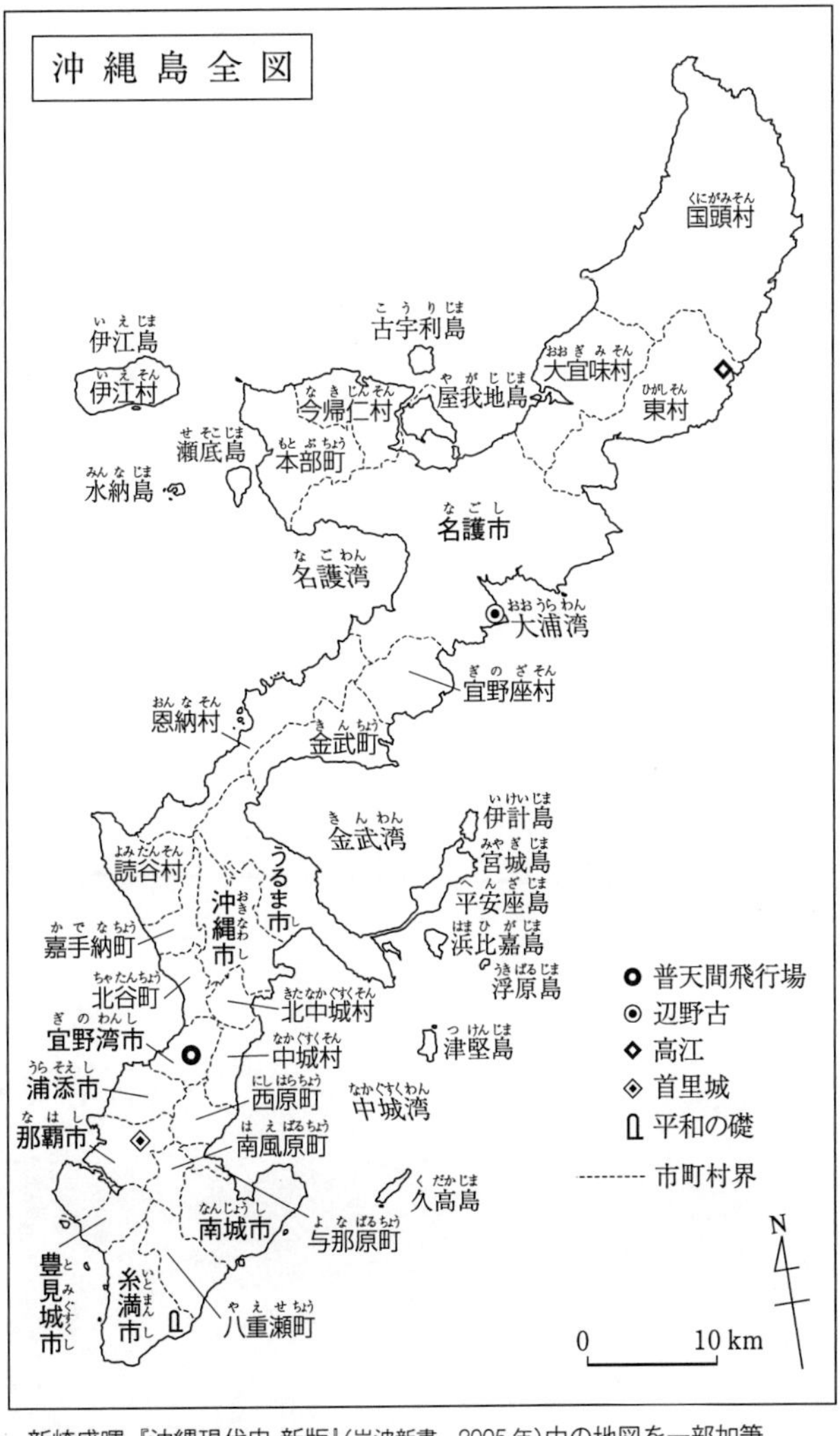

新崎盛暉『沖縄現代史 新版』(岩波新書，2005年)中の地図を一部加筆

序章　ひとびとが終わらせる戦争と戦後

プロローグ　生きる——ガマからの生還

地球の表面はプレートとよばれる十数枚の巨大な岩盤でおおわれている。それがたがいにぶつかりあってせり上がると、海の生きものたちが数百万年の時をかけつくってきたサンゴ礁が海中から押しあげられることがある。その上に泥がたまり草木がしげり、沖縄島ができた。

沖縄はうるまの島——隆起サンゴでできた島といわれる。

そのサンゴに数十万年のあいだ雨が降りそそぎ、地下水にひたされ、ゴツゴツと穴があいて無数の洞窟ができた。こうして自然がつくった壕のことを沖縄のひとびとはガマとよんだ。ガマは暗く湿った、植物と虫たちの世界だ。ある日のこと、島の骨格ともいえるその異世界のなかに幾万もの人間たちが入ってきた。島の歴史上かつてなかったことだ。

一九四五年六月一八日、伊原第三外科壕——敗走する日本軍によって臨時にそう名づけられた洞窟のなかには約九〇名の人びとがひしめいていた(1)。軍医二人、看護婦二五人、衛生兵と雑仕婦がそれぞれ五人。それからもっとも多い四五名の女学校生徒の看護助手。引率教員が五人。ほかに民間人は数人だけ（先に入っていた近隣住民は軍の力で追い出されていた）。

深いたて穴で、はしごをかけて登り降りした。うめき声をあげてうごめいていた重傷兵たちも、もういない。南風原《はえばる》の陸軍病院を捨てここに移動するとき、青酸カリや手榴弾をわたして置いてきた。その数は五〇〇から二〇〇〇——かぞえる者などいなかった。

その夜、熊本出身の気のあらい婦長が壕の中央に看護助手の生徒たちをあつめ、言いわたした。「陸軍病院は解散することになった。君たちはこれまで軍に協力して一生懸命頑張ってくれたけど、これからは自由だ、どこに行ってもよろしい。この壕を出ていけ」。石垣島出身の守下《もりした》ルリ（女子師範学校本科一年・一八歳）の頭はまっしろになった。

これまで一途に国を信じてきた。南風原の病院でついたあだ名が〝勝利ノ日マデ〟さん。その日がくるまでがんばろうというのが口ぐせだった。日本はもうだめだと弱音をはく負傷兵に「気合を入れてやる！」と息まいて、周囲になだめられることもあった。いのちをささげる覚悟はとうにできていた。それがこの島の最南端に追いつめられて米軍がもうちかくに迫っているのに、放り出されてどこへ行けというのだ？　石垣島出身の自分には行くあてもなく、ここがどこなのか見当もつかない——使い捨て。「こんなことってあるかと、私は本当に悔しい思いがしたんです」。

翌日うっすらと夜が明けはじめ、いよいよ壕を出ていこうというまぎわ、敵兵が頭上の入口をとりかこんで日本語で投降をよびかけてきた。「出てこないと、この壕は爆破します」。「捕虜になるな」と教わったことを信じ、だれひとり動こうとしない。危険だと思い、暗闇のなかしずかに奥へと移動した。「姉さん、私をつれていって」——下級生が一人ついてきた。

いきなりダーン、ダーン、ダーンという大音響とともに岩が割れ、入口ちかくの人たちがふきとばされた。入道雲のような白い煙が壕のなかにもくもくと立ちこめる。白リン弾だ。みながのたうちまわり顔を岩にこすりつけはじめた。すこしでも顔をあげると喉がぐいぐい絞めつけられる。「ガスだ、ガスだ」「水はどこ」。「小便してガスを防げ」――そばで兵隊らしきひとの声がきこえた。ズボンにひっかけたタオルをひきぬいて服の上から股間にあて、小便でぬらして鼻と口をふさいだ。体内がやかれる。阿鼻叫喚のなかから「おねえさん、おさきにね」――となりでくるしんでいた下級生のこえがきこえた。

　こんなところで死んでたまるものか。生きるのだ。生きるのだ。ぜったいに死なない。こんな洞窟の中で死んでたまるものか。生きるのだ。

胸のなかでそう叫びつづけて、意識をうしなった。

それから一〇カ月後、晴天の午後二時。その場所で慰霊祭がとりおこなわれた。この壕でいのちをおとした生徒三八人、教師四人をとむらう「ひめゆりの塔」の除幕式である。米軍がガソリンをかけて焼いたままになっていた遺骨をひろいあつめ、塔を立ててくれた真和志《まわし》村民が参列し、北部から生きのこりの引率教員・仲宗根政善《なかそねせいぜん》がかけつけ、追悼のことばをささげた。いま那覇市に合併されている真和志村には、戦火で焼かれるまで生徒たちの通った女学校の校舎があった（国際通りの北側、ゆいレール安里駅ちかく）。

除幕式の朝はやく、仲宗根はかつて血まみれになってさまよった断崖の下にひろがる、米須《こめす》の海岸に降り立ってみた[2]。アダンの葉をかきわけ浜に出ると無数の屍《しかばね》が散乱していた。まぶしい太陽、まっさおな海――うちよせる白波がころころと音をたて白骨をむなしくころがしている。逃げまどった避難民のものか、赤い位牌のかけら、色あせた朱塗りの盆が、渚にうちあげられている。

私は白砂の上にうつぶして慟哭した。巌の上に、ころがっている頭蓋骨のどう窩《か》が、むなしく青空をむいている。私はとても現《うつつ》の世界にいるとは思えなかった。無数の屍の中に立った時、私の頭に乙女らの姿が一人一人うかんで来た。

第三外科壕跡へむかう。あたりの木立は焼きはらわれ、黒こげのサンゴ岩のあいだに、ぽっかりと大きく壕はその口をあけていた。この日以来、何度となくこの壕をおとずれた仲宗根は、ある日の日記にこう記している。

この空にがばと口をあいた壕がいつまでも満たされないものを持っているかのように、このうつろの壕が、親や兄弟や心の中にあいた穴のようにいつまでたっても埋められず、うつろに口をあいて居り、悲しみを一杯たたえている。……友達も親も兄弟も世界の平和へ足取りをしっかりとふみしめて歩むこと以外に、この口をあいた洞窟のうつろは満たしようもないではありませんか。

壕から生きのびた五人の生徒のひとり、守下ルリは年月をへて戦争体験の語りべとなって、あの日のことをふりかえる。(3)「生き残ったのではなくて、生き残された」。

あの時には私たちは教えられたままに、国のため、とか、天皇陛下のため、ということで死ぬのが当然のことであり、名誉のことであると思って死んだと思います。でも死の一瞬前は皆「助けて」と言ったんですよ。それは、生きたかったということなんですよね。何としても生きたかったんですよ。それを今、私に伝えてくれ、と言ってるように思えるんです。

死ぬことを美徳とし、敵の殲滅のためにすべてをささげ、足手まといのよわい者を見すて、殺し、やがて沖縄のすべてが国家によって棄てられたこの戦争。その戦争の理屈から脱する〈戦後〉への第一歩は、一人ひとり多様な体験のなかから踏みしめられていった。死の寸前に身中からわきでた「生きる」さけびから、砲弾とその犠牲者が島のいたるところにあけた穴、うつろが埋まらない慟哭から。

1　沖縄戦とその「呪い」

捨て石と占領――沖縄戦の特徴

沖縄戦後史とは、どんな時代なのだろう?

沖縄戦のあとの時代――文字どおりいえばそういうことになる。〈戦争のあと〉――それがひとつの時代をなすというのは、その戦争の残した影響がよほど大きく、しかも長くつづいたということを意味している。〈沖縄戦のあと〉という時代、それはある意味でずっとその地でつづいてきた。そして私たちはいままさに、沖縄戦後史という時代の終わりに立ち会っているのかもしれない。

沖縄戦は一九四五年三月二三日の米軍爆撃ではじまり、六月二三日に日本軍が組織的に壊滅、九月七日の降伏調印式で正式に終結した。日米双方で二十数万の死者を出す、日本国内で最大の地上戦となった。それまでは重要な軍事拠点でもなかったこの島が、どうして巨大な戦争の舞台となったのだろう。

米軍は軍用機の航続距離などから、日本本土に上陸して降伏させるための最終拠点としてこの島を見定め、総力をあげて攻略にかかった。太平洋戦争で最大の約五五万人の態勢で上陸作戦を組み、約一二〇〇㎢の沖縄島とその周辺に推定二〇万トンもの砲弾を撃ちこんだ。直前の三月一〇日に東京を壊滅させた東京大空襲の投下爆弾が一七八三トンだったことに照らせば、いかにけたはずれの猛攻撃だったか。その不発弾を処理するには、いまもまだ三〇年計画(二〇一〇年—)が沖縄県で組まれている。

対する日本の**沖縄守備軍・第三二軍**の兵力は約一〇万人、米軍の五分の一にも満たなかった。しかもその年一月には最精鋭部隊を台湾に転出させていた。勝敗のゆくえは戦うまえからみえていた。にもかかわらず、勝者の米軍兵たちにとっても「ありったけの地獄がひとつになった」と称される凄惨な戦闘が三カ月にもわたりくりひろげられた(4)。どうしてか。沖縄で大規模な地上戦をおこない本土決戦のための時間かせぎをすること——それが準備段階から定められていた日本軍の作戦構想だったからである。

四月一日、米軍は沖縄島中部に上陸し南下をはじめた。首里の第三二軍司令部は、「**国体護持**」(天皇制・旧体制の継続)のため「何とかピシャリと叩けぬか」という天皇の強い要望にしたがい断続的に攻勢を仕かけた。だが五月なかば、もはや持久戦も限界に達した——そう東京の総司令部・大本営に報告した。ところが天皇・大本営は沖縄での戦闘に見切りをつけて支援も降伏も指令せず放置した。見捨てられた現地軍は迷ったすえ、一日でもながく戦い、米軍に「出血を強要」し本土攻撃を遅らせることが天皇と大本営の意にそうのだと、島の最南端まで撤退すると決めた。

当時沖縄島には四十数万人の一般住民がいた（ほかに石垣島など八重山群島に約三万、宮古群島に六万、県外疎開者は約八万）。とくに沖縄島南部の島尻地区には約三〇万人が避難していた。この住民の避難先を目がけて日本軍はなだれをうって敗走し、住民から食糧、避難場所をうばい、邪魔だと切りすて、そこに米軍が全力で掃討戦をかけた。その結果、沖縄戦の戦没者の半数以上を占める一二万から一五万人の沖縄の人びと（軍人・軍属ふくむ）が殺された。そのほとんどは戦闘にまきこまれた民間人の犠牲者だった（↓歴史ノートI）。

国体・本土防衛のための〈**捨て石**〉——それが沖縄戦の第一の特徴だった。

沖縄戦は住民のおよそ四人に一人が亡くなった戦争として知られる。だがその一方で戦火を生きぬいた〝残りの三人〟——約三二万人にとって、この戦争は〈捨て石〉の戦争であるにとどまらず、米軍に郷土がうばわれ住家から追い立てられていく〈**占領**〉の進行過程としてあった。

米軍は上陸とともに「米国軍並びに居住民の安寧福祉」のため、占領地における日本政府の施政権を停止して**軍政府**を設立すると宣言し（「ニミッツ布告」）、軍政統治をスタートさせた。逃げおくれた者、投降する者が続々と保護下に入っていった。と同時に、本土攻撃にむけた基地建設が支配下地域で轟然と開始された。

膨大な民有地・公有地が問答無用にうばわれ、日本軍の読谷《よみたん》・嘉手納《かでな》の二大飛行場は沖縄島上陸からわずか一〇日後には米軍飛行場に生まれかわって運用を開始した。あれよというまに沖縄は米軍基地の島として動きはじめた。その間、住民は主として東海岸中北部に設定された沖縄島面積一〇％ほどの軍政地域に送られ、一二カ所の民間人収容所〔地区〕に押しこめられていった。その数は四月末には一一万人、七月末には生存した住民の全員にちかい三二万人に達した。

沖縄島の南北で並走する〈捨て石・占領〉――これが沖縄戦のもっとも大きな特徴であり、それはそのまま戦後の出発点に接続していた。戦後沖縄の歴史はこの二つの要素のからみあいに規定されながら進んでいくのである。

無慈悲な戦争――米軍にとっての沖縄戦

沖縄戦後史は、一般的には一九七二年の沖縄の日本復帰〔アメリカから日本への施政権返還〕で終わったものと時期区分されてきた。沖縄戦以来つづいてきた米軍の占領統治が、それによって終了したからである。日本の総理大臣として六五年に戦後初めて沖縄をおとずれた佐藤栄作は、「沖縄の祖国復帰が実現しない限り、わが国にとって「戦後」が終わっていない」と演説した。たしかに日本国にとっては敗戦過程でなくした沖縄の施政権をとりもどす〈占領〉の終結で、戦後＝敗戦に区切りをつけたといえる。しかし沖縄戦の特徴をなすもうひとつの要素、〈捨て石〉化もまた、このとき終わったといえるのだろうか？

終わってなどいない――この思いは沖縄にくらす多くのひとびとの胸中に確信めいて去来してきた。復帰後も基地はいっこうに減らされず、むしろ日米同盟の基盤に活用されつづけており、〈占領〉も、それゆえに〈捨て石〉化も、かたちをかえて継続してきたからである。

沖縄戦における〈捨て石〉化の決定が沖縄にもたらした被害はあまりに大きく悲惨なものだったが、

日本政府にとって、それはみずからが責めを負う特段の失策であるとは認識されてこなかった。毎年六月二三日の沖縄戦「慰霊の日」の式典などで、かくも犠牲者を増やした原因とその責任にふれて謝罪されることも、これまでなかったようである。なぜだろう。日本陸軍をひきつぐ陸上自衛隊の戦史は、沖縄戦をこう総括している。「この軍官民一体の敢闘は、米軍に多大の出血を強要してその心胆を寒からしめ、もってその本土攻撃を慎重にさせ、わが本土決戦作戦準備に貴重な日時を与えた」(5)。つまり作戦は成功をおさめてその上に現在の政府があると認識されているからである。

たしかに沖縄戦で米軍は、太平洋戦争で最大の一万二〇〇〇人の死者を出し、負傷者との合計でいえば八万五〇〇〇人。死傷者数では日本軍の約一〇万人と大差がない(「玉砕」全滅方針で負傷者＝捕虜が極端に少ないため)。戦力の差が歴然としていた相手になぜここまでの大打撃をうけたのか?

時間かせぎのための死を強要された日本兵たちは、勝敗を度外視してあたかも死ぬためだけに切りこみ突撃をくり返した。捕虜・傷病兵の保護に関する国際条約(日本も批准ないし署名して準用)を無視し、人間の尊厳などみじんもない「狂信的な敵との終わりなき接近戦」は、米兵にとって悪夢の連続であった。そのためかつてない比率と深刻度で戦争神経症の発症者が膨大にあらわれ、その人数は公表された部分的なデータだけみても米軍の戦死者数を上まわった。それも死傷者数のなかにふくまれている[Appleman 1991: 384-86, 414]。

そしてこの〈捨て石〉作戦の甚大な効果は、戦後の〈占領〉のありかたを決定づけた。米軍部は自国の若者の大量の「血を流して得た」他にかえがたい征服地として、その後もながく沖縄の排他的な長期保有にこだわった(宮里政玄『アメリカの沖縄政策』ニライ社、一九八六年)。それは隠された歴史的な報復である。在沖米軍基地につけられているキャンプ・シュワブ、ハンセン、キンザーなどの名は、沖縄戦で名誉勲章を受章した戦死米兵の名前にちなんだもので、それらの青年の血であがなったという歴史性が基地の固有名のなかに埋めこまれている。

だがすこし立ちどまってみよう。あともどりできない歴史の展開のなかで沖縄の占領が報復的に長期化させられてしまったのだとしても、その報復を沖縄の住民にたいしておこなうのは矛盾してはいないか？　米軍は沖縄人を日本の被抑圧少数民族ととらえて日本軍の支配からの投降・離脱をよびかける心理戦を展開した。少数民族かどうかは別にしても、この島の住民こそ、この無慈悲な戦争の最大の犠牲者である。

隠れた歴史の脈絡のうちにさらに秘められた矛盾――そこに生じる違和感や心理的抵抗も作用してきたのか、米軍は戦後の占領統治で沖縄住民を親米路線にそって自立・独立させようと、信託統治や**対日分離策**を執拗なまでに追求した。「琉球の利益の為」「琉球人の誇り」を鼓舞する住民むけ米軍広報誌（『今日の琉球』『守礼の光』）の発行は、心理作戦部隊の主要任務とされ、六〇年代後半には全世帯数の五割をこす約一一万部、沖縄で最大の発行部数で散布された〔鹿野一九八七：一六四〕。だが沖縄の人びとはこれも言論の自由だと受け流しつつ、自立を勧めて隷従させる見るも明らかな傲慢さを嫌悪し、「何十冊もドブに捨て」た〔川満一九八八：一九四〕。住民の動向調査を専門とする心理戦部隊がそれを知らないはずはなかったが、さほど意に介されなかった。このばあいの心理戦の対象は、沖縄を支配する正当性をもとめつづける軍人たちだったのかもしれない。

米軍の排他的な沖縄駐留は費用対効果（国際社会における悪評をふくむ）の合理性をこえて異常なほ

ど長期にわたり、現在までつづいている。こうした不条理な〈占領〉長期化の背景に、太平洋戦争最大の、敵に匹敵する死傷者を出した戦いの屈辱やむなしさを埋めあわせようとする執念をかいま見ずにはいられない。それは報復願望や使命感というより、呪縛、血の呪いというのが近いのではないか。

血に国境はない。沖縄戦で流されたすべての人の血の重さ、苦しみが、この土地の上で戦争とその支援をなりわいとする者たちの行動から理性や合理的判断力をうばい、常軌を逸した行動へとエスカレートさせる。そのような見立てを、平和運動にとりくむある沖縄の思想家から聞いたことがある[森編二〇一二d]。「沖縄戦の呪い」——それは土地があたえる心理的ストレスの呪縛として科学的な理解も可能な現象である。戦争神経症は終わっていない(付言すれば、その快癒のためになんらかの努力をなす歴史の道義的責任が、日本の市民にはあるのではないか)。

戦後日本の存立基盤にたたる沖縄戦

そして沖縄の切り捨ては沖縄戦で一度きりおこなわれただけではすまなかった。戦後日本の外交にも、それは大きな呪縛を投げかけた。

連合国軍総司令部(GHQ)の**ダグラス・マッカーサー**最高司令官は、一九四七年六月、沖縄占領にたいする日本側の意向について「琉球はわれわれの自然の国境である。沖縄人が日本人でない以上、米国の沖縄占領に対して反対しているようなことはないようだ」と、来日した米国記者団に見解を披露した[中野編一九六九:四]。これに反応したのか、九月に昭和天皇はGHQ政治顧問**ウィリアム・ジョセフ・シーボルトのもとに側近を送り、いわゆる「**天皇メッセージ**」をとどけさせた。「天皇は、アメリカが沖縄を始め琉球の他の諸島を軍事占領しつづけることを希望している」、ただし占領にあたっては日本がアメリカに沖縄を長期租借(二五から五〇年あるいはそれ以上)させる形式をとって両国の共通利益をはかり、共産主義の脅威にたいする日本の安全を確保すべきだ——これがその内容である(➡歴史ノートⅡ)。

この提案は沖縄切り捨ての既成事実を追認するものであり、占領政策にどれほどインパクトをもったか定かでない。メッセージをうけとったシーボルトは、天皇の行動は「疑う余地なく主として利己心にもとづく要望」だと低い評価をあたえている。米軍にとってみれば沖縄は最大の犠牲を払って支配下に置いた征服地であり、それにたいして、時間かせぎの消耗戦で「出血を強要」させた張本人がいまさら貸し出し許可を申し出るなどというのは、だれの目からみても道義に反すると納得がいかなかったのだろう。それは支配領地内の人命や将来に責任をもたず、ただその土地と資源の活用のみを目的とする**植民地主義**の論理にほかならなかったからである。

だがこの天皇の行動により、戦後日本の対沖縄政策の方向性が明確にされた。「天皇メッセージ」をめぐるもっとも重要なポイントはここにある。インパクトはアメリカの占領政策の立案にではなく、日本の長期的な政治・外交方針のほうにこそあった。第一に、十数万の住民をまきぞえにし、米軍の長期占領を決定づけた沖縄守備軍の作戦行動は、ここで天皇によって是認され活用された。第二に、日本政府は決して沖縄を無条件に手放したわけではなく、戦後も引きつづき〈捨て石〉として活用する政治が開始された。

昭和天皇は翌四八年二月に二度目の「天皇メッセージ」をシーボルトに送り、中国ソ連の共産主義勢力にたいする防衛線を「南朝鮮、日本、琉球」、台湾、フィリピンにかけて引くことを提案した。前回のメッセージで提起した日本と沖縄の分離方針を再確認するとともに、今度はそれをアメリカのアジア防共戦略全体のなかに定置させようとした〔進藤二〇〇二：九七〕。自分が自由にできる〈捨て石〉をできるだけ好条件でアメリカに貸しつけ、そうすることでそこに居着いた米軍をもって、当時明確に帝政・天皇制廃止をめざしていた共産主義諸国からの防衛態勢を築く――昭和天皇の「国体護持」工作は日本の敗戦をまたいで完遂された。のちに天皇はこのメッセージ外交は「アメリカに占領してもらふのが沖縄の安全を保つ上から一番よかろう」という意味でおこなったと回顧している（『入江相政日記5』朝日新聞社、一九九一年、四二三頁）。ここでいう「沖縄の安全」とは国体の防波堤としての土地（陣地）の安全を指しており、そこに住む人間の安否はふくまれていない。視野の外にあるそれをあえてことばにすれば、日本軍よりよほど頼りになる用心棒の足もとで奉仕させる貢ぎものの臣民。それが沖縄の住民たちの位置づけだったのだろう。

こうして日本軍の地上戦構想にはじまり「天皇メッセージ」で継承方針が示された〈捨て石〉政策は、一九五二年――沖縄の無期限占領と引きかえに日本が再独立をはたした**サンフランシスコ平和条約**で、現実に戦後日本の「独立」基盤に組みこまれた。そして一九五〇年代――日本でたかまる反基地・反米世論をおさえるため、事件・事故を頻発させていた在日米軍の地上戦闘部隊を沖縄に移転させる基地の一極集中方針によって、戦後日本の対外政策の基軸である**日米安保体制**の土台に定置された。この延長線上に一九七二年――ベトナム戦争の泥沼化と沖縄の反戦・自治要求のつきあげに苦しむアメリカの負担軽減のために、日本政府が沖縄を直接統治して基地提供を保証した**沖縄施政権返還**があり、そしてその先のいま――沖縄の全県的反対を押しきって日本政府が進める米軍**辺野古新基地建設**問題があらわれている。

〈捨て石〉化は、日本政府にとって一貫して継承されてきた対沖縄政策としてある。それはもとより「日米決戦」対策として打ち出されたものであり、国内の一地方にたいする内政方針の範囲をこえている。この継続のなかで、米軍の事件・事故にたいする日本側の一次的捜査・逮捕権限をいまだに要求せず、日本国内の土地・空域・海域を米軍が優先的に支配する事実上の治外法権的〈占領〉体制が現在まで維持されてきた。沖縄返還を機に問題として表面化した、いわゆる「**本土の沖縄化**」――日本政府が沖縄で強いた無権利状態の日本本土への逆流である。

第二次大戦でともに敗れたドイツ・イタリアともいちじるしく異なり、いまだに敗戦国のまま対米従属から脱することができない「失われた外交」の呪縛［進藤二〇〇二：三〇〇］。ある意味でこれこそが戦後日本が〈沖縄捨て石―国体護持政策〉のなかで払いつづけてきた代償である。

米軍は沖縄戦で支払わされた犠牲の代価、既得権益として、いたいだけ沖縄に駐留し、基地の維持・移転にも費用を要求し、日本外交の独立をはばみつづける。日本外交それ自体も、沖縄に強いる犠牲とその非倫理性の上に、いわば**〈捨て石〉を礎石として**その上にサンフランシスコ講和・日米安保体制を築いてしまった。この「主として利己心にもとづく」政治的倫理的なもろさに縛られ、隣国・旧敵国の台頭にも自主的な外交で新たな信頼関係を切りひらくことができず、危機のたびごとにいっそう対米従属にむかうことになる。アメリカが日本を対等の信頼できる同盟国とは見ておらず、肝心なときには「強い不信感」(『佐藤榮作日記４』朝日新聞社、一九九七年、四〇五頁)を示して日本の頭越しに中国と接近することは、沖縄返還協定の直後に電撃発表された大統領訪中(ニクソン・ショック)などで何度か示されてきたにもかかわらず。

その閉塞状況は追いつめられた一九四五年夏のまま大きな変化がない。「国体護持」のためには対米隷属や国民・国土の犠牲もいとわない〈国体護持国家〉――そのような戦後日本の国家体制はいつどのようにはじまったのか？　八・一五ではない。沖縄戦からである。この意味で戦後日本は沖縄戦にずっと祟《たた》られている。

2　沖縄戦後史――国家史と戦史をつきぬける

歴史の主人公とは

では沖縄戦後史とは、これまでみてきたような日米両政府による〈捨て石・占領〉体制の歴史ということなのか。そうではないだろう。〈捨て石・占領〉体制の継続と展開は、日本の戦中・戦後史や日米関係史の従属変数としてアウトプットされてきた政策方針の蓄積にすぎない。ならば沖縄戦後史とはいったいなんだろう。

ここですこし視点を変えてみたい。沖縄戦の最大の被害者は、人数からいっても、郷土・生活の場を破壊されつくした被害の質からみても、沖縄の民衆だった。それはまちがいない。ではこの戦争の主人公はだれなのか？　新聞記者として戦火をくぐりぬけ、住民の視点からとらえがいた初の沖縄戦記録『鉄の暴風』(朝日新聞社、一九五〇年)をあらわした牧港篤三《まきみなととくぞう》さんは、後年そう問いを立て、みずからこう答えてみせた。「決して日本軍でもなく、アメリカ軍でもなく、それは、まぎれもなく沖縄人(住民)である」[那覇市史編集室一九八一:二六三]。被害者と主人公、それはたんなる言いかえではない。そこにははっきりとした違いがある。

もし沖縄住民がただ戦争にまきこまれ国家の犠牲になっただけだったならば、そして戦後も国家の救済や補償を待つだけの存在だったならば、戦争の主人公は、国家あるいは国家意思の遂行者としての政治家・官僚・将兵たちだというべきだろう。それは「戦史」や「国史」にみられる歴史観である。だが戦争は国家が決定し命じるのだとしても、それをじっさいに経験するのは人間であり、戦場とされた社会である。国家にとって戦争は通常の政策の延長線上にあらわれ、ある時点で採否が決定される選択肢の一つにすぎないが、兵士・役人・民間人をとわず人間にとって、戦争は許されざる殺人行為、人間の尊厳を踏みにじる人倫の破壊行為の膨大な集積として経験される。それはとりかえのきかない個の人格・肉体・人生において耐えがたい苦しみ、歪み、破壊をもたらす。政策としての戦争と、人間経験としての戦争はいちじるしく様相を異にする。

沖縄住民はこの〈経験としての戦争〉を生きぬき、たんに被害者であるにとどまらず戦死者たちを悼みとむらい、島のすみずみにのこされた残骸を片づけ、生産と経済、政治を復活させ、二度とこのような人間の悲劇をおこさぬよう子や孫、世界の人びとに経験をかたりつたえていった。この〈沖縄戦とそのあと〉を生きるいとなみにおいて、沖縄のひとびとは〈経験としての沖縄戦〉の主人公――と同時に、戦後沖縄の歴史の主役となったのである。(6)

他方で、戦争を決定した国家の統治者・官僚たちは、島々を捨てたことにより、そこで住民が何人死んだのかすら把握せず、いまだに関知しようともしない（↓歴史ノートI）。かれらとその末裔はある時点で政策として戦争を採用し命じた国家史や戦史の主体ではあっても、人間とその社会がつくる歴史の主人公とはいいえないだろう。

沖縄デモクラシーのあゆみ

沖縄戦後史とは、沖縄戦のつづきとしての〈捨て石・占領〉体制が継続する時代であり、それを終わらせようとするひとびとがつくり、あゆんできた歴史の総体である。いまを生きる私たちの歴史意識においては、そうとらえるのが妥当だろう。それは一九七二年の沖縄の日本復帰という統治体制史の転換をまたぎ越す、**ひとびと＝民衆**の歴史である。(7)

沖縄戦から現在にいたるこの歴史において、沖縄に生きるひとびとは独自な社会と思想を築いてきた。アメリカを代表する東アジア研究者のひとり、チャルマーズ・ジョンソンは、多くの国でベストセラーとなった著書のなかで、沖縄は「住民が自力で勝ち取った民主主義をみずから享受している日本で唯一の地域社会である」と述べた［ジョンソン二〇〇〇：七七］。その自力でかちとられた沖縄独自の民主主義とはどんなものか。

国家から捨てられ、なんの権利ももたない難民として世界最強の軍隊の無期限占領下に置かれたひとびとが、自分たちの／人間のよわさにむきあい、人間の生存と尊厳の回復をもとめて社会の団結をかため、他方で自然環境をふくむ外部の世界にひらかれ、外界から自由に活力をうけとりながら、よわいものを犠牲にしない社会思想と、やわらかな連帯の輪をひろげてきた。そのような**沖縄デモクラシー**のあゆみを、本書は無数の人びとの織りなす群像劇をとおしてえがいてゆきたい。

よわいものを犠牲にしない。いま述べたこの精神は、戦後沖縄の最大の思想的特質であり支柱となってきた。それは、都市部にある普天間飛行場の撤去のために沖縄内の過疎地に負担をおしつける「日米合意」をこばむ、現在の辺野古新基地反対運動のなかにも顕著にあらわれている。どうしてこの精神が歴史をつらぬく思想的な支柱となってきたのか。よわく小さいものを切り捨て強大な支配者にとりいること、それが〈捨て石・占領〉体制に対応する精神だとすれば、これを乗りこえようとするあゆみこそが沖縄戦後史をなり立たせてきたからである。

そしていま辺野古の新基地建設をめぐる現場で、ひとびとは一九四五年以来の戦場化の終結、すなわち沖縄戦後史の真の終焉をかけて対峙している（三上千恵『戦場《いくさば》ぬ止み《とぅどぅ》』大月書店、二〇一五年）。そこには歴史が現在形ですがたをあらわしている。

戦後沖縄の歴史にふれるとき、私たちは軍事力や国家権力によらない社会へのチャレンジが可能であること、またその具体的なありようを知ることができる。それは国家史の重圧、戦史の呪縛のただなかから、それらをつきぬけようとする人間社会の歴史‐未来像をうかびあがらせる。

ながい時間をかけ、何重もの苦難をすこしずつはねかえしてきた沖縄のひとびとの、明るくたくましく、悲しみと怒りを深部にたたえた思想は、二〇世紀の歴史が生んだ人類の宝にちがいないと思っている。この本でこれからめぐるのは、そのかたちのない宝を織りあげてきたひとびとの歴史の現場である。

歴史ノートⅠ　沖縄戦の戦没者数は?

沖縄戦の戦没者については正確な総数や全氏名は現在でもわかっていない。軍人・軍属は兵員名簿があるが、一般住民の被害について日本政府はいまだ体系的な調査をしたことがなく、担当省庁も決められていない(『沖縄タイムス』二〇一五年八月八日)。その原因は政府がこの島々を捨てて戦後もかえりみなかったことにある。

唯一参照される沖縄県援護課の資料によると、全戦没者は約二〇万人。うち日本側は県外出身日本兵六万六〇〇〇+県出身軍人・軍属二万八〇〇〇+一般住民九万四〇〇〇=一八万八〇〇〇人。これに米軍一万二〇〇〇人を加えて約二〇万人とされる。だが県出身軍人・軍属には学徒隊など速成で召集された民間人が多くふくまれ、また、一般住民の戦没者九万四〇〇〇という数字は前後の時期の人口統計を差し引きして出した大雑把な推定数にすぎない。戸籍簿の類は戦火で焼失した。

これまでの沖縄戦の研究成果によると、軍人・軍属・民間人をあわせた沖縄住民の戦没者は一五万人にのぼるとみられる。なお、このほかに軍夫・「慰安婦」として連れてこられた朝鮮の人びとが約一万人犠牲になったと推測されている。

歴史ノートⅡ　「天皇メッセージ」の影響は?

昭和天皇がアメリカに沖縄の長期租借を提案した「天皇メッセージ」(一九四七年九月一九日)の事実は、政治学者・進藤榮一さんによって米国立公文書館所蔵の文書から確認され、『世界』一九七九年四月号で発表された［進藤二〇〇二に収録］。当初はその信憑性も疑問視されたが、論文発表からまもなく天皇がみずからメッセージを認める発言をしていたことが入江相政《すけまさ》侍従長の日記（七九年五月七日の条）に記されており、九一年に入江日記が公刊されてからはひろく事実と認められた。二〇一四年に宮内庁がまとめた『昭和天皇実録』でも史実として公認された。原文は沖縄県公文書館ＨＰで閲覧できる。

同文書の発見以来、昭和天皇の政治的責任（四七年五月施行の現憲法は第四条で天皇の国政関与を禁止している）という論点を意識しながら、⑴メッセージがもたらした影響、⑵沖縄の対日分離・長期占領の決定的要因を解明しようとする研究が数多く積みあげられてきた。天皇による憲法違反という論点の重みも作用してなのか、議論百出の観を呈してきたが、大づかみに整理すると、⑵については、米軍内で早くから日沖分離策が検討されはじめたという伏線もあったが、やはり現実に米軍が沖縄進攻作戦を実施して甚大な被害をこうむったこと以上に決定的な要因はないとする宮里政玄《せいげん》さんらの見解（神井林二郎編『世界史のなかの日本占領』日本評論社、一九八五年、九八・一二二頁）にまさるものはないだろう。⑴については、共産圏をのぞく「片面講和」と対米従属的日米安保体制をみちびく契機になったとする分析［進藤二〇〇二］がもっとも説得的である。

なぜ沖縄だけが戦後も四半世紀以上、米軍占領下に置かれつづけたのか。この深刻な問いに思いをはせるとき、「天皇メッセージ」はそれを予言しみちびいた元凶であるかのように浮上する。しかし数回の非公式な意向の伝達ですべてが決するほどに歴史は単純でも明快でもない。ただし、戦争だけは別かもしれない。

いちど戦争をはじめてしまえばすべては押し流され、よわい者を犠牲にする非道で残酷な論理が世界を支配する。「天皇メッセージ」が伝えるのは、この戦争の非道性である。

第Ⅰ部

焦土からの旅立ち

米軍占領期 略年表 1945〜72年

1945. 3. 23	**沖縄戦**開始，6. 23日本軍壊滅，二十数万人死亡．8. 15日本降服
10.	収容所から住民の帰還開始．米軍は沖縄の恒久確保方針を決定
12.	国会の議決・天皇の裁可で衆院選挙法改正，沖縄住民の**選挙権剝奪**
1946. 1. 29	GHQが奄美・沖縄・宮古・八重山群島を日本から**行政分離**
4.	沖縄民政府・沖縄議会発足．B円軍票へ通貨切替
1947. 6.	政党結成はじまる．9月から南北で**演説会**
9.	**天皇メッセージ**，GHQに沖縄の長期租借を提案
1948. 8.	市町村売店閉鎖(配給停止命令)，市町村長会の陳情により延期
1949. 2.	配給物資大幅値上げ．米，沖縄の恒久基地建設を決定(NSC13/3)
3. 1	沖縄議会，経済政策に抗議し**総辞職決議**．5月〜**民族戦線演説会**
1950. 6.	朝鮮戦争開始(〜53年休戦)，沖縄出撃基地化
11.	知事公選をへて奄美・沖縄・宮古・八重山に群島政府・議会設置
12.	米，軍政府を米民政府に改編，群島政府の上位に設置(FEC指令)
1951. 4.	**日本復帰請願署名運動**(〜8月)，9月の対日講和会議に送付
1952. 4. 1	琉球政府・立法院発足．4. 28対日講和・日米安保条約が発効
6. 25	**初の大規模労働争議**・日本道路ストで立法院斡旋．地下共産党が結成
1953. 12.	奄美群島の施政権が日本に返還(鹿児島県に編入)
1954. 1.	米大統領が沖縄無期限保有を宣言(ブルー・スカイ・ポジション)
10.	人民党事件，瀬長亀次郎ら逮捕．抗議集会つづき11. 7刑務所暴動
1955. 2. 1	宜野湾村伊佐浜の**土地闘争で婦人代表**が琉球軍司令部に直談判
3.	伊江島・伊佐浜で**「銃剣とブルドーザー」**開始．7. 21〜**乞食行進**
1956. 6.	土地問題でプライス勧告発表．琉球政府など四者協が総辞職決議，各市町村で住民大会＝**島ぐるみ闘争**．12月，那覇市長に瀬長亀次郎当選
1957. 5.	ナイキ基地建設計画発表．以後，核配備本格化
6.	大統領行政命令．岸・アイゼンハワー会談，在日米地上軍が撤退
11.	布令改定で瀬長那覇市長を公職追放(1月の市長選で後継候補当選)
1958. 9.	通貨のドル切替．消費ブームの高度成長へ
1960. 4. 28	**「復帰協」**結成．日本の安保闘争では「日本の沖縄化」に反対
1962. 3.	ケネディ新政策で日本復帰方針．労組の統一春闘はじまる
1964. 10.	主席指名阻止闘争で立法院乱入事件
1965. 8.	佐藤栄作が首相として戦後初の訪沖．ベトナム爆撃反対運動高まる
1967. 2. 24	**教公二法闘争**で復帰協が機動隊をゴボウ抜き，廃案に追い込む
11.	佐藤・ジョンソン会談，沖縄返還の数年中の決定を発表
1968. 11. 10	初の**主席公選**で屋良朝苗当選．11. 19嘉手納基地でB 52墜落大爆発
1969. 2. 4	**ゼネスト中止**，いのちを守る県民総決起大会に4万5000人
11.	第2次佐藤・ジョンソン会談，72年返還決定．以後，軍雇用員大量解雇
1970. 11.	国政参加選挙．ボイコット運動も起こる．12. 20**コザ暴動**
1971. 11. 10	返還協定批准反対ゼネスト．11. 17衆院特別委で**返還協定強行採決**
1972. 5. 15	施政権が日本に返還．沖縄処分抗議県民総決起大会．通貨の円切替

第一章　戦後のはじまり――国家からの難民 一九四五年

プロローグ　旅する同胞――民族の啓示

沖縄戦を生きのびた沖縄住民は約三三万人と推計される。かれらは二重の意味での難民だった。一面では米軍の砲火によって郷土・住家を追われた**戦時難民**として。もう一面では、郷土にいながら地域社会まるごと日本政府によって保護対象から放逐された**政治的な難民**という意味で。国家から捨てられた戦場の難民――それがこの島の歴史を背おい、未来を切りひらく主人公たちのすがただった。

本章はこの二重の難民たちが戦火をくぐって収容所に入り、半年から一年あまりの収容所生活のなかから、いかにして社会と精神世界を再建していったか、戦後の原点をたずねてゆく。

日本軍が南部へ逃げこみ米軍がそれを追撃するなか、人びとはやがて北部へむかっていった。やせこけた体に天秤棒をかつぎ、ナベやカマ、食糧をもって、着物をはだけ、北へ北へ。そのさまを、明暗のさだかでない幻想的な風景のもとに描写した、牧港篤三さんの「啓示」という詩が残されている（『牧港篤三全詩集 無償の時代』共同印刷出版社、一九七一年。傍点は引用者）。

夜中だか、朝だかわからない。
ぞろ　ぞろ　と、民族が、移動する。
男は妻をかばい、親は子の手を引いて老人と子供たちを、先頭に　ぞろ　ぞろと、
民族が移動する。
それは陸だか、波頭の上か、さだかではないが、道はいつ果てるとも知れずつづいている。
長い行列は一つの親和となり、これから辿りつこうという肥沃の大陸を目指し、入国券も要らなければ、税官吏もいない自由の天地へ、押し渡ろう、という。〔中略〕
そこでは適当な生殖を行ない、子孫を根絶やさず、大地に深く根をおろし、耕作を続けよう。
そこでは委員を挙げ、産業をおこし、規律を編み、自律の呼吸にまで高めよう。
そこでは疫病を防ぎ、湖水を掘り、ばらを植えよう。
隊列の中からは信念のないロマンや、軽薄なセンチメントを捨て去るのだ、
という、烈風のような、声すら聞こえる。
夜中だか、朝だかわからないが、ぞろ　ぞろ　と
民族が移動する。

この詩が書かれた一九四七年秋ごろまでには、旧居住地への帰還がすすみ、政党も結成されるようになっていた。しかし軍政が終わる、あるいはゆるむ見通しはとぼしかった。そんなときにどうして収容所へむかいさまよった経験を「肥沃の大陸」への移住の旅路だとえがくことができたのか。ヒントはおそらくその文言のそばにある。「税官吏もいない」――財産も収入もない、「入国券も

要らない」――国籍もない世界にこの人びとは平等にゼロのすがたで入ったのだ。それが沖縄にとっての朝、つまり夜明けなのか、暗黒の世界なのかまだわからない。だが人びとは硝煙弾雨におわれて昼夜の区別もつかない戦場からのがれ出ようと、たがいにかばいあい、いたわりあう隊列をともにした。その苦難と助けあいが「一つの親和」に結晶し、そこには**民族とよぶべき同胞感**がたくまずしてあらわれ出ていた。

「肥沃の大陸」――それは戦争が啓示した沖縄の民族的共同体を指していた。

沖縄島全域を同胞意識でつつむ沖縄人（うちなーんちゅ）という意識は、ヤマトと米軍に自己を対置した戦中から戦後の経験をきっかけとして生まれたとよく指摘される。じっさい沖縄の人びとは道ひとつへだてた集落のあいだでさえ言葉づかいや習俗が異なるといわれるほどの多様性、いいかえれば集落ごとの自律性を堅持してきた（比嘉政夫『沖縄からアジアが見える』岩波ジュニア新書、一九九九年）。それが全島の住民ほぼ全員、地域の垣根をなくして北部東海岸の収容所にはだか同然で放りこまれ、難民としてひとつになった。戦前からの同化政策・皇民化教育もなしえなかった地域文化の均質化を、地上戦と占領は荒々しくもなしとげた。かえりみればそのような歴史経験でもあった。いまのことばでいえば、さしずめ〈オール沖縄〉の収容所体験である。

とはいえこうした苦難の共有それ自体だけでは、明るい未来がイメージされる理由の説明になっていない。そのイメージは凄惨な戦場のいったいどこに芽ぶいていたのか。ひとびとのじっさいの歴史経験のほうに、詩の世界からおりていってみよう。

1　収容所のうたごえ——歴史・情愛・自然

民衆史の視覚

すべてをうしなった人びとは、最初有刺鉄線で囲っただけの収容所で砂の上に寝た。昼は米軍の命令で遺体の埋葬や食糧あつめ、洗濯、軍作業などにかりだされた。が、夜はまったくすることがない。八月なかば、夜空に米軍のありとあらゆる火砲が撃ちあがり、歓喜する兵隊たちの声で日本の降伏が伝わった。

そんななか、人びとはまずなによりも歌をうたいはじめた。米軍配給食糧の空き缶にパラシュートの布を張り、針金やパラシュートのヒモで絃をつけた。カンカラ三線《さんしん》である。おのおのテントから出てきて暗闇のなか車座になり、こんな歌に聞き入った。

なちかしや沖縄　戦さ場になやい　世間御万人《うまんちゅ》ぬ袖ゆ濡らち
(悲しい沖縄　戦場になって　世のみなさまのそでを涙でぬらし)

「屋嘉節《やかぶし》」の一番である。つづきの歌詞を現代日本語にするとこんなふうだ。——涙をのんで恩納岳《なだけ》に登り、みなさまとともに戦争をしのいできた。いまではあわれ闇夜に鳴く屋嘉村のカラス。親をなくしたわが身を哭《な》かずにいられようか。いとしい貴女は石川の民間人収容所で茅葺き長屋住まい。ぼくは屋嘉の収容所で砂を枕にくらす。こころを励ますのは米軍配給物資の四本入り煙草。さびしさは月に流していこう——

屋嘉は沖縄島北部の金武《きん》村にあり、そこに最大の捕虜収容所があった。ここからはもうひとつ有名な歌が生まれている。「敗戦数え唄」。そこでは民衆の戦争体験が時系列を追って歌い上げられている。一番から十番まで、こころの動きをたどってみよう［那覇市史編集室一九八一：一二に一部加筆］。

一つ人々聞ちみそり（聞いてください）　今度の沖縄作戦や　日本の立場定またる　大戦さ
二つふた親ふり捨てて　我が身の務みはたすんで　勇み出じたる防衛隊　見上げたむん
三つ御国の為ともて　竹槍担みて戦てん　物量と科学に及ばらん（及ばない）この戦さ
四つ世の中うち変わて　アメリカ風の世となやい　文明開化の花が咲く　面白むん
五つ戦さの勝ち負けや　世界歴史の物語り　人々文化になびかさい　働かな
六つ無謀なこの戦さ　親兄弟妻子に別りやい　あの世に先立つ戦友ぬ数知ゆみ（数知れない）
七つなつかし（悲しい）籠の鳥　屋嘉の月日を数えつつ　生き恥さらちょて働ちゅし　丸六月
八つ病いと戦さ傷　互いに看護にうちはまて　頑丈な体になちいかな　朗らかに
九つ困難当たてから　ありくり物思みさんぐとに（あれこれ思い悩まず）解放さりゆる節待たな
十でとうとう皆様と　お別りする日になやびたん　沖縄建設手に取やい行ちゃびらや（手をとりあっていきましょう）

未曽有の戦乱をへてなお、臨時召集の軍夫に応召した勇気を「見上げた」ものとほめたたえ、竹やりの負け戦をわらい、支配者と文化の交替を「面白」がり、収容所で「朗らかに」働いて「解放」を待ちわび、新沖縄建設に手をとりあう——歴史の変転＝「**世替わり**」を生きぬく、おどろくほどたくましい生きざまが歌われている。

「屋嘉節」「数え歌」いずれも一九四五年九月ごろ収容所でつくられ発表され、「演芸会は大盛会で将校も下士官も兵も全員が一つに溶け合って、素晴らしい雰囲気をかもし、生きた喜びを味わっているように感じられた」という〔那覇市史編集室一九八一：一〇〕。

一般住民の収容所にいた当時一三歳の少年、新井裕丈さんの記憶にも暗さがない。南部の激戦地で九死に一生をえて収容されたあとも「マラリヤや下痢で命を落とす難民が続出、痛ましいかぎりであった」と回顧する一方で、「米軍は、寛大だったので、収容所という不自由で厳しい管理下の惨めさは、あまり思い出せない」。というのも「悲惨な戦争からの解放感があったのかもしれない」〔沖縄タイムス社一九九八：二二〕。

戦争に翻弄され数えきれないものをうしなった人びとは、戦争の終結とともに国家からも解放され、残されたいのちに国家の歴史を突き放して見る歴史の視覚――民衆史の視点を刻んだ。そしてこれらの島うたを歌いつぐなかで権力の変遷を生きぬく精神を、子や孫にうけわたしていった。

人の情けとこころの再生

もうひとつ、いまでもとても人気が高く、民謡の発表会やカラオケなどでよくうたわれる恋歌が、名護市辺野古ちかくの二見《ふたみ》収容所で生まれている。男女のかけあいでうたう「二見情話」だ。二〇一二年にはその地をはしる国道三三一号旧道に県内初の「メロディーロード」がつくられ、車で通ると路面からこの歌の哀《かな》しげなメロディーが聞こえてくる。東海岸、辺野古へいく折などに寄り道して歌碑をたずねてみてもよいかもしれない。

大岩に刻まれたその歌碑を読むと、作者の照屋《てるや》朝敏《ちょうびん》さんは「平和祈念と二見の人への命からなる感謝をこめた御礼のメッセージ」としてこの歌をつくったのだという。日本語訳で詞を書いてみる。

二見の乙女はとっても心が美しい　海山の眺めはどこにもまさる美しさ
二見の嫁になりたいけれど　辺野古崎の坂のきつい上り下り
待ちかねた首里への帰郷の日がきたが　お別れしなければならないこのつらさ
行くよ——行ってきなさいと交わすことばは　どうして心うちに思いをとどめるのか
いつか戦争の悲惨さは忘れられるだろうか　それにしても忘れがたいのは花の二見

忘れたくても忘れられない戦争体験。しかしそのなかで出会った人のこころの清らかさ、よわい人間たちを包みこむ大自然の美しさを、人びとは戦争にまさるものとして記憶し歌いつたえた。このとき人びとは戦争をにくむと同時に、それをこえる価値をも見つけている。

これは甘く切ない歌世界のなかでこそ語りえた夢物語なのだろうか。戦場をくぐって刻まれた平和への思いは、なれ親しんだ恋歌のかたちを借りてこそ民衆による民衆自身の思想表現としてあらわされた。そう解すべきかもしれない。しかしそういえば、「屋嘉節」でも「貴女」へのいとしさが後半にうたわれていた。

情け、いとしさ、美しさ、そして恋。恋はうたかた泡のようともうたわれるが、それらはどうして凄惨な戦場を生きのびた人びとの口をついて出たのだろう。

戦場で人びとはことばにできない経験をかさねた。「戦争の残酷さは言葉やペンでは語り尽くせるものではない」、どんなことばもその悲惨さを形容するにはたりない。もし表現しようとすれば、人間のおこないや存在を人間以外のなにかに置きかえるほかない。「まるで薬物を浴びた虫けらのように、死体の山がどこまでも連なっていた」、「土砂降りの雨の中、死体が浮き沈みしていた。まるで人間の天ぷらのように」[1]。尊厳がうばわれ、だれもが人間でいられなくなった。

軍事力と剝《む》き出しの暴力がすべてを支配する世界で、暴力は兵士のあいだの戦闘だけでは収まらなかった。女性、子ども、お年寄り、障がい者など非戦闘員のよわい立場の者に、それは容赦なく襲いかかった。とくに南部の「島尻で捕まって無事な女はいなかった」といわれる。米軍にだけではない。「戦中の沖縄婦人たちは、日米の兵隊たちから、どれだけ過酷な体験をさせられたか……口には出せないし、また出してはならないのです」――そんなことばだけが残されている〔上原一九八九：六七・八〇〕(↓歴史ノートⅢ)。

ところが、である。鉄血勤皇隊の学徒兵として動員された大田昌秀さんは、こういう。「極限状況下で目撃した地獄絵図さながらの光景を、わたしは生きているかぎり忘れることはできない」、忘れようとすればするほどかえって鮮明によみがえってくる――だがその一方で「異常な行動以上に、とくに学友たちの友情あふれる行為は忘れることができない」〔大田一九九六。傍点引用者〕。

生きのびるための空しくも非道な行為の数々。それと、自己を犠牲にして死んでいった友人恩師のおもかげ。両者は〈忘れられない〉という一点では同じだ。だが後者は前者以上の、同等にしてはならないなにかとしてこころにしみ残り、そこからは〈忘れてはならない〉とするみずからの意思が**生きる使命感**とともにひそかにあふれ出てくるのだった。

大田さんと同じく沖縄島最南端の摩文仁《まぶに》で死線をさまよった体育教師の喜屋武《きゃん》真栄《しんえい》さん（県庁教学

課・後方指導隊）は、戦場でも書きつづけた日記の一九四五年六月二二日の条に、同様の思いをもっとはっきり書きしるしていた〔喜屋武一九七〇：二〇四―〇五〕。

死んだ家族を置き去りにして黙々と避難をつづける母親や夫、子どもたち。そのすがたをみて、「生きるためには、結局、人間は個人主義に帰着すると知った」。「生きる本能。それは凡人にとっては、そう簡単に解脱できるものではない」。だがだからこそ、「戦場の倫理」と題してこうしるす。「一切の理念も、国家観も、道徳も、戦場下にさらされてみれば、人間に残るものは感情である。情が人間の道徳の基底であった」。そして喜屋武さんは、日本本土に疎開した妻子にあてて「強くてやさしい情深い人間」「恩を知る情深い人間」であってくれと遺言をしるし、その日記を地中に埋めていざ北部へむけ敵中突破に出ていった（「戦中日記」は戦後掘り出された）。

情け、感情、いとおしさ――それらは体系性をほこる理念や国家観、完成された道徳律よりも劣る、よわく頼りないもののようにみえて、人間が人間でありつづける、また戦場の傷から立ちなおる、ただひとつのたいせつな支えだった。恋ほど、つよい願いの想念はない。戦場の非情、人間の非道を知ったからこそ、ひとがひとであることができる情愛をよびもどそうと、ひとびとは島うたをうたった。その意味で歌は人間が戦場の狂乱からよみがえる、うぶごえだった。

母なる〈うちなー〉へのエクソダス

そして歌ごえは鳥のさえずり、波や風の音とともに、さえぎるもののない収容所の砂地から自然のなかに溶けていった。それは生命力の横溢する**大自然**のふところへ人びとのこころが回帰していく足どりでもあっただろう。「宿命の島の人々の心の奥は三すじの糸に託して哀々切々として天地の神への哀願となり祈禱となる」（仲宗根源和『沖縄から琉球へ』月刊沖縄社、一九七三年、三六頁）。それゆえに歌は島うただった。

沖縄島において大自然は北へむかうほどにその雄大なすがたをあらわす。人間の文明のはるか以前から、あらゆる生をはぐくんできた母なる大自然は、こころをいやすだけではない。飢えをしのぐ恵みをあたえ、**生きるよろこびと力**を身中に湧きあがらせてくれた。

住家や畑をなくした人びとを救ったのは、北部（「やんばる」とよばれる）の山中の植物や生きもの、そして「海の畑」とよばれる遠浅の環礁（リーフ）でとれる海藻や貝、魚たちであった。とくに軍政機構の設置予定地区として米軍の砲撃対象から外され、意図的に温存された中北部東海岸の集落は、海の恵みのゆたかな地域だった。

勝連《かつれん》半島の目のまえに小さくうかぶ浜比嘉《はまひが》島では、首里や那覇、島尻など全沖縄からの避難民を二年ほど、約一〇〇人うけいれた。沖縄島が血に染まっていたころ、公民館のうしろに毎日とれた魚やイモをあつめて「完全に配給制にして」「本島から来た人達もよ、一緒に命をつないだ」。半島側の与那城《よなしろ》村（現・うるま市）の屋慶名《やけな》や照間《てるま》といった古くからの集落では、畑を頭割りで等分し、それぞれが耕して生きながらえた。「戦争は負けたんだし……お互い様という考えだったね」、「そこは共存共栄の精神です。死ぬもん、そうせんと」［金武湾を守る会一九七八：八九―九五］。

戦争の地獄絵図をもたらした国家は救いにこなかった――国は島々を捨てた。だがひとびとは自然の恵みと、それをわかちあうシマ（集落）の情けでいのちをつないだ。さきに「敗戦数え歌」にみたような国家を相対化する「世替わり」の思想は、ただ斜にかまえて国家を批判するものではなく、人の情けと母なる自然を重んじる伝統的な価値観と、それにもとづいたくらしの経験が、背骨を支えていた。両者は一体であった。

沖縄では近世の琉球王国においても、農地の個人所有を原則認めない「地割制」のもとで、原始共産制的な土地・作物の村落共有の慣習が維持されてきた。王府の収奪のため温存されてきたその慣習が、沖縄戦という「鉄の暴風」の襲来のなかで集落をこえ全沖縄の「命をつなぐ」社会思想へと昇華される。そのような場面もあらわれていた。ひとびとはただ戦火に追われ、殺されたのではない。戦争の厄災に抗しみずから〈伝統〉を復興させ、日米両軍にたいする沖縄人の同胞性をつむいでいった。それは国家とその戦争からの脱出をはかる、いのちをかけたこころとからだのエクソダス（民族大移動）だった。

牧港さんが詩にうたった民族という啓示、「肥沃の大陸」への移住とはおそらくこれだろう。戦争は、各集落で個々に生きてきた島人《しまんちゅ》たちを、人の情けと自然の恵みでむすばれる共同の沃地〈**うちなー**〉へと移住させ、そのこころの沃地の住人――沖縄人《うちなーんちゅ》に変えた。他人から名ざされるのでなくみずから歴史を背おって名のられる〈**うちなーんちゅ**〉とは、戦争からの脱出者、自治と平和の建設へむけて旅する同胞として誕生した。

2　女はさきがけ――世替わりと伝統の復興

いのちのつどいを祝う

終戦直後に新たに生まれた「屋嘉節」や「敗戦数え歌」にはさまざまなバージョンがある。ひとびとは思いおもいに歌詞をかえ、みずからの体験とこころをうたい、わかちあった。戦後沖縄の代表的な漫談家・エンターテイナーである照屋《てるや》林助《りんすけ》さんは、その理由を教えてくれる。「昔の沖縄には無学な人が多かったからです」。

自分の体験したことを歌にして伝えようとする。それが文字を持たない人たちの日記であり、遺言にもなり、子供たちへの教訓にもなる。……学問のある人が文学を作るのに対して、戦争の恐ろしさを庶民がうたえる形にして残してくれたのは、ほとんど無学な人たちです。歌が盛んなのは、それが物語だからです。記録だからです。一人一人みんなの歴史だからです［照屋一九九八：一二九］。

収容所時代の民衆文化の復興を象徴する人物といえば、当時の軍政中心地、石川市で活躍した小《お》那《な》覇《は》舞天《ぶーてん》（本名は小那覇全孝、歯科医）さんである。ブーテン先生は弟子の照屋林助（当時一六歳）さんをつれて毎晩のように家々をたずねてまわり、「ヌチヌスージサビラ（命のお祝いをしましょう）」といって三線をひき鳴らし歌いおどる漫談をくりひろげた。どの家も亡くなった家族や知り合いを想って悲しみにくれているころで、珍客の訪問をいぶかしんだ。「このようなときにどうしてお祝いをするんですか。みんな悲しんでいるというのに」。すると真顔にかえってこう答えた。「今度の戦争では、ほんとにたくさんの人々が亡くなりました。だから、命の助かった者たちがお祝いをして元気を出さないと、亡くなった人たちの魂も浮かばれません」〔照屋一九九八：一四〕。そうして歌ったりおどったりしているうちに、人びとのこころにわらいと悲しみが入りまじり、表情もしだいに晴れていったという。

沖縄の人ならだれもが聞き知っていて、生きる励みに誇らしくも思いかえす実話である。小那覇全孝さんは一九四六年に発足した住民統治機構、沖縄民政府で初代の文化部芸術課長につき、女性ばかりの人気劇団「乙姫劇団」をつくるなど芸能の復興を牽引《けんいん》した。

固有文化の復興

ここまでみてきたように、歌や芸能は戦争の傷から立ちあがろうとする人びとのこころの支えとなり、いのちの尊さ、人の情け、自然の生命力との交感、そして歴史の変転を生きぬく民衆の歴史観を鼓舞した。だが戦後の民衆文化の復興がもった歴史的な意味は、それればかりではない。

一九四八年に『沖縄タイムス』をおこし沖縄文化の復興に長年奮闘した豊平良顕《とよひらりょうけん》さんは、薩摩侵攻以来の抑圧の歴史のなかで、終戦直後は特殊な「沖縄解放の、ひとつの歴史的な期間だった」と位置づけている。その議論は大略次のとおりであるが、おおいに傾聴に値する（『新沖縄文学』二六号、一九七一年。沖縄の文化と自然を守る十人委員会編『沖縄喪失の危機』沖縄タイムス社、一九七六年）。

全住民が捕虜になり、異民族のきびしい軍政の下で国籍を奪われて無国籍の世界の孤児となった時代、土地は取り上げられる、軍事基地は拡大される、人権は踏みにじられるという苦しみが多発した。けれども文化的には日本もアメリカも干渉しない沖縄の主体的なものが認められた時代だった。沖縄固有の部落の共同体は、戦前戦中には隣組など軍事協力の下部組織に利用されたが、戦後はまた復活し**固有の民俗文化の共同体**にもどった。御嶽《うたき》信仰や年中行事など常民の文化が復興したのである。それは戦前の日本の沖縄支配にたいするひとつの告発でもある。こうしたものがエネルギーの基盤となって、きびしい軍政下にありながら、非常に活発な政治・経済行動を展開し、大衆運動＝沖縄解放運動につながった。

戦後の沖縄人の解放の原点は、固有の精神文化を持った常民あるいは一般大衆であり、決して知識人じゃないと思っている。沖縄の住民は一見屈たくのない素朴善良でたくましい雑草のような民俗に生きている。きびしい軍政に耐えながら固有の精神をエネルギーとしてびくともしない。ところが、知識人は終戦直後挫折したり、失望があったりして、ほんとに打ちのめされて立ち上るのも非常に大へんなものだった。伝統の精神文化がいち早く立ちあがったことに刺激されて、知識人も立ちあがり、沖縄学も復活する。それから近代的な大衆闘争も展開された。なにもないゼロの時代。たしかに知識人は読むものも書くものもなく、民衆の歌とおどりが文化の主役となった。あらゆるものが無償配布のテントぐらしでは、貧富の差や社会的地位も霧消して「皆が対等のデモクラシーの世の中」あるいは「裸世《はだかゆー》」が現出した［上原一九八九：四八・五五］。

女性の復権と異文化への越境——生きのびる思想

社会的な地位役割の変動は、また別の側面でも根底部分からおきていた。一九四五年八月時点で米軍が調査した沖縄の人口構成比によると、女性が六二％を占めた。さらにその全人口中で二〇―五九歳の青壮年層がどのくらいいたかをみると、女性は全体の二七％、男性はわずか九％しかいなかった。つまり男性の青壮年層は一〇人中一人にも満たず、女性と子ども、お年寄りばかりの社会があらわれていたのである。[2] 原因はいうまでもない。その家父長らが主役となった戦争である。

女性は男たちが指導した戦争で家族、住家、地域社会をうばわれ、戦後は幼女から老婆まで米兵の強姦の標的につねにさらされ、悲しみ苦しみにとりかこまれた。だが敗戦で打ちひしがれる男たちをよそに、その何重もの苦難をはね返す道をさがしだしていった。収容所に入ってから「軍作業といえば女は実に嬉々として」「解放されているような感じで、非常に生き生きとしていました」「沖縄の女はきれいになった」――男たちは目をみはった〔那覇市史編集室一九八一：三三九―四二〕。女性たちのあとには、やはりいち早く世替わりを本能的に感じとった、子どもたちがついていった。

沖縄の歴史の変転をうたった嘉手《かで》苅林昌《かるりんしょう》さんの有名な島うた「時代の流れ」は、「唐の世から大和の世　大和の世からアメリカ世　ひるまさ変わたる（奇妙に変わった）この沖縄」とはじまる出だしの歌詞がよく紹介される。だがつづく歌詞の後半は、この「時代の流れ」にとびのった女性たちがアメリカ文化にいそいそと適応してゆくすがたを、嘆かわしくも可笑《おか》しくもただ見つめるばかりの男性の視線をユーモラスにうたう、こんな内容になっている。

――女のたしなみロングヘアー、ばっさり切られてパーマでちりちり、鳩の巣に。ハイヒール履いてこっくりこっくり、まるでひょろひょろ鳥に。タイトスカートのお尻はシワくちゃ、すそはとんがり七面鳥。シワだらけでも娘気分、眼のある子どもらは納得しない、自然の法則に反します。

　じっさい男たちがなげくほど女性の変わり身はすばやく、しぜんなものだった。「長い山中のさすらいから、生き生きと生を謳歌するかのようにふもとの米軍に投じたのは若い女たちであった」。配給されたアメリカ製の大型の衣服や靴では身動きもままならない。メリケン袋を逆さにかぶってブラウスやワンピースにし、イモ袋やテントの切れ端でスカートを仕立てた。ありあわせのもので化粧まではじめた。「沖縄で、老婆がハイヒールをはいて、ころんだそうだ」。このニュースは、遠く東京で故郷の安否に気をもんでいた同郷団体、沖縄人連盟の本部にまでとどき、嘆息とともに、「世替わり」の徹底ぶりを痛感させた[3]。

　日本の降伏で本土攻撃が中止になった結果、出撃拠点にされるはずだった終戦直後の沖縄には大量の物資がだぶついていた。だが米軍が戦闘のかたわらにはじめた配給制は収容所人口に応じた割り当てもなく、実態は早い者勝ちだった。軍隊が役所・政府のかわりをつとめるのだからやむをえない、文句もいえない。そのため港の近くや軍政の拠点地域には物資が山積みにされ、北部の収容所では餓死に直面するといった不平等があちこちで起きていた〔那覇市史編集室一九八一：一六八〕。

　女性たちは洗濯や荷役などの軍作業にあらそって志願した。物資をもらったり、もって帰ったりできるからだ。敗戦当時一四歳のある女性の思い出――「四日も、五日も、一生けんめい朝早くから並んでも駄目なんで、やっと気がついたんです」。「おおぜいの列のなかで少しでも目立つように、シナを作って並ぶことを覚えました。どういう表情をしたら二世〔住民対応業務についた日系人米兵〕の関心を惹けるか、ってね。ヘイ・ユー、ヘイ・ユーと言って人さし指を内側に曲げる。それが採用の合図です。飛び上がるほどうれしかった」。だが選ばれてただではすまないこともわかった。「嫌だと言えばすむはずですけど、おなかが空いている、というのは弱いですよねえ。身を守れば、確実に作業から外される。いえ、もっとひどい仕返しをうけるかもしれないんです」。

この話を聞き書きした真尾《ましお》悦子《えつこ》さんは書きそえる——「いったん、担がれて連れ去られれば、相手は一人や二人ではなかった。存分に輪姦されて放り出される。戻ってこない人もいるし、戻ってから、まもなく衰弱死した女も」。別の女性の証言——「おじい（夫のこと）が抱き起したら、コトン、と首を垂れてしもうてな。それが、ただの血だけでなかったさァ。子ぶくろが飛び出して、もう、どうすることもできんのよ。顔が、だんだんと蒼うなって、土の色に変っていきよった」。そんな危険にとりかこまれていて、軍作業を得るために担当米兵にこびを売るのはまだしも安全な、生きのびられる道だった。「それを堕落だといって責められるだろうか」［真尾一九八六：一七六—八〇］。

そんななか、沖縄の男たちは倉庫から物資を盗みだしたり、配送途中でトラックから抜きとったりする「戦果」挙げで生存をはかった。その横流しをもとめて、運転ができドライバーに採用された者のまわりにも女性たちが群がった。こちらのほうが米兵より気ごころもしれる。しかし「沖縄の男にだってひどい人がいました」。「これ以上くわしい話は、これはもう、死んでも口にできません」［真尾一九八六：一八二］。

戦争は権力、役得、強欲を剝き出しにし、国籍をとわず野ばなしの権力は野ばなしに腐敗した。琉球王朝の第一尚氏《しょうし》から第二尚氏への革命（一四六九年）にちなんだ古くからの格言、「物呉《むぬく》ゆすど我《わあ》御主《うしゅう》」（物やゆたかさをもたらす者こそ主人・国王だ）は、男女の別なく「生々として民衆の口にのぼっ

た」〔那覇市史編集室一九八一：二七〇〕。

それは奴隷のことばだと、思われるかもしれない。しかしなぜ民衆は「生々と」これを語ったのか。さらに古く琉球王権の起源にもかかわることわざは、「上り太陽どぅ拝むどぅ下り太陽や拝まぬ」という。日の出の太陽こそ拝仰するが落日は拝まないとの意味で、「太陽《てぃだ》」は古代共同体の首長・豪族の尊称である〔比嘉実『古琉球の思想』沖縄タイムス社、一九九一年〕。ときの権勢は日没と日の出のように盛衰をくり返し、そのなかで社会も刷新され、生命力をえて循環的に歴史が進んでいくという見方は、琉球の原始古代からの政治思想、歴史観である。

権力の浮沈交代は万国共通だが、それを見つめる琉球のひとびとは、これを自然現象になぞらえ、「下り太陽」との心中、あるいは一族郎党の抹殺をよしとしなかったのだろう。権力が衰退し闇におおわれたあと、恵みをもたらす新たな太陽に「世替わり」すれば、それを「我御主」としてうけいれることがしぜんなのだという。そこには、権力と人間のはかなさに耐え、党同伐異の党派対立もリセットして自然のいのちを全うし、生きながらえることへの肯定がある。その思想に、別の近代以降の表現をあたえれば「命こそ宝」である〔阿波根一九九二〕。

さきがけの娘たち

傷つきやせこけたお年寄りや子どもたちを背おい、生きるためアメリカ世《ゆー》に入っていった女たち。だが彼女たちは形ある物資だけでなく、それまでのヤマト世では思いもよらなかった文化にも、そこで出くわした。「男女同権」である。

その理念ははやくも四五年九月に実施された住民収容一二地区の市長・市議選挙における女性参政権の導入で示された。しかしもっと身近には、将兵たちがみせるレディ・ファーストのアメリカ文化に、それはあらわれていた。そして戸惑いながらも、むしろ「傍若無人に平然と胸を張って歩き、米兵たちにも鼻高く、慣れている風を装えば、彼らはかえって悪ふざけしない」、保身術になると察し、おびえを捨て、身のこなしから目つきまでさま変わりさせてゆく者もいた［上原一九八九：六二］。

その世なれたすがたは、働きがいのある仕事をもてず行き場もない、とらわれの男たちにとって、いろいろな意味でしゃくにさわったようだ。

P・W（捕虜）として収容所に入れられた日本兵たちは短歌や詩、戦記ものなどをノートに記して回覧転写しあい、無聊《ぶりょう》のなぐさめとしていた(4)。そのなかに三瓶達司「姫百合の塔」という小説があって、とくに好評を博していた。米軍によって壕に追いつめられて「島民」の「醜い欲望の争い」とも戦いながら、「前世の深い因縁」によって「美しい心」で傷病兵とともに自決する「信子と貞子」という女学生姉妹をえがいた短編である。姉妹はひそかにたずさえた真新しい制服、化粧でよそおい、純潔を日本軍にささげる。

ところが現実の日々はちがった。那覇奥武山《おうのやま》の捕虜収容所にいた日本兵たちは、軍作業場にくる沖縄女性たちがつかう便所の掃除を米兵から命じられていたが、ある日こう書き置きをのこして去った。「お前たちはそれでも日本の女か！　ヤンキーだけにチヤホヤしやがって。俺たちは男だぞ、日本の男だぞ。お前たちの便所の掃除までさせられるのは真っ平だ。今後は絶対にお前たちの便所の清掃はお前たちでやれ！　売女共！」。翌日、同じ場所にはこう記された紙が置かれていた。

> 沖縄の娘を侮辱しないで下さい。私たちは戦って来たのです。それでもあなた方は日本の軍人ですか。日本の軍人なら軍人らしく、ずっと前になぜ戦死なさらなかったのでしょう。Ｐ・Ｗ！　なんて恥かしいとはお思いになりませんか。Ｐ・Ｗは米軍の命令を守ればいいのです。たとえ命ぜられた仕事が女便所の掃除でも――。それがいやだったら日本の男らしく腹を切ってはいかがです。

収容所でも「便所事件」として話題になり、いまにつたえられている。敗戦してなおすがりつこうとしてくる日本男児の戦争文化に、とどめをさして追いはらった沖縄の娘たち。その勇姿を語りついで留飲を下げてきたのは沖縄の女性たちだけではなかっただろう。

琉球の文化体系のなかで、女性は水平線のかなたのニライカナイやネリヤカナヤ（すべての命・ものの種・神・先祖がおわす異世界）と交信する役割を負って宗教儀礼や年中行事をつかさどり、家庭内でも、妻ではなく血族の姉妹が男たちの守り神（をなり神）となった。そこには宗教面における女権政治、嫁とり以前の古代の母系制の歴史が反映されている。

古代の島々の戦争では霊力の高いノロ（神女）が軍勢の先頭に立って兵を鼓舞し、敵に呪いをかけ戦闘の火ぶたを切った。その故事に由来する「**いなぐや戦さぬさちばい**」（女は戦いのさきがけ）という格言は、シマ・集落全体のいのちをかけた決戦の舞台をつくって先陣を切るのは女性だという、女性の精神的な優位性・主導性をかたるものとして、いまも生きつづけている。というよりもむしろ米軍政下の自治権獲得闘争の歴史が、この格言を復興させていくのである。軍作業場「便所事件」の娘たちは、戦争を支える文化とたたかい、戦争を終わらせる沖縄人のさきがけであった。

さて、米軍がもってきた「男女同権」という普遍的な人権概念が時代のことばとして浸透した背景には、女性が社会の中核を占める人口構成と、沖縄の固有文化の復興があった。豊平良顕さんがいっていたように、社会制度もなにもない原初のすがたに立ちかえったとき、社会の骨格をなす固有文化がよみがえった。その精神世界とくらしを支えてきた女性たちが、同時にアメリカの普遍的文明（人権・物質文明）を吸収するさきがけとなったのは、一見矛盾するかのようでそうではない。いのち・自然といった普遍的な価値や異世界とつながる越境的役割を女性が文化世界で担ってきたことと、それは関係しているだろう。ことわざに「女子や生れや一国、育ちは七国」（女性はひとつの国に生れて七つの国で育つ）といわれるように、女性は島々を渡りながらいのちや文化を伝えゆく越境のさきがけとも目されていた（勝方＝稲福恵子『おきなわ女性学事始』新宿書房、二〇〇六年）。

3　自衛の団結——自治と空手の精神

米兵に反撃するシマ

女性が先頭を切って「世替わり」に適応したとはいえ、将兵のオンリー（現地妻）などで社会的帰属を移したのはごく一部にかぎられていた。総じて沖縄のひとびとは老若男女団結して、女性を戦利品とみなして襲撃にくる米兵にたいする集落・シマの自衛にとりくんだ。

そのもっともよく知られた例に、収容所や住民地域にしのびこむ米兵を見つけたり女性の悲鳴があがったりすると、住民がいっせいにガスボンベや一斗缶の非常警鐘をたたき鳴らすという方法があった。これがなぜ自衛策になるのか。「誰かが叩くと、この音の聞こえる範囲内の人がまた叩くから、村中たいへんな騒ぎ」となり、その反響音に包囲された米兵が「パニック状態に陥って、ゴメンナサイ、ゴメンナサイと言って出て」いくこともあったという〔照屋一九九八：一三八〕。MP（軍警察）がかけつけて銃声が響くこともあった。だがこれだけですんだわけでは、もちろんない。

米兵によるレイプは家族や人びとの目のまえでも、いたるところで起こり、抵抗すれば射殺されることも珍しくなかった。これにたいし収容所生活の時代でも、男たちはときに夜陰にまぎれ鎌やクワ、モリ、石などを手に侵入者に迫っていった。

それから、どのようにしてかずらに脚をとらせるための藷畑に、黒人兵を追いこんだか。五、六名の白人兵とどのように石合戦をやり、半殺しにしたか。どのように越来城址付近の崖に一ダースばかりのアメリカ兵を追いこみ、ついに彼らが崖から墜落せざるを得ないところまで攻撃したか、人々の話は尽きないのである（関広延『誰も書かなかった沖縄』講談社文庫、一九八五年、一一二頁）。

私もこの種の自衛の反撃が頻繁に米軍統治下におこなわれてきたことを、沖縄島中部の人たちから聞いたことがある。殺害するまではしなかったが、部隊に自力でもどれない「半殺し」の場合は闇をくぐってゲート前まで運び、放置した。そこには警告の意味もあった。知ってか知らずか、米兵やMPはだまって基地内に運びこむだけで、報復にくることはなかったという。

終戦直後の北部のある集落では、日課のようにレイプにやってくる米兵の蛮行にたえかねた婦人たちが「このまま恥をかかされていては我慢ができない。後で報復されてシマンチュ全員が殺されてもいいから、あいつらを殺してくれ」と男たちに要請し、山中に隠れていた日本軍敗残兵の助けをかりて綿密に計画を立て、集落総出で米兵三人を石で打ち殺した。ここでも恐れていた報復はなく、半世紀のち、白骨化した遺体が「発見」され、二〇〇〇年春、行方不明になった米兵のものとして遺骨が本国へ送還されるまで、表面化することはなかった(5)。

この種の制裁事件は被害米兵本人および軍にとって不名誉なものと考えたのか、米軍の被害発表は管見にして知らない。他方で一般住民が被害をうけた記録は警察・法務方面に多数残されているのだが、そのなかには青年団や自警団にとりかこまれ「逃げまどう」米兵が、追いつめられナイフや銃で反撃に出て、住民が負傷したといった事件が、思いのほか多く散見される(天願盛夫編『沖縄占領米軍犯罪事件帳』ぐしかわ文具店、一九九九年、一八〇・二〇九・二一一・二一三・二二三・二九三頁)。

真相は闇のなかだが、もともと集落内によそ者や盗人が入りこんだ場合に村の青年たちはテリトリー自衛の集団包囲と制裁行動を伝統的にくり広げてきた。沖縄のシマ・集落の自衛の意識は歴史的にとても強いのである。

悲しみと誇りをまもる

いまでは沖縄の島人といえば、癒しのイメージを売りにする観光産業の発達で、お人よしで純朴、無害な像ばかりが流布されている。だが沖縄社会が平和を愛するとともに自衛をまもる団結の伝統をもち、やむをえなければ戦うための手立てを身につけてきたことは、空手の発祥地が琉球であることを想起すればうなずかれるだろう。

また、ひとびとが生存のため物資をもとめてしのびこんだ倉庫には大量の武器弾薬があった。そのため盗み出しに得意な「戦果アギヤー」のなかからは任侠集団が台頭した。すこし時期が下るが、一九四八年に嘉手納基地の門前街コザ十字路に結集した「十字路十人シンカ（十人衆）」のメンバーには、「アメリカー・グルサー」（米兵殺し＝叩き）の異名をもつ者がいた。「向こうっ気が強く、婦女暴行の米兵の話など聞き及ぶと、飛んで行ってその米兵を叩きのめしてしまう」武勇伝で周囲から畏敬をあつめていたからである（大島幸夫『沖縄ヤクザ戦争』晩聲社、一九七八年）。那覇の港湾作業区で「沖縄青年十五名は米人二名をふくろだたき」にするなど米兵襲撃事件が多発しているとの情報が、沖縄外の一部地下メディアに載ることもあった（『平和と独立』一九五二年三月三〇日）。

戦後沖縄の歴史をつらぬく太い線が自治権獲得、デモクラシーの発展であることに異論はないであろう。その出発点には、郷土と住家を国家に破壊されたゼロの地点から、自分たちの身をまもる自衛と自治の精神があった。それは攻撃性ではなく悲しみに根ざし、人としての誇りをまもろうとする気概を中核としていた。

先にも登場ねがった喜屋武真栄さんは、日本復帰運動の中核組織である沖縄県祖国復帰協議会（復帰協）の会長を長年つとめたが、琉球古来の空手道の達人としても知られ、次のように沖縄空手の精神をことばにしてくれている［喜屋武一九七〇：三七―三八・五四］。

沖縄県民は痛めつけられた、同情すべきお互いである。痛めつけられた者に味方する、弱い者に味方する、困った者を助けてあげよう、痛々しい者に手を貸してやろう、これが、空手道の真髄です。

みずから攻撃を与える動作は空手の技にはありません。自分の生命や人権を蹂躙《じゅうりん》されたとき、一寸の虫にも五分の魂ありとして受けて立つ。同じ人間が相手から馬鹿にされて泣き寝入りするようでは、人間としての自覚が足りない。

これは沖縄空手の真髄であるにとどまらず、戦後沖縄の**自治、自己解放の精神**そのものでもある。

まとめ 戦後精神の原点①—⑨

以上みてきた〈オール沖縄〉収容所時代、戦後最初期にあらわれ出た民衆の精神文化は、戦後沖縄の原点としてその後七〇年にわたる自治権獲得、沖縄デモクラシーの基礎をかたちづくった。順にたどりなおせば、①苦難と助けあいをともにする経験から芽ばえた民族的同胞意識、②権力の変遷や国家史を相対化する民衆史観、❸人の情け・❹自然の偉大さ・❺いのちを重んじる価値観、⑥固有の民俗文化の復興、⑦女性の（精神的優位性の）復権、❽異文化・普遍性への越境、⑨団結・自衛の伝統などである。戦後七〇年の沖縄のあゆみは、これらの思想・伝統の発展とかさなりあいとして理解できるところが多い。次章からの記述でも、折にふれ参照していくことにしよう。

表1　戦後沖縄の精神文化の原点

沖縄の固有性	普遍性
①民族的同胞意識	❸人の情けを重んじる価値観
②国家史を相対化する民衆史観	❹自然を大事にする価値観
⑥固有の民俗文化の復興	❺いのちを大事にする価値観
⑦女性の(精神的優位性の)復権	❽異文化・普遍性への越境
⑨団結・自衛の伝統	❿超党派的な連帯への献身(後出)

＊❿は第3章3節からあらわれる。

なお、この九つの精神文化は、表1で分けたように沖縄の固有性を比較的強くあらわすものと、固有性の枠をこえ出ていく普遍性をそなえたものに大別できそうだ(前者を白丸数字、後者を黒丸で区別した)。戦後沖縄の社会を大きく動かし転機をもたらすような社会運動は、こうしたあい反するベクトルの精神が交錯するなかで、かたちをなしてきた。どちらか一方の要素だけではないのである。沖縄社会の総意総力を結集させる凝集性をもちながら、同時に外部にひらかれ、外界から活力を自由にうけとる。そこにやわらかい自然性をもった運動と思想が生命力をみなぎらせ、わき立ってきた。

このような見方はどれほどあてはまるのか、こうした現象はなぜ、どのようにくり返され、時とともにどんな変化がそこにあらわれてくるのか。現在進行形の辺野古の海をまもる運動と思想のなりたちを理解し、そのゆくえをうらなう意味もこめて、戦後七〇年の沖縄のデモクラシーのあゆみを旅してゆこう。

歴史ノートⅢ　日本兵――友軍からジャパニーへ

「戦中の沖縄婦人たちは、日米の兵隊たちから、どれだけ過酷な体験をさせられたか……」。この沈黙のむこう側にある記憶には、ふつう立ち入らないのが礼節なのだが、沖縄の戦後思想にたいする、ある誤解や歪曲をふせぐため、ここにノートしておきたい。

沖縄住民は戦時中、地域に配備されてきた日本軍を「友軍」とよんでいた。郷土を守りにきてくれた他府県の「兵隊さんたち」という親しみと敬意がこめられていた。ところが米軍収容所に入ってからは、沖縄の人同士の会話では、米兵の表現をかりて「ジャパニー」とよぶようになった。英語ができるからというのではない。みながそう呼んだ。

その理由は主として、米兵の側にすり寄ったということでなく、「友軍」とはともにいられなくなったからだ。よく知られているように、住家をうばわれガマから追い出されたから、だけではない。

島尻郡大里村(現・南城市《なんじょうし》)で戦争をくぐった女性(当時一四歳)は、戦場の人たちにとって「少しも珍しい話ではない」と、自分の同級生の境遇をこう語る。「ヤマトの兵隊は精神がふつうでないわけですよね。……どうせ、じきにみんな死ぬんだから、と言ってですね、ニヤニヤして」。「住民の事情がよく分っているわけですよ。家をやられて、小さな手掘りの壕や溝なんかに住んでいる女の子たちが、なにを欲しがっているかがね。たとえば、チリ紙とか、油とか――。友軍の壕には、そういう品物がどっさりあるんです」。それらをエサに、家族が全員戦死させられ孤児となった同級生が手伝いを命じられ壕に入れられ、食料もあたえられていた。「その代り、兵隊に何もかも許すのでなければ(壕に)いられないんです」。「四月から先は、もはや軍隊の規律なんかなかったと思いますよ」［真尾一九八六：五九］。

沖縄戦にかかわった将兵の多くは中国など海外戦線から派遣された。その地で虐殺・暴行・略奪に手をそめたあと、今度は自分たちが捨て石の死を命じられる番になった。国家に抵抗できず捨てばちになり、周囲も道連れにしようとするそのすがたを、米兵も住民もともに忌み嫌い、同じ人間・兵士と見ることはできなかった。

住民が米兵たちのつかう呼称をかりて日本兵をジャパニーとよぶようになったのは、こうした戦場の実相に大きな理由があったと思われる。しかし戦場の実態をしらない／見たくない日本本土の人びとは、こうした呼称の変化にもあらわれるこころの離反を指して、沖縄戦は住民のスパイ行為・裏切りによって敗北したと、よわい者に責任を転嫁してきた。

先に記した誤解・歪曲とはこのことである。戦後沖縄の思想史は、沖縄戦を終わらせる／くり返させない思いを軸にした歴史である。そのため沖縄戦を肯定し美化しようとする立場とは対立するので、その立場から歪曲されることは避けがたい。だがどんな立場をとるにせよ、私たちはともに人間として、戦争の実相を知り、そこで起きる人間の悲劇がくり返されないよう、また子どもたちの人生がこうした悲劇に襲われないよう、過去の苦しい体験に学ぶべきではないだろうか。

たとえある国の軍隊が誇りたかく崇高な理想をかかげて戦地に赴いたとしても、敵味方の死に直面して人間は平静でいられない。戦争は他国への敵意や恐怖によって火ぶたを切り、そして戦場では、ことばが通じなかったり作戦行動の目標を共有しない地元住民にたいするいら立ちや蔑視が否応なくひきおこされる。これらの感情が折りかさなったとき、その武力は身近なよわい者たちにむけられ、恐怖と混乱を解決するために戦線の内側でも使用されてきた。沖縄戦の歴史は近代世界に生きる人類の生きかたへの問い——人間を大事にするか、国家という組織機構の命令を順守して人間はそれと心中するべきなのか、といった問題をいまも強く投げかけている。

第二章　野生のデモクラシー——青年と政党　一九四六—五一年

プロローグ　虎と狼のあいだで

米軍政下の政治難民へ

・市町村制の復活　一九四六年四月、軍政府の住民統治体制の大枠が整備された(1)。民間人の収容所から旧居住地への帰還計画は四五年一〇月からスタートした。だが計画は思うように進まず、もどれずにいる者がまだ約一三万人いるなかでの限定的な地方行政の復活だった。おなじ一〇月に米本国ワシントンでは**軍部**(統合参謀本部・国防省)が沖縄基地を恒久的に確保する方針を決定し、そのため那覇・宜野湾《ぎのわん》・北谷《ちゃたん》・読谷《よみたん》など沖縄島中南部の多くの住民はもどるべき居住地をなくしていたからである。ただし外交を担当する**国務省**は戦時中にかかげた領土不拡大方針(帝国主義的な領土獲得戦争の否定)を裏切ることになると基地撤去・対日返還を主張し、米政府としての方針はまとまらず、目的も定まらぬまま現地軍の統治がつづけられることになった[我部二〇〇七]。

日本政府に捨てられたのにつづき、沖縄住民はアメリカの軍事戦略や国際政治の動向によって住む場所も左右される、政治的な難民の境遇に置かれた。

・沖縄民政府の発足　軍政府の意思を住民側につたえ実行させる軍政補助のための中央執行機関で、決定権はなかった。前身の沖縄諮詢委員会から引きつづき**志喜屋孝信**《しきやこうしん》が知事についた。志喜屋は私立開南中学を設立した教育者で、人格者として米軍から指導者に任命された。

・沖縄議会の発足　議長は議員でなく副知事がつき、知事の諮問に答えるだけで議決権はなかった。議員は、戦前の県会議員が欠員を推薦補充してそろえた。

・通貨制度の復活　物資の無償配布・無通貨時代は終わり、旧紙幣が「B型円軍票」(B円)に交換され、翌五月から軍作業を中心とした賃金制が施行された。

以上が、このあともつづく占領統治の基本形としてあらわれた(追って奄美・宮古・八重山にもそれぞれ同様の民政府を設置)。それとともに、戦争によって大きなかたまりとなって移動した人間たちがふたたび大移動をはじめた。四六年後半には日本本土・台湾などから約一一万人の**引き揚げ者**が沖縄島に帰ってきた。いれかわりにその船で一万二〇〇〇人の日本軍捕虜が日本に帰った。米兵も、四五年八月に二五万人いたのが一年後には二万人に減った。そして四六年六月には軍政府が海軍から陸軍へ移管された。

猫とネズミ

最初の海軍の軍政は、住民を戦闘から保護し日本軍の支配下から救出する作戦行動の一環として着手された。そこにはファシズムにたいする「聖戦」、解放戦争の性格を演出する意識もあり、人類学や政治学を専門とする軍政将校からは、「率直に沖縄人の声を聴くことの出来る」政治体制をつくる理想が住民代表にたいして明言されていた[2]。住民のがわにも戦場から救ってくれた感謝の念と、「沖縄人と同じように弾の中をくぐって」「苦楽を共にしてきた友達」のような親近感があったという〔那覇市史編集室一九八一：三三〇〕。

ところが沖縄戦を体験した米兵が帰還し、軍政将校もより重要視された日本や朝鮮に転任し、陸軍への移管が進むと、様相は一変した。陸軍の軍政は出兵先の住民を制圧して軍事行動の障害を除去しようとする上意下達の強権支配だった。海軍軍政府の政治部長ジェームズ・ワトキンス（のちスタンフォード大学政治学教授）が、陸軍への移管をまえに住民代表にかたった、有名な「**猫・ネズミ論**」はそのことを教えようとしたものだ。

いわく、これまでは大学教員将校が民主的政治機構を在任中につくろうと急いできたが、後任はまったく「政治に幼稚」な軍人のみで、軍の「目的に副わない場合又民衆の行動如何によつては政治は取り去るかも知れない」。たとえるなら「軍政府は猫で沖縄は鼠である。猫の許す範囲しか鼠は遊べない」。「猫が鼠に飛び付かないように」「忠実であり自ら協力しておとなしく目的に副うように行つたら望はある」。統治機構の変更要求は「平和会議がすんで猫がいなくなつてから」がよい。

「ものごしが柔らかく温和な態度」で沖縄の人たちから「レディ（淑女）」とあだ名されていた青年将校ワトキンスが発した歯に衣きせない警告は衝撃的だった。大戦勃発で研究室をとびだし入隊したかれら初期の軍政将校は、本国以上のデモクラシーを沖縄で実現する夢を中途ではばまれた。

そのにがい挫折感が、住民にとって威圧的にひびく「猫・ネズミ論」の暗いトーンを支配していた。「軍政府をやめてアメリカへ帰ったら早速、国務省へ行き、沖縄問題を連中に突きつけてやる」、「行政が軍のもとにある限りここの人たちはいつまでも不幸なんだ」。かれらは個人的にはそのような思いを共有していた（宮城悦二郎『占領二七年　為政者たちの証言』ひるぎ社、一九九三年、二八頁）。早期に講和会議がすんで住民に自治権があたえられることにしか希望は見いだせないと。だが現実の進展は、かれらの予想をこえていた。

一九四七年の開催が見こまれていた講和会議は、共産主義・自由主義陣営間の**東西冷戦**の開始で延期された。そのなかで沖縄は日本への返還か米保護下の独立か基本方針が定まらないため、米議会で統治予算がつかず、人員・設備の面でも劣悪化し、米軍にとっての「太平洋のゴミ捨て場」とされていった。軍事植民地の新規獲得など不可能になった世界情勢をかえりみず手放そうとしない軍部の強硬姿勢がわざわいした（その背景に「出血を強要」させた「国体護持」の論理、日本による沖縄の軍事植民地化の待遇があり、米軍は敵軍の論理を踏襲していた）。

のちにこの状況をレポートしたフランク・ギブニイの記事「沖縄——忘れられた島」（『タイム』四九年一一月二八日）はアメリカ内外に大きな反響を呼んだ。「沖縄は米国陸軍の才能のない者や除け者の態のよい掃きだめになっていた」、「沖縄人を被解放民族だと言ってはいるが、米軍は占領中、時に日本がしたのよりも厳しく沖縄人を扱った」。米兵たちは、沖縄についてなんの予備知識ももたず、なにもない焦土でビンやカンをひろい、わらぶき屋根の原始的生活から復興を進めようとする住民たちを「土人」「野蛮人」視して侮蔑し、うさ晴らしの退屈しのぎに暴行・窃盗・放火など

犯罪行為をくり返した。軍政の実態は、暴力と蔑視の上に立つ、まさに植民地支配となっていった。(3)

東京からの視線

だがこの島のゆくえにずっと目を注ぎつづけている者たちもいた。東京のウィリアム・ジョセフ・シーボルトらGHQの政治外交スタッフである。

シーボルトは一九四七年九月に沖縄の長期租借を申し出た「天皇メッセージ」を受けとってから一カ月あまりのち、一一月初めに沖縄をおとずれ、志喜屋知事から住民の政治的意向を聞き取っている。(4) 軍の任命ではなくみずから選んだ代表者による政治を欲しているか、日本での占領政策をどう見ているか、沖縄の将来に希望をもっているか。沖縄に日本の主権の縄をつけて米軍の望むかぎり貸し出そうという天皇の申し出のあまりの「利己心」に戸惑っていたシーボルトは、連合国の対日理事会議長としても沖縄側の意向が気になったのであろう。知事は次のように答えた。

早期に住民に選挙権があたえられることを希望する。日本の新聞もとどかず日本のことはよくわからない。そして将来については、「今度の戦争で一番沖縄をよく理解しているのはアメリカ軍だと思います。このよき理解者が沖縄を悪くするとは考えられません。必ずや沖縄を米国同様により立派にして下さるものと信じております」。では、軍政府がなくても将来に希望がもてるかとさらにたずねるシーボルトにたいし、知事は逆に質問を返した。「今度の戦争で吾々は非常に苦しみました。それは日本の無暴《ママ》な戦争のためでありました。それで沖縄の復興のために必要なる材料又は施設を日本から得る方法はありませんか」、「銀行預金や郵便貯金を平和会議以前に取る方法はありませんか」。シーボルトは「よい質問です」と応じながら、これは賠償問題なので関係諸国の要求との兼ね合いもあると即答を避けた。

このあと、シーボルトは翌四八年二月、日本と沖縄を別個にアジアの反共防衛線に位置づけようとする二度目の「天皇メッセージ」(→序章1)をうけとり、七月、今度はGHQ教育情報課で沖縄の研究を進めているスタッフが沖縄をおとずれた。民主主義制度の進展をたずねる質問に答えながら、志喜屋知事ら民政府首脳は沖縄の帰属問題について逆に質問した。個人的見解だとことわった上で、沖縄は日本には帰らずアメリカのものにもならない、もしアメリカが引き上げたら「独立するだろう」との返答を得ると、「吾々もそれを希望する」と知事は歓迎した。

さて、一方に戦後もひきつづき沖縄を踏み台に利用しようとする日本の旧体制護持の画策があり、他方に米軍の植民地的支配が足もとで跋扈し、そこに冷戦の軍事圧力が新たにかぶさってくる。いったい沖縄人はどうやってこの折りかさなる〈捨て石・占領〉の欲望に対峙すればいいのか？

ずっとのちのことになるが、沖縄出身者が集住する大阪市大正区で戦後ながく沖縄解放運動にとりくんだある人物は、「前門の虎、後門の狼という覚悟で、じぶんたちはずっと運動をやってきた」と教えてくれた(5)。虎と狼のあいだ——沖縄住民は、ワトキンスがいうようにそれらが「飛び付かないように」おとなしく身を低くしているほかないのか。本章は、この問いにひとびとが答えをつくり出すまでの、ふかい苦悩と、よろこびの歓声にみたされたあゆみを追っていく。

1　焦土からのメッセージ——夜の演説会

〈時代の流れ〉政党の結成

民政要員が不足していた沖縄の軍政府には上位機関の東京のGHQからしばしば専門スタッフがやってきた。一九四七年五月、選挙制度の指導スタッフが派遣され、市町村選挙法の制定準備をするよう沖縄民政府にたいし指示が下された。

このとき、二人の人物が面会を申し入れた。米軍の宣撫用機関紙から出発して独立経営の新聞社となっていた『うるま新報』(のち『琉球新報』と改題)社長の**瀬長亀次郎**《せながかめじろう》と、支局長の浦崎康華《うらさきこうか》である。二人は政党および労働組合の結成、言論活動の自由について質問し、二週間後、軍作業員を除く組合の結成、占領政策を批判しないかぎりの言論・結社の自由を認める返事が、東京からとどいた。この返答をうけて翌月から九月にかけて、民主同盟・沖縄人民党・社会党の三政党があいついで結成された。社会党は個人政党にちかく、ほかの二党が一定の社会的影響力をもった。(6)

最初に結成された民主同盟は引き揚げ青年たちが中心となった。占領下日本の民主化をみて郷土再建に燃えて帰ってきたかれらにとって、軍政府の顔色をうかがって民主化要求をおさえこむ沖縄民政府、とくにその中心人物で自治尚早論をとなえる又吉康和《またよしこうわ》副知事・総務部長は失望と非難のまととなった。又吉には「猫・ネズミ」論のアドバイスにそおうとする判断があったのかもしれない。しかし民政に関心のない軍政府のもとで復興はいっこうに進まず、民政府首脳にはなんの決定権もあたえられていない。担当部局ごとのバラバラの判断で社会は混乱し、インフレ・給料の遅配のなかで物資の横流しやヤミ行為、汚職がまん延した。

民主同盟は「沖縄人による沖縄の解放」「独立共和国の樹立」を政策にかかげ民政府の「無能」「弱腰」を批判し、知事・議会の公選をもとめる一万余名の署名簿を同年末に軍政府に提出した。

これにたいし七月に結成された**沖縄人民党**は複雑だった。その中心人物がさきの瀬長亀次郎と浦崎康華である。二人とも戦前の社会主義者で、とくに瀬長は鹿児島の第七高等学校を放校されたあと、全協（日本労働組合全国協議会）日本土建労組の活動家として関東地方で組合結成や争議を指揮し、逮捕投獄された経験をもつ、筋金入りの活動家だった。

かれら社会主義者は戦時中ながく転向と沈黙を余儀なくされていたが、戦後最初期の米軍政では軍国主義の協力者を排除したことから、民間人収容所の地方行政の役職につき、ついで又吉康和総務部長（戦前の『琉球新報』社長だった）が管轄する『うるま新報』のスタッフとして結集、同社の支局ネットワークをつかって連絡をとりあい、又吉派の人脈と影響力をたばねて政党結成にいたった。そのため結党当初は民主同盟に対抗する民政府主流・又吉派の政党と目され、「保守的な政治ファンが地方支部の顔役を占め、何の変哲もない無色無臭の政党」とも評された（『沖縄タイムス』五四年一一月七日）。じじつ瀬長自身も又吉の庇護のもとで四六年四月に沖縄議会の補充議員に任命されて政治に関わるようになり、その延長線上で、まだ軍政府・沖縄民政府の機関紙だった『うるま新報』の社長に九月に任命されたのだった。

演説会場にようこそ

では、このような当時の政界見取り図などとは離れてくらす一般社会のひとびとは、政党の誕生をどう受けとめたのだろう。政党のメンバーたちは結党後、南は糸満から北は大宜味《おおぎみ》まで沖縄島各地で**演説会**をひらいてまわった。演説会はだいたい日のくれる夜七時から一〇時くらいまで。手書きのポスターとメガホンでよびかけてまわると、ラジオや娯楽、読むものもない時代のこと、会場とされた学校や広場には老若男女が数百人もつめかけた。公共交通がないのでみなトラックの拾い乗りで、無舗装の道を頭から砂ぼこりをかぶって顔を合わせた。すべて自腹で各地をめぐる弁士たち、それを迎えるひとびと、いずれも目がかがやいていた。

引き揚げの青年たちが軍政下に新風をまきおこす風雲児となり、政党第一号として多くの期待をあつめた民主同盟は、しかしながら地域のひとびとには評判がよくなかった。具体的な政策批判ではなく民政府首脳の個人攻撃にはしり、問題の解決策にも「摑みどころのない」とヤジがとびかった。血気さかんな青年は切りこみ隊にはなりえたが、沖縄戦で人間同士のあらそうさまをいやというほど見てきた民衆にとって、その演説にはなにかが足りなかったのかもしれない。対照的に聴衆から多くの「賞讃」「共鳴」をあつめ、「活気ある演説会」をくり広げたのは人民党であった。警察の係員が丹念に筆記して保管した貴重な演説記録の弁論要旨から、そのようすをうかがってみよう。(7)

・沖縄を世界平和のシンボルへ——屋部憲

無残な激射の跡、艦砲射撃の跡を御覧なさい。現在の沖縄は本当に憂鬱であります。俸給は二、三ケ月不払、住宅は仮小屋だし貯金は引き出せない。文化面はすつかりなくなり、これ又憂鬱であります。社会面をみると引揚者が失業して居る、職はない、配給代がない。これ又憂鬱であります。奴隷とは話は聞いて居たが、事実沖縄では今奴隷の生活をして居るのである。では我々は一体それでよいか、どうすればよいか……と煎じ詰めた場合やはり沖縄の民衆自らが立上らねばならないと云ふ見方から、今日沖縄人民党を組織し、我等の進むべき道に綱領を立てて起ち上つたのであります。農民、漁民、薄給生活者を主体として皆の力で盛り上げて行く人民の政党である。従来沖縄にあつた政党は本部を内地に置く政党の支部でありましたが、今度の人民党は本部を沖縄におく**沖縄人だけの政党**である。

今度沖縄は世界一悲惨な目に会つたが故に、沖縄人は永遠の平和を渇望して居る。我々は世界平和運動に立つ可き自信がある。平和を主張するのは沖縄丈ではない、世界の何処の国にも此の惨めさをさせたくないからである。皆様我々は共に手を取り起ち上つて、沖縄を**世界平和のシンボル**として行かうではありませんか。

・日米の奴隷を脱する人民自治――兼次佐一

何故日本は敗けたか、其《そ》の原因は世界の二大思想に反する日本の思想が敗けたからであります。終戦の日迄《まで》、日本が勝つであらうそして日本本土から助けに来るものと信じて居りましたが、幾万の同胞を戦死をさせ沖縄を焦土と化さしめ、住むに家なく悲惨極まる姿を無視してかへり見なかつた事に対して、私は**日本に対し非常な怨**を持つに至つたのであります。日本の思想が全人類を生かす様な思想でなかつた事は、此《こ》の事に因つてはつきりして居るではないか。沖縄の資材が足らなければ日本から何故取入れるやうにしないか。我々は日本といふ大を生かす為に我が沖縄の小を殺した。だから日本に対し之を要求する事は民政府の義務である。吾々は**人民自治**に依り、斯る難問題を片端から解決して行き度《た》いと思ふ。

・悲しみをこえ世界を見きわめる——瀬長亀次郎

悲しみがすぎると人間は涙が出ない。事実今我々は悲しみをこへて涙も出ないのである。此の一般民衆の悲しみを民政府は知らぬが仏顔である。

我々は事実出来得る事を綱領として掲げる。全世界の民族は今民主主義に向つて進みつつあります。吾々青年が沖縄の礎である。社会主義が出てから百年余、新聞界に於ても一国社会主義体制のロシアはつぶれるであらうと批判して居たが、意に反してドイツのナチズムが亡び、アメリカと肩を並べて世界二大強国として人類の歴史に輝いて居るではないか。我々も又沖縄人民自体の中に沁《しみこ》んで居る民主的思想を発揮した場合、其の沖縄人民戦線は出来るだらうと私は信ずる。

我々沖縄人の運命はロンドンに繋りニユヨーク、南京、東京に繋がつてゐる。即ち沖縄を支配する者は他国であることを思はねばならぬ。我々を支配するこの者を恐れることなく見極め、我々の生きる道を求めねばならぬ。慎重に現実のこの姿を批判して、この中からのみ**沖縄民族解放の道**を見出さねばならぬ。

ひとびとのこころに溜めこまれてきた思いを一気に噴き出させ、そのうねりから正義と人道をこの地によび出させようとする、気迫にみちた胸をうつ名演説の数々である。

書店もなく出版物も『うるま新報』(まだ社説もなかった)以外ないこの時代、「土人」「鼠」とさげすまれた沖縄のひとびとは、たしかに足もとから世界を見すえ、戦争の傷跡から立ちあがる政治と社会の像をえがき、連合国、日本をふくむ「他国」からの支配にわたりあおうとしていた。世界平和、平等、自治、民族解放——これらのよびごえはまだ島の外にはとどかなかった。だが、ちょうど収容所で夜ごと車座になって思いおもいの島うたを歌いあった、その第二幕のように、ひとびとは夜の演説会場で歓声とヤジをあげながら、思想を鍛えあった。

2　民族戦線運動——野生のデモクラシー

〈時代の流れ〉政治への圧迫

米軍の諮問に答えるだけでない沖縄の民衆にとっての政治は演説会場で生まれた——その伝統は一〇万人規模の県民大会がくり返されるなかで、いまも変わらず引きつがれている。

沖縄民政府の主流派から地方有力者、青年層までたばね、演説会でひとびとを感動させる最初期の人民党の声価は高かった。軍政府で民間の政情調査・諜報活動を担当したＣＩＣ(対敵諜報部隊)は、その共産主義的な背景に疑いをもちつつも、人民党の主目的は民政府の腐敗にたいする批判をとおして米軍政府と民衆の支持を獲得し、沖縄民政を支配することにあると分析し、党員シンパ合わせて二〇〇〇人規模の、もっとも重要な政党として評価した(8)。

だがやはり「猫・ネズミ論」が警告したとおり軍政府は政治を歓迎せず、次々に圧迫を加えた。四七年九月、民政府各部長は各課長、学校長らにたいし、職員の「入党を遠慮」するよう命じた。翌月、軍政府は特別布告「政党について」を公布し、軍政にたいし敵意をもった「有害なる」政治活動が禁止された。また、うるま新報社に中立公正を要請し、四八年二月、人民党は常任中央委員・瀬長亀次郎の「辞任及脱党」を民政府にとどけでた。民主同盟にたいしては同年四月に創刊した機関紙が発行許可証を受けていないとして発禁処分にし、幹部が逮捕され軍事裁判にかけられた。

東西冷戦がアジアでも顕在化するなか、軍政府は共産主義の浸透にたいする警戒をつよめ、戦前来の社会主義者たちへの圧迫がよみがえった。日本本土でも同様のゆり戻しがはじまったが、中国内戦の最前線に隣接し軍部が直接統治をおこなう沖縄では、国際情勢の緊迫があたえる影響はよりきびしく、そのことによってかえって軍政の矛盾ははげしく露呈した。

ここに沖縄社会はみずから自治をつかみとる第一歩を踏み出すことになる。そのあゆみは独特なもので、前進と後退をかさねながら少しずつ地歩をかためていくねばり強さを特徴とした。そのありようを三つのステージにわけて追って見ていこう。

悲哀をきずなとする民族意識

〈第一幕〉は一九四八年八月、軍政府が発表した市町村売店の閉鎖すなわち配給停止の指令ではじまった。農地を基地にうばわれ、復興も進まないなか、ひとびとは食糧や必需品の大部分を米軍配

給物資に頼っていた――それがストップするというのである。(9)

配給物資(四六年六月から有償制)は各市町村が設置した売店で住民に販売され、そこで生じる利益金は市町村財政の財源となっていた。その見返りとして軍政府は各市町村に港湾荷役作業への**労務供出**を義務づけた。だがもともと男手が極端に不足していた社会で、一定期間住家と生業から離れねばならない労務供出はつねにとどこおっていた。しかも過酷な労働現場では水・食事や雨具もいきわたらず、低賃金でそれも遅配、指揮にあたる軍人は作業員を奴隷あつかいにして暴力をふるい「まるで飼犬を養う様な状態」。そんななか中国内戦で劣勢にある国民党政府軍への支援物資の大量入荷がかさなり、軍政府は約千名の作業員を一、二年交替なしで供出するよう市町村に命じた。交替を認めないのは作業能率低下を防ぐためだというが、この条件では能率以前に供出じたいが不可能だった。だが軍は命令に応じない懲罰措置として売店閉鎖・配給停止を指示した。

労務供出を円滑にするための待遇改善や、民政府や市町村への監督責任の委譲、民営委託など、合理的な解決策を提案されてもいっさい無視し、服従だけを命じて従わなければ生殺与奪の権をふるう。この暴政にたいし、売店閉鎖期日の八月二五日にひらかれた**市町村長会**では、ついに軍民両政府への批判が表面化し「皆が興奮し」紛糾した(市町村長は四八年二月の初の公選で選出)。(10)

軍政府が「自己の責任である管理の劣悪を棚にあげて売店を閉鎖するのは極めて不合理」、「その不合理を我々はどうしても沖縄民族の名において表明すべきだ」。また民政府が「軍の心象」「向うの感情」ばかりをうかがう「無計画、無定見」「行きあたりばったりで仕事をして困るのは民衆」だ。だが折からの二カ月余の干ばつで農作物は枯渇し、配給停止は「沖縄民族の生きるか？　死ぬかの岐路」である。「屋根に火がつき一刻も早く扉を開かなければ」やがて餓死者を出す。そのうえ「軍はもっと強硬な手段」、住民の直接徴用をほのめかしている。「軍が将来政治を行うとするならば我々は弱小民族の悲哀を背負つて奴隷の生活をして行かなければなりません」。「拳銃をつきつけられて労務を供出」させられる状況下では、理屈ぬきに「輸入物資の継続出来る方法を講ずるのが沖縄民族のとるべき方法」だ。さいごは全会一致の決議で軍政府に完全供出を誓い、志喜屋知事とともに軍に陳情をかさね、売店閉鎖は延期された。

占領の現実を直視し「無条件降伏でもよい」、これのみが「沖縄民族を生かす唯一の薬であるという民族意識にのせて」首長たちは忍従した。「民族」という主体意識がはばかることなく全員で共有された。民族の意識は怒りや抵抗、攻撃性とともに浮上することが多い。だがここでの「沖縄民族」は「一日も早く売店が開く様にと切望している」村民の窮乏をわかちあう惻隠の情、自分たちの悲哀をきずなとしてむすばれた。これは戦後沖縄の民族意識のいちじるしい特徴である。

たしかにこの市町村長会議も、当初は非難と分裂の様相が濃かった。民政府の無策・弱腰をなじり、市町村長に責任をおしつける不条理に抗議し、供出義務を懸命に果たしている自治体からは信賞必罰を厳密にすべきだと、強く要望が出された。もしここで住民サイドが分裂し、有力自治体の首長が民政府首脳にかわって軍にとりいっていたら、よわい自治体とその住民だけが飢餓と徴用に追いこまれていただろう。だがこの分裂の危機に直面してあらわれたのが、よわさと悲哀を基盤にした「民族意識」だった。会議のさいごには、辞職を決意して奮闘する民政府の担当課長が「気の毒である」ということで、課長を辞職させないことを知事に確約させ、かわりに民政府にたいする責任追及の矛を収めた。また、供出成績に応じた信賞必罰の要求も、供出不良の自治体にとっては「自ら労務の供出が悪ければ食糧を停止してくれとはいえない」、「住民まで迷惑を掛けてはいけない」ということで、全会一致で「必罰」部分の削除に決し、円満な団結にいたった。

前章でみた沖縄戦と同じく、ひとびとは強者に屈しながらもその苦難をきずなに同胞意識を高め、団結と人の情け、人間の道理をかちとるのである。力で負けながら決して敗北しない――戦争体験をふまえた戦後沖縄社会の政治理念の軸が、市町村長たちの行動にあらわれていた。

降りる・とめる・ひらく政治

だが問題の根っこにある軍の強圧姿勢はなにも変わっていなかった。半年後の四九年二月一日、軍政府はインフレ対策で通貨を吸収するためと称して配給物資の価格を約一三倍に値上げし、戦後初の所得税を前年度にさかぼって二年分一度に住民から徴収、ただし軍作業員の賃金は二倍にするという、おどろくべき経済政策を実施した。〈第二幕〉のはじまりである。

民衆のくらしへの圧迫が今度は問答無用に実施された。これにより物資の買い占めやヤミ価格の暴騰など社会生活は大混乱におちいり、生活保護（救済）対象者も激増した。否応なくあがる悲鳴のように政府批判の声がひろがり、政党も民政府への陳情などで活動を復活させた。

一カ月後の三月一日、沖縄議会は**総辞職決議**をおこない、軍事支配にたいする沖縄社会の組織的抵抗の火ぶたを切った(11)。ただし全議員が連署した総辞職「理由書」では、軍政への敵対を禁じた特別布告に抵触するのを避けて沖縄民政府批判に的をしぼり、盾にした。非民主主義的かつ無計画な議会運営で「我等沖縄議会の存在を無視」しているとして、「住民の責任のもてる強力な民政府の樹立と決議機関として**新沖縄議会**の設立を要望」した。これを手渡された軍政副長官は「宣言文」を発し、「小さい子のようにすねた態度をとることは沖縄人の害になるのみ」、「軽率な、そしておろかな行い」にたいしては「非常手段」を躊躇しないと脅しをかけた。

議員たちは協議会をかさね、要望にあげた新沖縄議会とは「**沖縄住民の主権**を決める基本法」＝憲法の制定により設置される決議機関であることを確認したうえで、その設置をみるまでの打開策として九つの議会運営の改善策を出し、うち六つが認められ、さらに志喜屋民政府知事から各議員への和睦状（沖縄復興のための協力を願い出る）を受けとり、一週間で議会再開となった。

当初の総辞職という明確な対決姿勢からすれば条件闘争に折れて矛を収めたともいえる。だが、それは敗北だっただろうか。事態収拾の過程で議員は議会運営のありかたを決める発言権をつかみ、理念上は軍隊の権限を上まわる「沖縄住民の主権」という至高の権力を口にし、それを軍政の交渉のテーブルにのせた。もちろん沖縄における主権は無条件降伏で停止したままだ。きたる講和会議でそれが住民に認められるかどうかもわからない。だがその主権の存否、ありようを議論することこそが政治であり、それをも無条件に禁止することは、たとえばこの直前四八年末に国連総会で採択されたばかりで「あらゆる人と国が達成しなければならない共通の基準」とうたわれた「世界人権宣言」などに反し、占領下住民にたいする不当な圧迫にあたるかもしれない。いわばこの不たしかであやふやな線の上を、条件をのんで先に進むことを、議員たちは選んだのである。

自己の正しさの絶対性を担保して相手に対峙すること、それは大きな覚悟と勇気を必要とする正攻法ではあるが、他方で相手との交渉のなかから新たなものを生みだしていく余白にとぼしい。しかも占領下の権力関係の力学のもと、そのゆくえは明らかだ。圧迫され仲間割れし、内部不信で自壊していく。だが議員たちはここを決戦場として立てこもりはしなかった。そもそも総辞職という決意はあたえられた土俵から**降りること**、そこに本質があった。決定された政治をやめる・とめる・逃げる、そのなかからいままでとはちがう政治を作動させ、動きだしたら席につき、混乱に生じたすきをぬってまだなにも決められていない空間で、交渉により権利を獲得する。それが権利をうばわれた者たちがいどむ闘いかたなのではないか。

そのころ、米本国ワシントンの国務省には前年の売店閉鎖問題以来、「ひどく非能率的で、残酷なほどに抑圧的で、時には全く馬鹿げた」沖縄の軍政を批判する調査報告があいついでとどけられていた。上層部でも、もし軍政にたいする住民の反対運動が高まりソ連などが国連にこの問題を提訴すれば、アメリカは弁明に窮し、ひいては沖縄の長期保有にたいする国際的承認も得られなくなると深刻に問題視されていた［宮里政玄一九八一：二三二］。これらの軍政批判は、四九年二月一日、つまり〈第二幕〉の幕あけと同日、大統領が承認した対沖縄政策の転換（国家安全保障会議文書第一三号の三＝NSC一三／三）に反映されていた。そしてこの政策転換は、日時を要した国務省・国防省の調整をへて、軍政長官の更迭というかたちで一〇月に沖縄にも波及してくるのである。

沖縄の議員たちは遠い海のかなたで軍政改革が始動していたことをまだ知るよしもなかったはずである。にもかかわらず「忘れられた島」にまわされた劣悪な軍人たちが面前で示す屈辱的な威嚇と恫喝に屈せず、仲間割れを避け、〈第一幕〉でつかんだ「民族意識」を「沖縄住民の主権」をめぐる交渉へとつなげていった。軍との直接対決による政治の破局も分裂も、ともに交渉努力によって防いだその忍耐づよさは、みごとであった。

あらわれ／きえる「新沖縄議会」

さいごの〈第三幕〉は、三月の総辞職決議から二カ月後、沖縄社会のほうから幕を切られた。

先述のとおり四月に入ると二年分の所得税徴収が実施されたが、住民総所得の七―八割に相当する異常さゆえに「殺人税」ともよばれた。社会にひろがる不安と怒りを背に、沖縄人民党・民主同盟・社会党の全政党は共同で「民族戦線」（「人民戦線」とも呼称）を結成した。(1)知事・議会を公選しすみやかに憲法を制定せよ、(2)四八年度所得税を全部免除せよ、(3)自治体制が確立するまで軍補給物資を増配せよ――この三つをスローガンにかかげ、五月一日から三党合同演説会を開始した[12]。

人民党に復党した瀬長亀次郎の「提案理由説明」によると、これは明確に「沖縄民族対米軍政府」の共同戦線だった。書記長の新垣《あらかき》幸吉は、演説会で「我々の首にかかはる事が起つて来た」ため「奴レイ的体制より解放すべく沖縄人民が自覚する」にいたり「人民総束となつて我々の支配者たる軍政府と闘はなければ」ならなくなったと公言した。演説会は那覇、糸満から北部にかけて七回開催され「各開催場とも聴衆殺到」、延べ二万一〇〇〇人をあつめた。警察の報告でも、聴衆は「絶えず拍手を為し多大の感銘を」受けていたと記録されている。そして演説会と並行してあつめられた所得税全免要求の署名は約三万人、成人人口の一割に達した。

これには沖縄民政府も手をこまねいて傍観してはおられず、六―七月に二次にわたる「民政府主催時局講演会」を沖縄島各地で計一〇回開催した。又吉康和など主要部長が演壇に立ち、三党演説会でふりまかれた批判を否定し、忍耐と理解、そして「軍政府への完全な協力」をよびかけた。

こうして五月から七月にかけて政党・民政府あわせて計一七回の演説・講演会が全島を縦断した。これはすなわち、米軍への協力か抵抗かを論じあう**全沖縄規模の大衆参加型の政治**が成立し、議員たちが総辞職でもとめた「新沖縄議会」が、あたえられるものでなく野に咲く野生の状態であらわれはじめたことを意味していた。夜の演説会でひそかに生まれていた戦後沖縄の民主政治は、四八―四九年にかけての**民族戦線運動**において「台頭期」〔平良一九六三：二六〕を迎えたのである。

第一章「まとめ」であげた戦後沖縄の精神文化を参照していえば、配給停止・値上げ・「殺人税」という❺いのちにかかわる問題をテーマに、〈**第一幕**〉で❸人の情けを重んじる価値観を土台に、悲哀をわかち合う①民族意識をかちとり、それによって〈**第二幕**〉で⑨総辞職の団結の意思表示をおこない、〈**第三幕**〉では政党が民政府もまきこんで「沖縄民族対米軍政府」という大衆的抵抗運動を切りひらいた。基地問題などをめぐる現在の沖縄県民大会〈島うたのプレ・イベントからはじまる〉の大衆政治の原型は、ここに完成できあがった。

野に咲く花のデモクラシー

以上みてきた民族戦線運動にたいして軍政府は、五月の演説会巡行中に瀬長亀次郎ら人民党にいいがかりの容疑をかけて逮捕、すぐ釈放したが社会党を共同戦線から離脱させ、一〇月に沖縄議会を解散、新たに沖縄民政議会を発足させた。人選は規模を縮小したうえで「トラブル・メーカー」

とにらまれた人民党の実質的指導者・瀬長（うるま新報社長は圧力をうけ辞任）と民主同盟の委員長・仲宗根源和《げんわ》を外し、政治運動にこれまで関わりをもたなかった人物ばかりがあつめられた(13)。

外形的な組織の動きを年表的にたどるならば、総辞職を決議した沖縄議会は消滅させられ軍政府の独裁が猛威をふるう、結果はそればかりのようにもみえる。じっさい軍政長官は極東軍司令部にたいし、議会総辞職とそれにたいする住民の支持は政治的な未熟さを示すものであり、住民は「だれであろうと衣食住の必需品を約束する政治指導者に従うから、彼らには選挙を行う能力などない」、自治権拡大は時期尚早だと報告した［宮里政玄一九八一：二三五］。

さきにみた軍政副長官「宣言文」がいうように、沖縄の議員たちは力の差の計算もできずに、ただ食べ物がほしくて「小さい子のようにすねた態度」で総辞職する「軽率な、そしておろかな」「土人」たちだというかのようである。あからさまな侮蔑こそないが、軍に「忠実であり自ら協力しておとなしく」待てというワトキンスのアドバイスも、考え方はこれに通じるところがある。アメリカの軍人も政治学者も、政治とは――少なくとも占領下の沖縄では、力vs力の勝負であり、ネズミは生きたければ猫に従うものだと理解していた。だが沖縄の人びとは、かれら帝国の人間たちには理解できない、力の支配をくつがえす新たな政治を確実に占領下に掘りすすめていた。

沖縄の大衆運動は、やむにやまれぬ生存の欲求が組織化・統制されないまま文化・思想の力で「**無組織の反戦、平和**へと昇化する」ところに特質がある。序章から戦後沖縄思想の水先案内人として登場してもらった詩人の牧港篤三さんは、そう述べる。それはのちにベトナム戦争の時代に世界を席巻した花がら・ペイズリーのサイケデリック・アートや、装甲車や戦車のまえに花一輪をもって立ちふさがるヒッピー(「乞食」)たちのすがたにも通じるという。

堅固なキャタピラの下に、花は無残に踏みにじられる。ことに野に咲く、すみれや、菜の花や、蛸集の花などの運命は無組織、無体系であるだけに、そうであろう。だが、創造物としての花は、造花でないかぎり、ベトナムあたりのデルタの土をつけたまま修理にかえってきた鉄のキャタピラにはかえって強いのである[牧港一九八〇：四九―五〇]。

野生のデモクラシーは踏まれればつぶれる、押されれば倒れる。無理な抵抗はせず守りはよわい。だが踏まれた草花はキャタピラにへばりついて輸送され、その種子は帝国の支配地のどこかに根をおろす。それは防御に閉じていない反面でひらかれていて、いっとき崩された戦線はまたどこかに意表をついて咲きあがるというのである(14)。

弾圧をたたみかけた軍政府は、CICの年次報告書で「社会党の人民戦線からの撤退後、諸政党の活動は比較的に停滞したままだった」と総括した。ただしその状態は「一九四九年一〇月、日本共産党員である上地栄が沖縄人民党に参加するときまで」のことだったと、しめくくられている(15)。上地栄《うえちさかえ》。この人物は民族戦線運動であらわれた沖縄の政治をまた別の戦線――今度はサンフランシスコ講和会議にたいする「沖縄人の立場」の表明へと、ひきついでいくのである。

3　国家から独立する「人類の歴史」へ――上地栄

〈時代の流れ〉沖縄をすてる／帝国をすてる

すこしさかのぼるが、一九四五年一一月、東京で第八九回帝国議会が召集された。衆議院議員選挙法の改正、農地制度改革、労働組合法の三大法案が上程され、女性に参政権があたえられ、小作農が地主の支配から解放され、労働者は団結権を獲得した。まさに占領下の民主化改革がスタートを切る日本史上の画期的な議会となった。その影で、沖縄住民の選挙権がうばわれた。衆院選挙法の改正法案には「沖縄県……に於ては勅令を以て定る迄は選挙は之を行はず」と記され、一二月一七日、昭和天皇の裁可によりこれが公布された。日本の女性・農民・労働者が戦後日本の担い手として憲政に認知されると同時に、日本の政治は沖縄住民を捨てたのである。

公布の四日前、同法案にたいする貴族院の審議で、最後の沖縄出身の男爵・伊江朝助議員が質問に立った(16)。「沖縄県が全く選挙の執行が出来ないと云ふことは誠に遺憾」としたうえで、伊江は二つの怨嗟《えんさ》の声があがっていることだけは内務大臣の「御耳に入れ」たいと、こう語った。

一つはフィリピンの日本移民一万九〇〇〇人のうち六〇〇〇人が日米の戦争で戦死もしくは餓死し、生存者は帰還させられているが、その七割が沖縄県人であり、かれらと戦中に九州各県に疎開した沖縄県人は、米軍から帰郷も許されず引揚者収容所にとりのこされ、寒さと栄養失調のため一日に一〇―二〇人が死んでいる。東奔西走しているがまったく対策のめどが立たない。そのため在京沖縄県人数万人は自分に弾劾案をたたきつけている。「両院議員宜しく自決すべし」と。

もう一つはこんな話だ――「海軍の二等兵の上地と云ふ男、此の男は沖縄出身で、大学生でありましたけれども、召集されまして海軍に入つた」。沖縄の敗戦の三日前、第三二軍の牛島満司令官から「沖縄作戦の教訓を大本営に報告」し兵員名簿をとどける特命をうけた陸軍中尉・森脇弘二の案内役をまかされ、戦火をくぐり万難を冒して小舟で沖縄を脱出、七月一日に奄美群島・徳之島の独立混成旅団まで送りとどけた。中尉は上地に「非常に感謝して居つた」のだが、「今回の沖縄戦線の失敗は琉球人の「スパイ」行為に因る」との教訓を「放送」した。上地は「非常に憤慨しまして、刺違《さしちが》へて、やらうと云ふ考を起した」。だが司令官からの「大使命を持つて居るからと云ふので」思いとどまった。ところが中尉は九州に上陸すると各地に琉球人スパイ説をひろげ、沖縄からの疎開者にたいする差別・圧迫事件が各地でひきおこされた。そのため迫害された疎開県民たちは憤慨して、いまや「帝国臣民たる光栄に対して疑問を起す」までにいたっていると。

戦争で「十五万人は戦死」させられたうえ、疎開・引揚県民の窮状を放置し、スパイ扱いし、新生議会からも追放する。これらの所業をまえに在日沖縄県人は国会議員たちに自決をせまり、日本国民たることをみずから否定しはじめている。これが最後の貴族院議員・伊江朝助が新生日本の門出にさいし帝国議会でいいたかったことだ。では大日本帝国・議会から捨てられ、みずからも帝国を棄て去ろうという沖縄人たちはどこへゆくのか――「上地と云ふ男」のゆくえを追っていこう。

沖縄独立―再結合構想

上地栄は一九二〇年に読谷村大湾に生まれた(17)。幼少のころより頭脳明晰・成績優秀で、地元では尋常高等小学校はじまって以来の神童として知られた。だが父は農民に学問はさまたげだと中学進学を許さず、才能が埋もれるのを惜しんだ校長の推薦で、当時沖縄随一の百貨店・山形屋に就職した。上地は那覇で一年間働いて資金を貯め、親に無断で姉だけに別離をつげ単身上京。新聞配達などアルバイトをしながら三八年、大学を受験し早稲田、立教、中央の三校すべてに合格。学費のもっとも安い中央大学予科法学部に入学した。この時期、沖縄出身学生の県人会長をつとめ「沖縄学の父」**伊波普猷**《いはふゆう》の家に出入りし薫陶を受けたという。

四三年末、学徒出陣で海軍入隊、明治神宮外苑の壮行会に参列する七万人のひとりとなった。地元だということで沖縄方面根拠地隊司令部付を命じられた。帰郷のうわさを聞きつけた姉は赤ん坊を背おい部隊をたずねてまわり、難儀のすえ弟をさがし出した。話せば敵を撃滅してやると特攻隊を志願してやまないかたい決意で、いのちを粗末にしないよう諭した。家族に黙って少額ずつ仕送りしてくれた姉の願いだけは無下にできず、上地はここで時代をつつむ戦死の美学から降りた。

四五年夏、壊滅する司令部をあとに森脇弘二中尉を徳之島まで脱出させた。そのあと、自分が中尉を刺し殺さず見逃したせいで沖縄疎開者にたいする差別事件を引きおこしてしまったことを知った上地は、いそぎ東京へむかい沖縄出身有力者たちに実情を報告、伊江朝助の貴族院質問にいたった。上地自身も一二月の沖縄人連盟大会で「沖縄戦の真相」と題した現地報告をおこなった。

沖縄人連盟は在日沖縄出身者七万人の連絡・救援団体として「民主主義に依る沖縄再建」をめざして四五年一一月に上地も参加して結成された。沖縄出身の共産党員と伊波普猷(会長に就任)ら学者が役員につき、さっそくマッカーサー最高司令官あての日英両文の請願書をＧＨＱに提出した。「日本政府は沖縄人の直面する困難に関して甚だ冷淡であり、吾々は最早この無力の政府を信頼することが出来ぬ」と、救済措置をうったえた。ＧＨＱは四六年一月二日(天皇に「人間宣言」を発布させた翌日)、請願書に答える「覚書」を発し、沖縄人にこう告知するよう日本政府に命じた。請願された沖縄への復員・帰還・調査団派遣・送金は軍事的理由により当分不許可、だが「日本帝国政府は琉球避難民の困窮者に対し、直ちに、適当なる食糧、家屋、医料《ママ》、寝具並に衣類を支給すべし」、以上のことは「適当な合衆国軍政部当局に伝達」ずみだと。(18)占領軍の絶対権力が発したこの「覚書」の威力をつかい、在日沖縄出身者たちは必要な援護物資や住居を行政当局から引き出し、生計を立てるための利権の獲得に役立て、またヤミ市場での主導権を朝鮮人・華僑たちとあらそった（冨山一郎『近代日本社会と「沖縄人」』日本経済評論社、一九九〇年）。「沖縄人」はＧＨＱお墨付きの〝解放民族〟に認定されたのである。

ところで終戦直後、同様に解放されて、ヤミ市から社会、思想、政治まで民主化の時代の寵児となったのは、獄中で非転向をつらぬいて出所した共産主義者たちであった。そのカリスマ的リーダーである「獄中一八年」の日本共産党書記長・**徳田球一**（四六年四月以降、東京から三期連続で衆院議員当選）は、名護出身の沖縄人であった。

徳田は四六年二月二四日の日本共産党第五回大会で、みずから顧問に就任した沖縄人連盟初の全国大会にあてた「沖縄民族の独立を祝ふメッセージ」を採択させた。「**独立メッセージ**」として知られるこの文書は、沖縄人を日本の被抑圧少数民族であると規定し、その自決権を確認したうえで、沖縄人と日本の共産主義者が「力をあはせて」現日本政府の責任を糾弾し、さらには両者がともに帝国主義的天皇制を克服して「民主主義革命の徹底化に邁進することを誓ふ」と宣言した。

これまで歴史研究でもほとんど誤解されてきたのだが、「独立メッセージ」は沖縄の民族主義的な独立を打ちだしたものではない。徳田ら戦前からの共産主義者はレーニン主義の民族政策理論にしたがって、「軍政下にある沖縄・奄美大島では民族自決の原則の上に立って軍事占領下のきずなを脱」する自治権獲得にまず主眼を置き、「自治政府をかちとったのちに対等の条件で日本と結合する」という方針を立てていた。「帰属の問題と云ふより寧ろ結合の問題」、つまりどのように新たな「結合してゆくべき対象を見出す」かが問題とされ、メッセージはそれを「諸君の解放は世界革命の成功によつてのみ真に保証される」と規定した。この第五回党大会で共産党は人民共和政府の樹立をめざす行動綱領を同時に採択しているが、その日本の共和政府と沖縄の自治政府が対等の立場で連邦制を築くことによって「恨み骨髄に徹する」「半植民地」的な過去の日沖関係を克服しようとしたのである。(19)

このプロレタリア国際主義の**独立―再結合**方針は沖縄人連盟でもひろく共有されていた。活動の主導権をにぎっていた副会長の永丘（旧姓・饒平名《よへな》）智太郎（雑誌『改造』元モスクワ特派員）は、「沖縄における信託統治の将来も、自治から独立のコースを約束してゐる」と論じ、「日本の軍閥財閥、旧官僚、帝国主義者共はわれわれの敵である」として、それらの影響を脱しないままに主張される保守系の**祖国復帰論**をしりぞけた。だが将来展望としては、日本の人民とは「互に手を携へて世界の民主々義化に邁進」すべきであり、沖縄は「民族的に民主々義的に完全な自治は獲得しても、国家的には、日本が完全に民主々義化した暁には連邦体となすべき」だと主張した。(20)

徳田ら共産党・沖縄人連盟の独立―再結合構想は、たしかに沖縄戦で破局をむかえた日沖関係の再構築という点ではもっとも理想的だった。だがそれは共産主義革命の到来を信じるイデオロギー（世界観）や、戦後改革がすすむ情勢に依拠した立論であり、現地沖縄における自立的な解放運動と連携する視点をまだ欠いていた。四六年二月、川崎市でおこなわれた沖縄人連盟の全国大会準備会に出席した徳田は、「世界の解放なくしては日本の解放はない。日本の解放なくしては沖縄の解放はない」と述べたという（山城善光『火の葬送曲』火の葬送曲刊行会、一九七八年、二四七頁）。裏を返せば、世界革命の趨勢がとどいてこなければ沖縄人の解放は保証されないという序列化である。

じっさい人民政府の樹立をめざした四七年の二・一ゼネストがマッカーサーの指令で中止させられて以降、米ソの協調をあてにした共産党の「占領下革命」の展望は失われ、翌年に沖縄人連盟でも共産党員の幹部を排除した保守系指導部に再編されると、共産党の沖縄政策は宙に浮き、徳田発言にもみられた段階論的な考え方によって課題の序列化に拘束されるようになった。そして五〇年代前半には、対米武装闘争を準備してソ連や日本の革命のための前進拠点にするという非現実的な下請け方針が党の「琉球対策」となった。これでは日本本土や自由主義陣営のため、ひいては極東平和のためと称して沖縄を要塞化する日米両政府の〈捨て石・占領〉政策と大差なかった。

沖縄解放の夢を思想的に自立させ、党派をこえて支持をひろげ現実に対抗させる力はそこになかった。それゆえに共産党内でも、徳田の死後五〇年代後半からは、独立―再結合構想は徳田のあやまった「琉球民族少数民族論」にもとづく非現実的独立論として、再結合の部分を隠して矮小化したうえで一笑に付されるようになった。

だが独立―再結合構想は東京で一掃されても、すべて雲散霧消したわけではなかった。レーニン主義の原則論に依拠した徳田、国際情勢分析にもとづいた永丘のほかに、もうひとりこの構想を展開した唱道者がいた。あの男――上地栄である。かれは時勢の推移や特定のイデオロギーをこえて、人類普遍の生存権に立脚する独自の沖縄人解放思想をねりあげ、それを支えに独立―再結合構想を現実に沖縄で実践していった。それが沖縄における日本復帰運動のはじまりとなった。

「沖縄人の生存権」の独立

一九四六年、弱冠二五歳の上地栄は、沖縄人連盟の機関紙『自由沖縄』などで沖縄帰属問題にたいし快刀乱麻を断つかのような論陣を張った[21]。「地理的、歴史的、人種的関係」からいちずな日本復帰論を唱える者にたいしては、「必ずしも人種が同じ故を以て一国を為さねばならぬと言ふ理由は成立たぬ」、「一民族一国家の標榜は侵略者ヒットラーが唱えて失敗した」、「此の思想が帝国主義と表裏を成していたからだ」と論駁し、そもそも、いうところの「切つても切れぬ様な密接な関係を殊更に切つて考へたのは誰であつたか、断じて沖縄ではなかつた筈だ」と一蹴する。他方、当時多くの人が共有していた、アメリカの信託統治になるとの見通しについては、「アメリカは民族の自主を重んずる国であるから県民の希望によつては行く行くは独立も許される」のならばそれでよい。しかし「といつて小生はアメリカ様々を言ふんぢやない」、「言論自由の国であるから行届かぬ点は遠慮なく進言すれば可い」というにすぎない。したがって「日本が民主国になり沖縄人が大手を振つて歩ける日本になつたならば、その時は県民の総意によつて態度を決すれば良い」。

「要は国籍の問題ではなく、**沖縄人全体の幸福**の問題である」。「その国に属することによつて、または特定の統治形体《ママ》下に置かれることによつて、〝全沖縄人の意思がより十分に尊重されるか否か〟という所に基本的考えを置くのである」。それゆえに復帰論の日本民族主義だけでなく、沖縄人が統治者になればよしとする独立論者にも批判はゆるまない。「余り国籍に拘泥《こだ》はるなと言ふことだ。慶長の役に負けると知りつつ島津に手向つて大衆を戦渦に巻込んだ謝名《じゃな》親方《うぇーかた》の考へをイササかも有つてはいかん」。

　国籍にこだわるなというと、すべて大国の決定を傍観しておくべきで「沖縄が独立しても、日本が再び強くなつた時又奪られて終ひ、其の時は又非道い目に遭ふだらうと心配」する「勝てば官軍」の日和見主義と混同されやすい。だが上地は「何でもない様であるが、之は帝国主義的考へ方」だという。なぜなら「凡そ人類の歴史は全人類の幸福に向つて滔々と流れてゐるのであつて、寸刻も停滞しない」。むしろ今次の大戦で「其の勢を一段と増してゐる」からだ。

　凡そ地球上に生きる者は死に度くないに決つとる、又生きる以上はよりよく生き度いに決つとる。**民主々義思想は全人類の幸福に基礎を置く**ものと思ふ。自然の恩恵を大国の人民のみが享けるものと考へるのは不合理な話だ。吾々は如何なる国籍を有する様にならうが、世界の一角に於ける**沖縄人の生存権**を全世界の人民に向つて主張し、人類平等の一切の自由を獲得する様連動せねばならんと思ふ。此の点特に青年は目醒めねばなるまい。今次戦争に依つて沖縄の島は期せずして世界的になつた。是を機に〝禍を転じて福となす〟沖縄人が世界人となるか如何かは、一に沖縄人としての誇を持ち得るか如何かにある——とコー思ふんである。

　じつに独特な文体をまとった強靱な「沖縄人が世界人となる」思想である。アメリカの科学兵器の猛威、日本軍司令部の崩壊、燃える郷土、戦後日本の沖縄差別——陰惨なそれらすべてをなまの目でみてまわったこの人物は、戦争と差別への煮えたぎる怒りと憎しみを、論理の切れ味と行論の軽妙さを際立たせることでなんとか底の方にしずめ、全人類の解放にむけた動力源へと押しとどめる。そうすることでかろうじて平静を保っているようにみえる。

怒りと悲しみに発した沖縄人の同胞愛と、その沖縄人が人間として人類愛に解放されることをもとめる、狂おしいまでの普遍への欲求――それはかれが師事したふたりの世界的沖縄人、伊波普猷と徳田球一の思想と文章にも強く響きあっている。世界大戦としての沖縄戦の体験から人類規模の生存権と民主主義への道を「沖縄人の立場」において築きあげた上地の論述に、後世のわたしたちは戦後沖縄の政治思想の自立のはじまり、その荒ぶる精華を見出すことができる。

このような思想を胸に、上地栄は沖縄協会（戦時体制下の「報国沖縄協会」の後身）職員をつとめながら、左派の沖縄人連盟の「前衛」とされた沖縄青年同盟や沖縄学生会の創設メンバーとなり、沖縄疎開学童救済の街頭募金活動など現場の地道な活動に日々精力的にとりくんだ。また空手の腕前をかわれ徳田のボディガードもつとめたという(22)。そして四八年夏に沖縄人連盟が幹部から共産党員を排除して再編されると、沖縄に帰郷して人民党に入党、四九年一〇月の第三回党大会から常任中央委員に選出された。米軍が入手した情報によると、上地の帰郷は徳田球一の指示にもとづくとされ、人民党では書記長の瀬長亀次郎につぐ副書記長に就任した［森二〇一〇b：二〇五］。

4　沖縄人の日本復帰運動

〈時代の流れ〉キーストーンの軍事と民政

一九四九年一〇月、ちょうど上地栄が人民党で指導者の地位についたころ、さきにワシントンで決定されていたNSC一三／三の**政策転換**が沖縄にも波及し、シーツ軍政長官のいわゆる「**シーツ善政**」がはじまった。NSC一三シリーズは戦時中の国際協調路線を明確に捨てて冷戦外交にきりかえるもので、沖縄については、⑴軍事基地を長期保有する方針で基地開発を進める、⑵政治的経済的安定のため沖縄住民の負担を軽減し経済的・社会福祉的計画を実施する、⑶長期的戦略支配を可能にするための国際的承認を追求することが決定された。

これにより一九五〇会計年度にはアメリカの沖縄統治で最高額の約五〇〇〇万ドルの経済援助が注がれ、恒久的基地建設がはじまった。シーツ軍政長官は配給物資の増量と値下げ、徴税の一部保留、民間貿易の再開を決定し、基地建設を請け負う**日本の建設業者**と日本製商品が大量に流入するようになった。「忘れられた島」は、アメリカのアジア・太平洋反共防衛線の「**キーストーン**」（かなめ石）へと一気に変貌した。

このキーストーンということばは、在沖米軍車両のナンバープレートにも刻字される「基地オキナワ」の代名詞としてその後もながく使用されたが、この概念をかかげてNSC一三／三の沖縄政策転換を後押ししたのは、日本占領の責任者マッカーサーだった。沖縄はアジアの要地をおさえる地理的位置と空軍基地を置くに十分な面積を有し、これにより日本に兵力を維持することなしに外部の攻撃から日本を防衛することができる。しかも沖縄は軍事的のみならず政治的にも基地開発の適地であると、こう論じた。「日本人は彼らを蔑視している」。また沖縄人は「単純でお人好し」、「基地開発からかなりの金を得て幸福な生活を送っている人たち」だと。このマッカーサーの持論をうけて、NSC一三の立案にあたった国務省政策企画室長ジョージ・ケナンは、沖縄の民政方針を次のように設定した。島民は独立に適さず、それを要求してもいない。自衛の能力をまったく欠いているので、アメリカには対外的にかれらを保護する明確な責任がある〔宮里政玄一九八一：二二二〕。

日本人の沖縄蔑視の上に、アメリカの父権主義的帝国意識、マニフェスト・デスティニー（文明宣布の明白なる使命）がかさなり、ドルと軍事施設が沖縄に放りこまれた。そして(3)の沖縄支配にたいする国際的承認を得やすくするため、軍政府の統治をできるだけ間接的にする必要があるとして、(2)の住民自治の（形式的）拡大が追って決定された。一九五〇年の後半には奄美・沖縄・宮古・八重山にそれぞれ**群島政府**・**群島議会**が設置され、知事・議員の公選が実施された。ここで志喜屋知事の沖縄民政府は解散させられ、初めて住民は公選知事と議決権をもった議会を手にした。ただし全琉球的な中央政府は軍の完全な支配下に置くべきとして、五〇年一二月、軍政府を**米民政府**（琉球列島米民政府＝USCAR）に名称変更して各群島政府の上位に設置した。

こうしてついに戦災からの本格的な復興が沖縄におとずれた。それは米軍の恒久的「基地オキナワ」としての復興であり、住民は依然として軍事占領下に置かれた。だがそうであっても、自治を拡大させるチャンスが、この政策転換のなかにまぎれこんでいた。

日本復帰運動の〈のろし〉

自治拡大の最大の糸口は一九五〇年九月に実施された**群島知事の公選**だった。[23] それまでの沖縄民政府の服従姿勢、そして軍事優先で地縁的にもかたよった復興事業の進行に不満をもっていた各界の有力者・若手官僚・農民・青年会・教員などは、戦前からの農業界指導者・**平良辰雄**《たいらたつお》に出馬を要請し、圧勝させた。そして沖縄群島議会選挙（定員二〇名）で当選した一五名の平良支持の議員が結集して、**沖縄社会大衆党**（社大党）が結成された。平良が委員長となり、元人民党委員長で群島議員に当選した**兼次佐一**《かねしさいち》が書記長についた。

社大党は住民の八割を占める農民の復興のため、対日関係をとりもどした自立経済をかかげ、このあとも中道穏健的な位置で自治権獲得を推進する米軍統治下の中軸的な政党となっていった。その一方で四七年に結成された民主同盟・社会党はこの選挙でほぼ消滅し、もうひとつ、沖縄人民党は独自の道を歩んだ。

委員長の瀬長亀次郎は知事選挙で当初は平良支持の大勢に合流しようとした。「シーツ善政」を歓迎して軍政府批判は封印し、制限された自治のもとで、結党当時の幅ひろい大衆政党路線に回帰しようとしたのである。だがこの慎重路線は上地栄、仲里誠吉（元民政府翻訳課長、群島議員に当選）ら若手の幹部によって否定され、やむをえず委員長として瀬長が知事選に出馬することになった。

仲里が主幹となった党の準機関誌『人民文化』（四九年六月創刊）は復興事業の腐敗、農村の貧困、軍作業批判、言論の自由、労働組合結成、国際情勢まで、あらゆる問題を調査して遠慮なく論じ、とくに復興事業を担当する実力者として知事選に出馬した松岡政保(民政府工務交通部長)の不正を糾弾した特集号は政界に衝撃をあたえた。平良圧勝の側面支援をなしたのだが、松岡とおなじく瀬長も票は伸びず、投票直前には『人民文化』はついに軍政府から発禁処分をうけた。存在感を高めた一方で弾圧もまねいた。なんのための出馬だったのか。

上地は「シーツ善政」の融和路線は基地建設のための懐柔策にすぎず、「軍政府がなにをするかにかかわりなく、自分の問題は自分たちの立場で解決しなければならない」、「狡猾な支配者たちに容赦ないとどめの一撃を打つだろうことを誓う」と演説会で公言していた。その決然たる姿勢は支持母体の労働者や青年層から熱烈な支持をあつめ、新聞も「街頭に或は演説会場でその特種の生彩を放」つ「人民党の花形闘士」とよんだ。CICも、なんの収入もなく「知人から莫大な借金をかかえながら全時間を政治活動のために注いでいる」上地を、瀬長以上の「沖縄でもっとも危険な共産主義者」とマークした。では上地はどうやって沖縄の問題を解決し、軍政に対決しようとしていたのか。沖縄人の「自分たちの立場」とは、なんだろう。

一九五〇年九月七日の人民党演説会(真和志村、約八〇〇人参加)で、上地は「公の場でいうことではないが」としながらも「琉球人の解放」の展望を次のように語った。

昨日の今帰仁《なきじん》での集会で占領下に置かれていて自由などあるのかと訊かれたので、わたしは「ばかな」と答えた。これまで日本は繁栄すると言い張ってきたが、いまの日本を見てみよ。時代は移り変わっているのだ。さあ、団結/結合(原文は unit)しよう。団結/結合した人民にかなう勢力はどこにもない。世界の諸民族との協同こそが、解放への道である(24)。

演説記録を英訳したＣＩＣ報告書からの重訳なので、正確な言葉づかいまではわからないが、ここには明らかに、占領下の日本と結合しその先に世界の人民との協同を展望することで「琉球人の解放」が実現するとの構想が示されている。分離独立のステップをはぶいた再結合構想である。さきにみた四六年の論考で上地は「吾々は如何なる国籍を有する様にならうが、世界の一角に於ける沖縄人の生存権を全世界の人民に向つて主張」すると述べていた。四年前に表明したこの考えを、かれは実行にうつしていく。

五日後の九月一二日、沖縄群島知事選の天王山とよばれた三候補合同の演説会が首里中学校庭でひらかれた。沖縄島各地から二―四万人がつめかけ、それまでで最大規模の政治集会となった。上地栄は瀬長の応援弁士としてトップバッターで演壇に立ち、次のように演説をしめくくった。「沖縄の人たちは、瀬長の〝亀さんの背中〟に乗っかって、本土の岸まで運んでもらおうではありませんか」。当時まだ公的にはタブーであった日本復帰が突然ユーモアをまじえて打ちだされ、会場は数万人の爆笑と拍手でわきあがった〔平良一九六三：一七〇〕。

この演説は戦後沖縄ではじめて公式の場で日本復帰をかかげた発言として語りつがれることになった。上地はみなが待ちこがれた初の知事公選のクライマックスの場をつかい、五年間の占領生活でしみついた米軍へのタブー意識を万余の聴衆の前で堂々とやぶってみせた。それは同時に、選挙戦のあと一大争点となるはずの帰属問題の機先を制する、**日本復帰運動**ののろしとなった。

前衛の登場

国際情勢はすでに風雲急を告げていた。五〇年一月以降、講和会議後も沖縄を確保するアメリカの方針がつたわり、シーツ軍政長官も「米国は永久におき縄を離さぬ意向」だと言明した〔鳥山二〇一三：一三八〕。他方、東側陣営の最高権力者スターリンは、論評「日本の情勢について」を一月にコミンフォルム（共産党・労働者党情報局）に発表させた。そこでは、「私は沖縄に二十五の飛行場をつくったが、ここからは超重爆撃機が、日に三千五百回出発できる」とのマッカーサーの発言が冒頭に引用され、基地建設を座視している日本共産党を一喝した。これをうけて同党は即座に沖縄基地建設に反対するキャンペーンを開始し、二月には「沖縄、大島諸島の完全解放」と「沖縄、大島人の自由に表明された意志に基ずく民主日本との結合」が打ちだされた〔『資料集Ⅲ』二一二―一六〕。

そこに六月、朝鮮戦争が勃発し、沖縄はその出撃基地となった。荷揚げ要員の徴発問題や灯火管制がふたたび起こり、社会に不安がひろがった。米軍政下の未来を危惧しそこからの脱出をもとめる意識は、五〇年の後半には相当程度普及していたと思われる。だが、どこへいけばいいのか？

日本は沖縄を〈捨て石〉にし、アメリカも沖縄蔑視を継承し、要塞化してまた戦争をはじめた。真情をいうならどちらにもつきたくない。かといって共産主義陣営に救いをもとめ新たな「解放軍」をよびこむことは沖縄をふたたび戦場にさせ米軍を敵に回すことになる。世界を見わたせばまさに四面楚歌、逃げ道はどこにもない。目前の支配者にただ従う奴隷的な生き方しかないかにみえる。

しかしながら、このような息のつまる窮状は、予想外のことでもはじめてのことでもなかった。どんな困難にもわたりあい、ねばり強く突破口をさがして地上戦から生きのびたのが戦後の沖縄人であった。また食糧問題を機に、その助けあいの精神を大衆的な政治運動に高めていく経験も積んできた。支配者の「世替わり」や帰属にかかわらず、苦難と悲哀をわかちあう同胞が誇りをもって生きてゆける道を、だれかが指し示し、スタートを切る必要があった。その役目を、上地栄と人民党の幹部たちは担った。民衆による大衆運動の先頭に立つ前衛である。

一九五一年一月二八日、人民党は拡大中央委員会ではじめて帰属問題について討議をおこない、講和会議に関しては全面講和を要求することを決定し、帰属問題については「住民自身の意志によって」民主的に人民投票によって決すべきだと上地栄から説明された。(25) ところが党としての立場を明確にしないまま人民投票を要求するというのでは「政党としての責任」を果たしていないと批判が出され、「具体的方向についてはひきつづき検討することになった」という。それまで「琉球民族の主権」確立と「住民自治政府」樹立を基本方針にしていたのだから当然である。

だがその四日後、二月一日に少数の幹部だけの常任中央委員会がひらかれ、社大党、社会党、共和党の三党にたいし、講和問題に関する四党会談の開催と共同闘争をよびかけることを決定した。肝心の沖縄帰属にたいする具体的方向がまだ党内で決まっていない段階で他党に共同闘争をよびかけるというのは、どういうことなのか。

平良辰雄知事の与党・社大党は、一月三〇日、「現在世論の熟するのを静観している」が「各新聞とも講和については余り触れていない点から世論はまだそこまで行っていないと見ており確定的態度は決定していない」と見解を発表していた。平良個人は知事選の懇談会など非公式の場ではいつも（日本復帰の）「この問題をまっ先に持ち出」していたといい、政策としても対日取引再開による経済再建を打ちだしていたが、米軍からの弾圧をおそれて様子見をつづけていたのである。しかし人民党、すくなくとも上地栄が米軍をなんらおそれぬ日本復帰の提唱者であることは、知事選の合同演説会以来だれもが知っていた。その上地からよびかけられた四党会談がどのような場になるかは想像がついたはずだが、他の三党はこれを受け入れ、二月一六日の開催に決まった。

　こうして外濠をうめたあと、幹部たちは党の方針転換にとりかかった。二月一三日に人民党は中央委員会をひらき、瀬長は「民主主義の原則に則って主権がじん民に与へられることを条件として日本に結合する、言い換へれば日本に復き《ママ》する」と方針を説明し、「沖縄の解放は反帝闘争であり、**方法として日本復帰**を叫ぶ」との結論を採択した。また、各団体によびかけて広範な大衆運動を盛りあげ、人民投票をおこなうことなどを党の基本方針として決定した。これが戦後沖縄で最初の、日本復帰を要求する正式な機関決定の発表となった。これをうけて翌日、追いかけるように社大党も日本復帰の要望を発表し、一六日の四党会談は、瀬長の司会のもと、人民党代表の上地栄・社大党の兼次佐一が党の日本復帰要求の立場を公言する場となった。態度を保留した他の少数政党は後日になって共和党が琉球独立、社会党が信託統治賛成を発表したが、人民党の誘導のもとで巨大与党の社大党が日本復帰要求を公表したことで、すでに政界の大勢は決まっていたのである。

　その後三月一八日に人民・社大がそれぞれ臨時党大会をひらいて日本復帰方針を正式決定し、翌日の群島議会では**復帰要求の緊急動議**が一七対三で可決された。この段階にいたると、両党の党大会は「全住民の一〇〇％の関心」をあつめていると報道されるほどの注目をあび、社大党には三〇〇人、人民党には五倍の一五〇〇人もの参加者がつめかけた。また平良知事も、緊急決議の有効性に疑義を呈する野党議員にたいし、「現在は政党の動きが大きな世論」であり、琉球民政長官をかねるGHQのマッカーサーにも決議を報告すると群島議会で答弁するところまで、態度を明確にするようになった。

生きのびるための署名と出会い

こうしてわずか二カ月たらずのうちに日本復帰はタブーから政界の総意へと、燎原の火のようにひろがった。その火付け役にして推進者はまちがいなく上地栄だった。結党以来の人民自治政府の樹立方針を信じる党内の抵抗を横目にしながら、与党社大党を態度表明にまきこみ、党内・議会・知事を一挙に米軍占領継続反対の意思表示へとみちびいた。こうしたたくみな運動戦略の起点として、群島知事選における上地の演説をとらえることも可能であろう。自身は少数派たらざるをえない急進的改革の旗をかかげながら孤立化はせず、大衆の要求を実現するために先頭に立って扉をひらき、多数派を大衆運動によびいれていく――みごとな**前衛的オーガナイザー**の姿をそこにうかがうことができる。

このあと、社大党が提唱した「日本復帰促進期成会」に人民党も参加し、五月から**復帰請願署名運動**が開始された。趣意書には「全面講和や基地提供反対等の主張をせず此の運動を単に琉球の帰属問題に限定する」とことわり書きが入れられた。人民党が主張するソ連をふくむ全面講和や反帝闘争としての日本復帰という方針は却下である。少数の前衛が突破口をひらき情勢を動かす段階では、その信念を支える政治理念は重要な意味を社会にたいしてもったが、いざひらかれた突破口から大衆運動を展開する段になっては、だれもが賛同できる軍政府も黙認する範囲内に目的を限定すべきだった。役割を終えれば大衆によって踏み越えられていくのが前衛のあるべきすがただった。

署名運動は五月二〇日から一カ月間で有権者三〇万人を目標に立てた。五〇年末の沖縄群島人口は約五七万人、二〇歳以上は三〇余万人。先行した奄美群島での復帰請願署名が二月下旬から一カ月あまりで約一四万人、住民の九九%という圧倒的な成果をあげたのを意識した目標設定だったようである。しかし運動はいっこうに盛りあがらず、六月一〇日の集計では目標の一割の三万人弱。政党の組織・地域基盤のよわさと経験不足が露呈し、これではかえって逆効果──政党や議会が世論を見あやまったということになってしまう。期限は七月二〇日まで一カ月延長され、ここで各地の青年会がついに立ちあがった(26)。

農地を基地にうばわれ、サトウキビや野菜など換金作物の最大販路だった日本本土との関係も断たれ、農村では当時離農者が続出していた。離農しても奴隷的な軍作業や性風俗業などがあるばかりで、人口の八割を占める農家の青年たちは前途をもてずに苦しんでいた。そんななか、沖縄各地の青年会が結集する**沖縄青年連合会**(沖青連)は政党と議会の動きをみて会員を対象に帰属問題の意見調査をおこなったところ、約一万二〇〇〇人の回答の八六%が日本帰属を希望する圧倒的な結果が出た。六月二八日、沖青連の会員を中心に「日本復帰促進青年同志会」が結成され、役場職員、教師などの青年たちが夜間に戸別訪問して署名をあつめるローラー作戦を展開した。だが七月初めでもまだ有権者の六〇%。ついに講和会議にまにあう八月二六日ぎりぎりまでかけて、有権者の七二%の集計で打ちきり、約二〇万人の署名簿がサンフランシスコの日米代表にあてて空輸された。

この運動経過はなにを語っているのだろう。運動のねばりと地域へのひろがりで七二％にまで署名をまとめあげたことにこそ重要な意味があった。こうした運動以前に〈復帰を願う沖縄住民の世論〉といったものが自然発生的にまとまっていたわけではない。政党主導の政治運動が、占領下で危険視される政治的意思表示をしぶる民衆にぶつかりながらも、もはや後には引けなくなり、署名をもとめて青年会が住民の生活空間のすみずみにまで入りこみ、政治をめぐる出会いと鍬《くわ》入れをおこなった。それは沖縄の歴史において画期的な意味をもつ、政治空間の醸成過程だった。

署名用紙で帰属をもとめる国名が日米のどちらだったか、なんと書いてあったかにはかかわりなく、成人の七割以上が参加したこの運動経験が当時の社会にもった意味の大きさは比類ない。

ところで、一九四九年から日本の大手ゼネコンが中心となり建設された沖縄の恒久的軍事施設は、そのころ**朝鮮戦争**の爆撃拠点としてフル稼働していた。嘉手納基地からはB29が開戦から一年間で五八〇〇機出撃し、五万トンの爆弾を朝鮮半島に投下した（この戦争の死者は最大四〇〇万人と推計される）。国連軍総司令官マッカーサーはさらに核攻撃を強硬に主張した。もしそれが認可され、中国につづきソ連も参戦していたら、前出の論評「日本の情勢について」で沖縄基地を目の仇にしていたスターリンは、まちがいなくそこを標的にしただろう。ソ連はすでに原爆開発に成功しており、沖縄島の住民は消滅していたかもしれない。

核攻撃をうったえて朝鮮半島を北上しつづけたマッカーサーが大統領から電撃解任されたのは、復帰運動さなかの五一年四月のことだった。民族消滅の危機と交差しながら、沖縄のひとびとは生きのびるための意思を、日本復帰運動という大衆運動で大きく表示したのであった。

歴史ノートⅣ　前衛の退場問題

日本復帰運動の開幕を辣腕をふるって主導した上地栄は、その後まもなくして一九五一年六月に人民党を除名処分され、追放された。その理由は一二月の党大会でこう説明された。「個人主義的英雄主義すなわち「おれが」一番えらい、人民党は「おれが」いなければつぶれて、消えてしまうといったような「おれが」主義を生み出した本部お任せ主義・幹部お任せ主義の大きな誤りを指摘し、そういう害毒をなくしてしまうため」だと［『資料集Ⅰ』五五―五九］。

なにがおきていたのか。米国保護下に人民政府と自治権獲得をめざす結党以来の方針は四九年以降の沖縄要塞化のなかで展望をなくしていたが、この方針からの転換を強引に進めたことにたいする不満は党内にくすぶっていた。こうした文脈においてであろう。CICがつかんだ情報によると、上地は地下のグループ活動について瀬長亀次郎に相談した。そして瀬長は上地を中心とする若手が「急進的にすぎ、いずれは党の支配権をにぎり、党の政策を極左的にしてしまうことをおそれ」、追放したという（沖縄県公文書館所蔵IRR文書、瀬長亀次郎ファイルVol. 1所収 "Report of Investigation," 14 April 1955 付属 'Report of Finding,' p. 38, p. 48.）。討議ぬきの瀬長の強引なやり方に群島議員・仲里誠吉ら若手の幹部たちは抗議のすえ党を離れ、党はかれらを全否定する非難声明を発して追い討ちをかけ、大々的に内紛を世にさらした。

処分の理由がなんであったとしても、乱暴な解決策がとられたことにまちがいはない。人民党はその最大の力の源泉として瀬長亀次郎の圧倒的な指導力をもち成長をつづけてきたのだが、重大な転換点に直面したとき、裏返しにそれこそが最大の弱点となって前途をはばむ事態をまねきかねない。この問題はのちにまたあらわれる。

本章でみたように、上地栄は天賦の才に恵まれたうえに強烈な体験をかさね、青春を沖縄解放に注いで日本復帰運動を切りひらいた。だが遺族によると、じっさいの日本復帰後「こんなに時間がかかるとは思わなかった」と語ったという。かれが人民党に残っていれば復帰はもっと早かったかもしれない。早まってしまいかえって長引いたかもしれない。それは永遠に不明だが、ひとつだけわかることがある。大衆運動や歴史はひとりで動かすことはできなかったということだ。この上地でさえも。

かれが歴史を動かせたのは支える同志、支持者たちがいたからだ。その最大の同志・瀬長が指導者として下した除名という措置の適否——これも簡単には判断できない。だがここからも、ひとつのことがわかる。歴史の扉をひらく前衛という役割を真に担うとき、ひとは耐えがたい歴史と(内外)権力の重圧を背おって苦しまねばならないということだ。「おれが」主義の害毒をなくしてしまえという瀬長たちのさけびは、それを語っている。

革命家としての前衛は時機をみて退場しなければならない。そうしなければかれが追いもとめる民衆が主役となる革命ははたされず、党権力者を生むだけだからだ。瀬長は上地を退場させる重い役割を背おった。

ただ、この二人が日本復帰後、友情と助けあいの同志関係をとりもどしたという後日談(本章の注29参照)は、人間にとってホッとする救いだ。時が——歴史が、もう二人をゆるしたのだろう。

第Ⅱ部
軍事独裁をたおす

表 2　日米の対沖縄政策・法制と沖縄側の対応　1945～72 年

		沖縄戦 1945	終戦後 1946～	講和条約第 3 条 1951	条約発効後 1952～	島ぐるみ闘争後 1957～	日本復帰 1972
米国		交戦中の軍事占領			平時の軍事占領		外国駐留
米国		海軍軍政府	陸軍軍政府	米民政府(民政副長官)		(高等弁務官)	総領事館(総領事)
米国	前段	戦時法令による占領 ▪ 日本施政権停止 ▪ 軍政府樹立 ▪ 戦時刑法	日沖分離 (戦利品としての沖縄保有)	信託統治の提案権 (他国領土の強奪の否定)	提案権の封印 (共産圏の反対・牽制が確実なため)		放　棄
米国	後段			信託統治提案可決までの暫定統治権	暫定統治の無期限化 ▪ ブルー・スカイ・ポジション声明で正当化 ▪ 戦時法令の継承	将来の返還予告 ▪ ブルー・スカイ・ポジションの日米共同化 →日米協調統治 ▪ 大統領の軍事権による占領→戦時法令の継承	日米安保体制に継承 ▪ 戦時法令→地位協定 ▪ 本土の沖縄化
日本		大日本帝国の半「外地」			主権の残存した分離領土(租借地)		日本の県
日本		捨て石化 (時間稼ぎ) ▪ 本土決戦準備 ▪ 和平交渉 →国体護持	捨て石化 (反共防波堤)	歓迎して受諾 ▪ 信託統治(→沖縄独立)の可能性なし ▪ 米国の提案権放棄の可能性あり→沖縄施政権返還 ▪ 沖縄代表を排除して国会承認	沖縄分離の活用 ▪ 在日米軍の沖縄移転 →反米感情鎮静化 ▪ 日本軽武装 →高度経済成長	日米協調統治 ▪ 高度成長の防波堤 ▪ 経済援助→統治安定化 ▪ 系列政党による指導・統制	沖縄統治 ▪ 米軍基地の継続活用 ▪ 国会多数決による自決権排除 ▪ 国策依存経済・公害移転
沖縄		諮詢委員会	沖縄民政府	沖縄群島政府	琉球政府		沖縄県
沖縄	対米		配給・自治・憲法	日本復帰 自治権	植民地化反対 人権・自治権	福利厚生・人権・自治権	反戦平和 ▪ 基地縮小・撤去 ▪ 事件事故抗議・人権要求 平和・人権・自治
沖縄	対日		賠償 在日沖縄人救済	日本復帰 (反帝方法・軍政脱出・農村復興)	日本復帰 (教育再建・民族の尊厳)	日本復帰 (系列化・平和憲法への復帰)	自治・経済自立 ▪ 基地縮小・撤去 ▪ 本土並み振興

〈幕間1〉軍事占領はどうやって平時もつづいたか——講和後の統治法制

琉球政府の発足——自治権の否定

一九五二年四月一日、米民政府(旧軍政府)の布告第一三号によって**琉球政府**が発足した(奄美・沖縄・宮古・八重山の各群島政府・議会は解散され統合)。**行政府・立法院・上訴裁判所**の三権からなり、この住民統治機構が七二年の日本復帰まで存続した(復帰後↓沖縄県庁・県議会・那覇地裁)。

この布告の第二条で、琉球政府は琉球列島の「政治の全権限を行使することが出来る」とされた。とはいえ条文は続いている——ただしその決定・立法行為にたいして米民政府は拒否権をもち、布告・布令・指令により全権を行使でき、また行政の長である**行政主席**および上級判事は軍が任命する。つまり琉球政府はなんら最終的決定権をもたない米軍の下請け機関だった。

住民自治を認めないそれまでの軍事占領と変わらなかった。それが布告のほんの一文でだけ部分的に糊塗されたのは、同月末に発効する講和条約によって戦争状態が終結し、「交戦中の占領」の継続が国際法上不可能になるからだった。しかしなんのため、すぐ見ぬかれる虚構の「沖縄民政」をしつらえたのか。どういうしくみで占領継続は正当化されたのか。

講和条約は沖縄について第三条(前段と後段からなる)で規定した。結論から先にいえば、(1)第三条前段・(2)後段、そして講和会議で確認された(3)潜在主権。この三本立ての国際法の論理を、(4)沖縄戦以来の布令・布告の戦時法令が裏から現場で支え、それを(5)米大統領の軍事権が国際政治の大舞台から正当化する。そのようなかたちで軍事占領は継続された。五つの要素がどう組み合わさっていたか、これからはじまる激動の人間ドラマが舞台とする世界史の構造をまとめて整理しておこう。なお、ここと序章で提示した法と政治の全体像を**表2**にまとめた。

講和条約——沖縄の主権の潜在化

(1)講和条約**第三条の前段**は、アメリカが沖縄・奄美・小笠原を**国連信託統治制度**のもとに置きたいと提案したときに日本政府は同意しなければならないと規定した。アメリカのねらいは他国に干渉されない沖縄の排他的な統治にあったのだが、そこに国連による信託統治(のアメリカにたいする任命)という迂回的手続をはさんだのは、戦勝国の帝国主義的領土拡張を否定した大西洋憲章(一九四一年、米英調印)に違背するのを避けようとする意図があった。信託統治は旧植民地の自治・独立を支援する制度である。だが冷戦の開始後、この提案が国連で承認される見こみはなくなっていた。安全保障理事会や信託統治理事会で東側諸国が沖縄の米軍要塞化に反対するからである。

そこで案出されたのが(2)**第三条の後段**で、そこでは信託統治の提案がおこなわれて国連で可決されるまでのあいだ、アメリカが当該地域の行政・立法・司法の**施政権**をすべて行使できると定めた。つまり前段の規定は、アメリカの沖縄統治が帝国主義的領土拡張だとする批判や介入をかわすためだけに設けられた空文であるに等しい。提案が否決されることは自明なので、当然アメリカは信託統治提案に乗り出すことはしない。むしろ自分たちが提案するまでのあいだ、後段の規定によって無期限に排他的な統治を敷く権限を確保しつづければよいのである。

この結果、ほんらい住民がもつべき同地での行政・立法・司法の権限が、暫定的に、だが決定的かつ無期限にアメリカに握られるという不条理が生み出された。これでは主権在民ないし人民・民族自決という二〇世紀の民主主義の大原則に反する。この不条理をおおいかくす目的でもちだされたのが、(3) **Residual Sovereignty**（訳語は残余主権ないし潜在主権）という法的論理であった。

講和会議でアメリカ全権代表ジョン・フォスター・ダレスは、日本政府は沖縄にたいする主権を完全に剥奪されるのではなく「残余的な主権の保持が認可される」(permit Japan to retain residual sovereignty)と表明し、イギリス全権代表もこれを肯定した。アメリカが手にするのは信託統治が決まるまでの暫定的な施政権であって、**〈主権を行使する権利〉**にすぎない。主権そのものの移動は条文でなにも決定されておらず、信託統治決定までのあいだ名義上日本に残される。これをうけて日本の全権代表吉田茂は、「多大な喜び」をもってこの条約を受諾した。いつかこの「残余的な主権」をたどって沖縄が「日本国の行政の下に戻る」可能性のあることが認められたからである。

じっさい、アメリカが第三条前段の提案権を放棄し、米統治下では潜在化され隠れていた日本の対沖縄主権が顕在化する——これが一九七二年に日米間で実施された**沖縄返還の国際法的論理**となった。しかし注意すべきは、この残余主権は将来の沖縄返還を準備するねらいで確認されたのではなかったことである。もし沖縄の主権を住民にたいして認めれば「住民は国連をバックに米国を追い出す権利を主張する」などの混乱が起こる——そうダレスは予想し、この人民自決の論理にもとづく沖縄の日本復帰、独立、他国との合邦、そして連合国や国連の沖縄統治への介入といった事態を封じこめる目的で、潜在主権というトリックは考案された(1)。

大日本帝国の臣民として第二次大戦に参加した沖縄住民の主権は、その大戦の決着をつける講和会議の場では日本政府がひきつづき代表するものとされた。その日本政府がみずから沖縄にたいする主権行使の一時中断・潜在化を認め、アメリカによる独占的行使を承諾した。ということは、アメリカの沖縄統治に口出しできる国際法上の主体はいなくなるのである。これは日米合作による〈沖縄住民の主権性〉の剝奪・停止・潜在化を通じた**日米合同の沖縄占領統治**であった。

以上の第三条前段・後段・潜在主権の論理については、法の仮面の下で植民地支配を永続的に合法化する許されがたい「法的怪物」だと、世界の法学者から批判を受けていた(中野好夫編『沖縄問題を考える』太平出版社、一九六八年)。のみならず根本的な弱点をかかえていた。講和会議の時点で日本政府・国会は沖縄住民の意思を代表する有効な手段をなんらもっていなかった(→第二章3)。もし住民がこれは正当な代表権のない政府が勝手におこなった、自分たちと子孫にたいする不当な拘束決定、欠席裁判だと訴え、国際政治上の行為主体となって第三条の適用の無効を主張するなら、くつがえされてしまう。

平時に継承された戦時法令――軍事占領の継続

この弱点を表面化させないために沖縄統治の要諦の位置を占めたのが、住民の意向を極力表面化させず、政治的効力と自立性をもたせないようにさせる〈**政治的無力化**〉政策であった。そしてその手段として用いられたのが、冒頭にみた米民政府の布告などの⑷戦時占領法令だった。

一九五三年四月三〇日、米民政府民政長官マーク・クラーク大将(米極東軍司令官)は戦時占領期に出された布令・布告が講和条約の発効後も効力を有することを宣言する布告(「講和条約第三条に基づく琉球列島における米国の権限に伴う布告」琉球政府『公報』五三年号外一六号)を発布した。戦時法令の継続活用をうたったこの布告の存在によって、五二年の**講和後も沖縄は戦時占領の継続状態に置かれていた**、ということが確認できる。

戦時法令によって住民の〈主権を行使する権利〉は沖縄の現地において封じられた。とくに猛威をふるったのは、沖縄戦開始と同時に施行され七二年の施政権返還まで存続した「戦時刑法」(のち「琉球刑法並びに訴訟手続法典」)だった。同法は沖縄を統治する米軍と軍人の安全確保を目的として住民をとりしまる刑法典である。これによって米軍は強制土地接収への反対や日本復帰要求など、占領政策を批判する文書をもっていたりその集会に参加したりするだけで任意に逮捕投獄(拉致監禁)し、米軍人が裁判官・検事となって、弁護士をつける権利も認めない即決裁判で刑を科した[国場二〇一三:一六〇]。証拠の有無や容疑のたしかさなどは二の次で、絶対権力への恐怖で社会を黙らせること、抵抗者の生活や精神を破壊することがねらいであった。

他方で米軍人の沖縄住民にたいする殺傷事件などは軍法会議(軍事法廷)で処理された。これは被害者ないし遺族の傍聴さえ許さない完全な秘密裁判で、結果も公表されず、被害者にたいする補償は問題にされなかった。占領軍の秩序を維持するための裁判であって沖縄住民の人権は保護対象から外されていた。正義と人道に反する、人間として恥ずべき法と政治の支配がおこなわれた。

ブルー・スカイ・ポジション——疑似「戒厳令」

しかし戦時法令はなにを根拠に戦後も正当化されるのか？　戦時中の軍事力による征服行為の継続でしかなく、講和後は法的に無効であり琉球政府もB円軍票もすべて砂上の楼閣ではないか——社大・人民両党は立法院で決議文を可決し、日米両国を追及した〔『沖縄タイムス』五二年五月一三日〕。真相は見ぬかれていた。当代随一の言論人・政治家、西銘《にしめ》順治《じゅんじ》はいう。あれこれと条約や法令を並べ立てたところで沖縄は「軍事基地であり、それだけである。あいまいな統治形態もそこからきている。すべてのものが整理されずに、雑然としたまま、どこに向って歩いているのかわからない」、それは意図してそうされている目くらましだと[2]。

国防省は沖縄統治を根底的に正当化する**基本法**を米国法の秩序内に組み入れて成立させようと、五五年一月に「琉球列島の管理に関する法律案」を議会に提出した。だが暫定的施政権しかもたず、住民は日本復帰を希望し、言語や文化をふくめ米本国となんら一体感のない地域を国内法に入れることに理解はえられず、不成立に終わった〔宮里編一九七五：三五一―五六〕。

そのかわりに、ワシントンからくり返し異口同音の声明がかぶせられていった。極東に「脅威と緊張の状態が存続する限り」「無期限に」あるいは「当分の間」、米軍は沖縄に駐留し施政権を行使する必要が絶対にあるのだと。講和条約発効後、大統領・副大統領・国務長官から、のちには日本の総理大臣との大統領共同声明をとおして、六〇年代なかば、つまり沖縄返還が日程にのぼるまで、継続して世界にむけて発表された。それは「ブルー・スカイ・ポジション」——極東に平和の青空がひろがるのを待つ立場とよばれる〔明田川二〇〇八：三五六〕。

なぜ歴代大統領はこの声明を復唱しつづけたのか。自由主義陣営の最高司令官として冷戦の疑似的な戦時性（脅威と緊張の状態）を表明することで、**疑似的な戒厳令**（法の停止）宣言をおこない、大戦終結後も軍事占領がつづく不条理を弁明正当化しなければならなかったからである。このロジックはその後も一貫し、基本法制定を断念するかわりに五七年に発表された「大統領行政命令」（→第四章プロローグ）でいっそう明確になり、そこでは米軍の最高司令官としての権限にもとづき国防長官に沖縄統治の指揮監督を命じるという、(5)**大統領の軍事権**が根拠とされた〔宮里編一九七五：三五二〕。要するに沖縄は、見かけはどうあろうと本質は米大統領に軍事占領されたのである。

民主主義の保護監督者として朝鮮戦争、ベトナム戦争とアジア冷戦をたたかう大統領にとって、なんと割に合わない負担だ。日米間の基地貸与で軍事行動の自由は確保できるのだと国務省が一貫して沖縄返還を主張しつづけたのも当然である。米軍部が沖縄戦の血の代価をもとめる「呪い」にとりつかれ、また日本の沖縄にたいする植民地主義に感化され、意図せずして「国体護持」に奉仕しつづけてしまう無期限占領の呪縛を、だれかが解く必要があった。

戦時法令をやぶる「非合法」・大衆・超党派運動

沖縄の青空は自然の贈りものである。そこに日米の「鉄の暴風」が襲来し、両政府が戦争終結で握手したあとも、沖縄には平和はおとずれなかった。沖縄に基地があるのではなく「沖縄そのものが基地」なのだ、この島は不沈空母であり要塞である——占領をつづけた軍人たちはそのような発言をくり返した。それは世界の法学者や住民からの批判の声をかき消すための虚勢に相違なかった。

住民にアメリカ本国の市民と同様の人権や自治を認めれば、自分たちは追い出されることになる。力をみせつけ侮辱し、黙らせ、無力さを住民にわからせなければならない。

では住民にとって占領を終わらせるにはどうしたらよいか？　(1)戦時法令が合法とさだめた「軍事占領に支障を来さない範囲」(FEC指令、五〇年)をふみこえる「**非合法**」**活動**によって突破口をあけ、(2)「外国政府から一切制約を受けない」核基地の島(プライス勧告、五六年)に、制約条件として住民の生活が存在していることを**大衆運動**によって内外に告げ知らせ、(3)その大衆の声をバックにした**超党派的な政治**を成立させ、〈**基本的人権・自治・平和**〉を自力で一歩ずつ獲得していく。こうした(戦時法令にとっての)「非合法」活動・大衆運動・超党派政治の三位一体の連携は、〈捨て石・占領〉の継続にあらがって社会が生存をかちとる条件となっていた。

まずは軍人たちが政治から手を引くようみちびいてゆく、第一歩はそこからはじめられた(↓第三章)。軍は全権限を握っているがそれがまったく機能せず、社会を動かすには武力を発動して必要なら抵抗する住民の息の根をとめるしかない。しかしその正当化ができず司令官(大統領)の立場を悪くさせ、どうすることもできない。そのような武力の限界を軍人たちに分からせることだ。そして強権発動により混乱はますます拡大し、どうしたらよいか、軍人が政治家や官僚、日本政府にも助けをもとめる。そのとき戦時占領の継続はとだえ、日米両政府による占領体制の再編作業がはじまる(↓第四章)。

ひそかに少数のひとたちが種をまき、ある日なんの武器ももたない大衆が一丸となって世界最強の軍隊のまえに立ちふさがり、占領にNoをつきつける——これから見ていくのはそんなドラマだ。

第三章　「島ぐるみ」の土地闘争――よわき無名の者たち　一九五二―五六年

1　ちむぐるさん――反基地・労働運動のはじまり

奄美からの衝撃――林義巳

一九四九年からの沖縄は、基地建設ブームにわいた。沖縄島だけでは人手が足りず、宮古・八重山などの先島《さきしま》離島、そしてなにより「琉球」の辺境として当時貧窮に追いつめられていた奄美群島から労働力が調達された。その数は三―七万人、最大で奄美の人口の三分の一が沖縄にきていたと推測される(1)。

五二年の琉球政府発足で従来の四群島別の政府が統合されたせいもあって、政治の方面でもそれに対応した越境的連携が進んだ。その顕著な例が、奄美からの出稼ぎ労働者と沖縄の対米抵抗運動、その先導者たる人民党の連携であった。同党は奄美で復帰運動を牽引した奄美大島社会民主党(社民党)と合同し、**琉球人民党**を結成した(五三年末の奄美返還で再度党名を沖縄人民党にもどす)。三月には社民党から那覇の人民党本部に弱冠二二歳の中央委員、林義巳《はやしよしみ》が派遣されてきた。

社民党の背後には、じつは**奄美共産党**という非合法の地下政党があった。同党は沖縄の人民党にも地下共産党をつくるようよびかけたが、瀬長亀次郎は少数が暗躍して弾圧をまねくより大衆運動を重視する方針で拒絶した。林はこれを説得する密命をおびて派遣されてきた。とはいえ、林も奄美共産党の秘密主義的方針には違和感をもち、着任早々、元人民党幹部の上地栄らと奄美共産党**沖縄細胞**（支部）をつくり、党からの指令とは別に、「朝鮮侵略戦争の前哨基地」に対峙する労働運動をおこす活動をはじめた。林は少年期に満鉄技術員養成所に入り朝鮮経由で帰郷した引揚者だった。

五二年六月五日、浦添《うらそえ》村城間《ぐすくま》――米軍牧港発電所の工事をうけおう日本道路社（清水建設の下請け）で戦後沖縄初の大規模労働争議がはじまった。林義巳が影のリーダーとなり、全従業員一四三人（ほとんどが奄美出身者）が会社に未払い賃金の獲得、畳や食器、箸さえない飯場の待遇改善をうったえた。すると会社は一方的に全員解雇を通告し、従わなければ未払いの賃金も渡さないとおどした。そのため、飯場を追い出されれば住むところもない出稼ぎ労働者にとって「解雇は死の宣告である」と、スト突入を宣言したのだった。

しかし解雇して追い払おうとする会社相手にストをしてどんな効果があるのか？

六月一〇日、那覇中心部――雨のなか「吾等は日本人だ」「悪質土建資本家を倒せ」などのプラカードをおし立て、ストに入った労働者全員でデモ行進に出た。メーデー歌を合唱しながら琉球政府、立法院にいき善処を要請した。まだ沖縄ではデモなど見かけない時期で、街の人たちは見なれぬ、異様なものに出くわした様子で立ちどまり、ふり返って見ていた。だが瀬長亀次郎だけはちがった。ちょうどみずから立法院に提出した**労働三法案**の審議を加速させる院外運動として、ストのインパクトを院内によび入れようといそがしく準備をはじめた。このとき、あくまで合法舞台の大衆運動でたたかおうとした瀬長と、非合法領域に踏みこむことをおそれない林の活動は交錯をはじめた。

六月一一日、立法院本会議場——瀬長は労働現場の惨状を告発し、待遇改善決議を緊急提出した。決議文には「我が琉球における労働者階級の、惨めな状態」、「奴隷労働の排除」などの激しい文言があったが、親米与党派議員さえ「実に由々しい問題だ」、「主席に要請するだけでなく〔ビートラー民政〕副長官と会社側にも出すべきだ」と全会一致で可決した。

六月一五日、那覇劇場——第一回琉球労働者大会。全会衆による緊急動議として「琉球人民及び労働者の危機を救うため祖国日本の労働者に決議文を送り我々琉球十万労働者の現状を訴え」る決議が採択された。新聞は「日本道路のスト事件」が「琉球十万労働者を立上らせるさそい水」となり、全島各地から労働者が「二千余も押しかけ」たと驚きをもって報じた。

そのころ、肝心の争議団のほうは会社の責任者が雲隠れする引き延ばし戦術にあい、行きづまっていた。そのためこれを突破する「窮余の一策」として、六月一九日から立法院玄関前広場で**ハンガーストライキ**を開始し、同時に全基地内の労働者にたいして団結と決起をよびかけた。『琉球新報』六月二一日社説「日本土建業者への死の抗議」はいう。「日本道路会社の琉球人労働者のストライキは今や全琉球の注目を浴びるにいたった」。沖縄教職員会の屋良《やら》朝苗《ちょうびょう》会長、喜屋武真栄事務局長もハンストに参加し、心配する琉球政府職員の医師は、健康状態を毎日診にきてくれた。

この二年あまり、奄美出身者は仕事をうばいにきたよそ者として、また基地周辺の最下層の「パン助」「ゴロツキ」として沖縄社会からの差別と偏見にさらされてきた。それがなぜこのとき「全琉球の注目」をあつめることができたのか。六月二二日『沖縄タイムス』社説はいう。日本道路社の争議は「欠乏からの自由を訴え、求める初歩的な人間解放思想の目覚めである」。「それだけに社会一般の同情が寄せられ」た。もしこの「最低限の要求」が蹂躙されるならば「琉球では民主主義は育たぬ」「いつの時代にあっても、琉球人は救われない、とする捨鉢」が起きてしまう。いまこそ「労働三法を立法化し、労務者大衆の人間解放をたすける、大衆のための政治を顕現すべきだ」。また「日本人土建者の琉球人労務者に対する甚だしい差別待遇」は戦前からの「日本同胞の琉球人蔑視」のあらわれであり、「日本の識者及び政府」は「国家を挙げて反省」すべきだ。

沖縄戦・講和条約で捨て石にしたうえに、住民を追い出した基地建設で大部分の工事をうけおい巨万の富を得る。そのうえ琉球人を蔑視した差別賃金と奴隷待遇で苦役を強いる。そのような戦後日本にたいする「**日本人対琉球人**」の**人権要求**の告発が、最底辺の労働現場からのさけびにこだまして噴き出したのである。

日本道路社ストライキは、戦後沖縄社会の、なにか大事なものを確実に動かした。くらしのあらゆる部分に矛盾や人権侵害が充ち満ちた占領下の社会問題の解決のために、被害をうける当事者が声をあげ、そばによりそう支援者がそれを社会運動に組織し、議会や世論、大衆がそれを支え、道理にかなった政治的な解決策をつくり出していく――そのような自力で獲得する〈**自治**〉の政治社会空間が、ここにすがたをあらわしたのである。それは国際政治とその覇権国家・アメリカの軍事支配からの自治の要求でもあり、ひとびとはいたましい被害者に思いを寄せる運動のなかで社会のあり方を根底から問い、草の根の民衆の視点に立って政治や外交に変革をもとめ、国家や世界のあるべきすがたまで構想する、足もとから世界へいたる社会思想をつむいでいった。

「ちむぐるさん」(肝苦さん)ということばが沖縄に古くからある(「肝」は「心」の意味)。日本語には適切な訳語がないのだが、気の毒な状態にいる人の痛みを自分の痛みとして感じ、胸が苦しくなっていられなくなる。そんなこころの状態をいう。戦後沖縄は、この「ちむぐるさん」の心情の根っ子から、世の中の道理や人道を回復させようとする大衆の要求が社会の幹をつたい、自治と人道をもとめる大衆運動を花ひらかせる歴史をあゆんできたといえるかもしれない。出稼ぎ労働者への「ちむぐるさん」が、労働立法や日本の社会・国家への変革要求、国際連帯運動へと発展してゆく日本道路ストライキは、その最初のあらわれを刻んだといえるだろう。

法をつくる運動／法をこえる政党

こうして「琉球の政治、経済、文化の民主的発展の源泉ともなる」生存要求として報じられ、支持をあつめた日本道路ストは、ハンスト開始から一週間後の六月二五日、大詰めをむかえた。正午、立法院前広場――この一〇日ほどで三度目となる琉球労働者大会が「スト団を殺すな」と銘打って開催され、沖縄島各地の労働者など約千人が押しよせた。「すでにハンスト団の脈はくは生命の危険を示している」と、大会はかならずや争議を「二五日中に解決する」ことを緊急決議した。この日はじつは朝鮮戦争勃発二周年の記念日だった。林たち奄美共産党沖縄細胞は「朝鮮戦争の爆撃を停止させる」「原寸(釘)を打とう」という連帯の決意を胸に、この日までたたかってきた。本会議開催中の立法院は審議続行不能になった。翌日の『琉球新報』はその模様をこうレポートする。「何しろ千名近い労働者のデモンストレーションで口笛や怒号、拍手の波が足許から議場に押しよせる、満員の傍聴席からは上ずった野次が飛ぶし、議事なかば護得久議長も労働者代表との会見に引っぱられる有様、とにかく盛り上る労働者の意欲に議場は完全に引きずり回され」、「上程予定の予算案などもオッ放り出し三十一名〔全議員〕がゾロゾロと降りて来た。その一人の顔が見える度に労働者が手をたたいて迎える、かくて議員と労働者との歴史的会見となった」。

午後四時——議場をあとにして労働者大会に合流した立法院本会議は、議長・副議長に瀬長をふくむ議員七人をストあっせん委員にえらび、親会社の清水建設の出張所に乗りこんだ。交渉を見守るため約五〇〇人の労働者が十数台のトラックの荷台に乗って同行し、議員たちもこれに分乗していった。このとき、争議の勝敗は事実上決した。

夜一〇時——ついにスト期間中の賃金と食費の支払い、再就職先の確保など、すべての要求を受諾することを会社側が約し、労働者の勝利で議会のあっせん交渉は終わった。要求項目のうち争議団が労働者の権利として固執したスト期間中の食費二万六〇〇〇円の支払いが、スト終盤の最大の争点だった。会社側は労働法規が存在せず、組合でもない相手にこの争議権条項をのむことを頑として拒んだ。だが議会代表はこの労働者のスト権の保障を支持し、院外にあって**事実上の法の創設**を断行し、その順守を勧告したのであった。

深夜一一時半——争議の勝利を伝えられたハンスト団は、仲間たちの手で病院に搬送された。その帰り道、林は瀬長によびとめられた。「義巳君、ちょっとここに寄って行こう」。人民党の極秘会合によく利用された瀬長の旧友が営む小さい食堂——その二階の隠し小部屋に頭をぶつけるようにして入ると、瀬長は切りだした。「義巳君、すまなかった。自分が誤った。いまから一緒に闘おう」。日づけが変わって六月二六日の未明深夜――瀬長と林のふたりきりで、**沖縄非合法共産党の創設**が決定された。夜があけて朝九時、瀬長は琉球政府にむかい、総務局長、立法院議長とともに、会社側から争議団への賃金・食費の手交式に立ち合った。争議は正式に決着した。

戦後沖縄初の大規模労働争議である日本道路ストの勝利と、地下共産党創設は、まったく同時に起こった。運動による法の実態的な創設の背後では、占領者の設定した戦時法制の合法域を踏みこえた「非合法」の政治組織の生成過程が、同時進行していたのだった。

これ以後、堰を切ったように基地関係労働者の争議が沖縄島全域で相ついだ。その背景について米軍情報機関は七月四日、次のような情報をつかんだ。「林義巳は、労働争議を醸成するというただ一つの目的のために、沖縄中のさまざまな作業場を訪問してまわり、また、瀬長を、現在進行中の労働争議に遅れないよう、精通させている(2)」。

在沖米軍はじめての敗北

沖縄の最高権力者であるロバート・ビートラー琉球軍司令官(民政副長官)。かれは「沖縄を米国の最も強力な軍事施設」につくりかえる「要塞化工事」の司令官をもって自任していた。

八月一九日、立法院本会議場に行政主席、立法院議員、裁判所判事らが全員非常召集され、司令官が人民党を全面攻撃する異例の反共声明演説を約四〇分間にわたり聴かされた。人民党は労働者大会で「全琉球労働者を一丸とする組合」の結成を宣言し、すでに「立法院前に数千の労働者を集め」―「ゼネストを起し何時なりとも勝手に彼等の要求に諸兄を同意せしめる」威力を見せつけているると。たしかに林たち沖縄細胞は、ゼネストをよびかけるビラを配布していた。

そしてこの脅威を除去するために、一週間後に奄美大島笠利《かさり》村で実施される立法院議員再選挙で人民党の中村安太郎（奄美共産党の最高指導者）を当選させないよう、こう勧告した。もし住民が琉球人民党の支援する候補者に投票するならば、それは事実上国際共産主義の成長のために投票し、公然と擁護し、直接に支持することを意味する。「琉球住民の指導者として諸兄はこれを全住民に知らせよく理解せしめる責務を有している」。

米軍の選挙介入は徹底していた。演説から数時間後には声明要旨を大書したポスターが選挙区の笠利村内に貼り出された。演説全文を印刷した軍広報紙・新聞の特集号・ビラが沖縄から軍用機で空輸され、演説会場で大量にばらまかれ、壇上から読み上げられた。選挙区内でこの司令官の最大限の恫喝を知らぬ有権者はいなかったはずであり、選挙戦は在沖米軍と人民党の正面対決となった。ところが予想に反し、中村は総計五八六一票をえて一六一票差で当選した。

沖縄戦の上陸以来、米軍が沖縄で明確に敗北を喫するのは初めてだった。軍司令官直々の総力をあげた選挙介入は、奄美からの出稼ぎ労働者の苦境をじっさいに救った瀬長と林のまえに敗れた。沖縄―奄美間を何度も往復し、出馬を断念しかけた奄美側を立ち直らせた林義巳、応援演説にかけつけた瀬長亀次郎や日本道路争議団は、当選した中村をかこんでよろこびの凱歌をあげた。

2　地下からの「島ぐるみ闘争」——国場幸太郎

〈時代の流れ〉むき出しになる力の支配と抵抗

一九五二年夏以降、米民政府は「沖縄民政」の破綻に追いつめられていった。ワトキンスが予言していた軍人の「幼稚」な政治手腕をおぎなってくれる材料もなかった。五三会計年度（五二年後半―）には、かつてピーク時に約五〇〇〇万ドルに達した経済援助額が五分の一に減額され、雇用も頭打ちになり、将来の打ち切りも予想されるようになっていた〔鳥山二〇一三：一八八〕。そこに講和後の新たな基地建設のための土地収用計画がスタートし（五三年四月、「土地収用令」公布）、現那覇市の安謝《あじゃ》・銘苅《めかる》・小禄《おろく》などで武装米兵を出動させた暴力的な土地接収がはじまった。

琉球政府のトップには**比嘉秀平**《ひがしゅうへい》を行政主席に任命して押さえたが、立法院は、五二年三月の第一回選挙で社大党がトップに立った。米民政府はこれを切り崩して八月に**琉球民主党**を結成させ親米与党にすえた（勢力図は民主一八、社大一一、人民二）。だがこの立法院も世論におされて一一月に労働関連法案を可決、五三年一月には行政主席を軍の任命から公選制に変える選挙法を制定した。同月には教職員会・青年連合会・婦人連合会・ＰＴＡ連合会など民間団体を中心に「沖縄諸島祖国復帰期成会」が結成され、結成大会には各政党からの代表が顔をそろえた。そして四月にはこれらの要求を集約する統一綱領（日本復帰・植民地化政策反対・労働法制定・軍用地強制接収反対・主席公選）を立てて社大・人民両党が野党共闘を組み、立法院補欠選挙で圧勝した。

こうした民主化要求にたいして米民政府は、労働法案では拒否権発動を予告して発効を阻止し、基地関連労働者を対象から除外して法案を骨抜きにさせた。主席公選法には布令で無期延期を発表。復帰期成会にたいしては日本への渡航禁止などで活動を封じ、補欠選挙にたいしては無効を宣告した。その一方で五二年夏には駐日大使や国務省に奄美の日本返還を希望する意向をつたえ、政権交代をはさんで五三年八月に米政府は奄美返還を発表、一二月に実施した。そのねらいは「共産主義者やその他の反アメリカ分子が日本と合衆国のあいだにくさびを打ちこむ」復帰運動などの「基盤の大部分を除去する」ことにあった。(3) そのうえで米民政府は奄美選出議員の失格にともなう五四年三月の第二回立法院選挙にのぞみ、選挙区の区割り操作など本格的に議会対策のてこ入れをはかった。にもかかわらず、社大党一二議席に人民党二議席を加えた革新陣営が過半数を占めた。

どうにもならない「沖縄民政」の行きづまりである。米軍は抵抗運動の元凶とみた人民党にたいする非難声明、ビラやパンフレットを大量にばらまく反共キャンペーン、党員・シンパの職場や学校からの追放（第一次琉大事件）など、見せしめの弾圧によって住民の意思表示をおさえこもうとした。暴力支配の暗いニュースが新聞に満載され、恐怖政治の「暗黒時代」の到来を思わせた。軍事占領の本質が否応なく剝き出しになったのである。その頂点は五四年秋、瀬長亀次郎書記長など約三〇人の人民党関係者が逮捕投獄された戦後沖縄最大の政治弾圧、「人民党事件」でおとずれた。

弾圧・抗議・暴動――人民党事件

五三年一二月の奄美返還後、沖縄に滞在する奄美出身者は外国人あつかいとなった。米民政府は五四年七月、林義巳にたいし「好ましからざる人物」として四八時間以内の即時退島を命令した。立法院笠利再選挙のあとも、沖縄初の労働組合の統一センターとなる全沖縄労働組合（全沖労）を労働三法公布（五三年九月）にあわせて結成するなど、林は米軍にとって目の仇となっていた。

突然の退島命令であるうえ制限時間内に奄美大島にむかう船便はなく、やむをえず林は沖縄島内で潜伏した。それをかくまった犯人隠避、偽証などの罪状で、九月から翌月にかけて立法院議員の瀬長、豊見城《とみぐすく》村長選挙で現職をやぶり当選したばかりの又吉一郎らが逮捕投獄された。これが「人民党事件」である。弁護士もつけさせずに下した軍事法廷の判決は瀬長が懲役二年、又吉は懲役一年の実刑だった。戦時刑法をひきつぐ布令刑法の現実の発動、最終手段である。

ところが、このあからさまな政治弾圧を目のあたりにしてなお抵抗はやまなかった。むしろ「瀬長亀次郎っ、バンザーイ！」とのさけびが夜の街にひびいていた[4]。九月二〇日、那覇市警察署の軍事法廷で又吉一郎らの裁判がひらかれると、法廷の外には傍聴席に入りきれない聴衆五〇〇〇人があふれ、「抗議のカン声をあげ、農民たちは口笛をならし声をふりしぼって法廷の又吉氏をげきれい」した。「県民ののろいの声は乱れとび口ぶえはなり、警官は大衆の前にさんざん悪口をいわれて、かわいそうなくらいだった」。いまや「弾圧だけがかれらに残された道となった」。

かつてない大規模弾圧は、すぐさまかつてない規模の抵抗を生んだ。人民党事件の抗議大会の舞台は、那覇・真和志・首里の都市部から、人民党の地盤である豊見城村・小禄村、そして石川市・美里村・越来《ごえく》村・宜野湾村・名護町など中部の基地密集地帯へひろがり、主催者発表だが、参加者は一〇月時点で五万人、一二月までにはのべ一〇万人に達したと報じられた。

この抗議集会参加者をふくめ、戦時法令違反の逮捕者が続々と那覇市楚辺《そべ》の沖縄刑務所に送りこまれた。そんなある朝――暴動が発生した。一一月七日、「ロシア革命記念日」である。

そのころの獄舎は定員の四倍、一〇〇〇人ちかくが「ぎゅうぎゅう詰め」にされ、環境は劣悪をきわめ、力ずくで規律を維持しようと看守たちによるリンチが横行、死者も出ていたという。そこに「沖縄人民の英雄」「カメさんが来た」。受刑者たちは歓呼してむかえ、瀬長亀次郎の入獄から二週間後、獄舎をたたきこわして雑居房・独房を次々に解き放ち、刑務所を解放区にしたのだ。威嚇射撃の銃弾も底をついて、刑務所長は汗だくになって瀬長の独房に頼みにきた。「要求があれば、何んでもきき入れますから」。瀬長が指揮し、五日後にひらかれた「受刑者大会」は、看守のテロ行為を処罰して監獄法を守るなどの琉球政府の回答をうけいれ、刑務所占拠の幕をおろした(『不屈　瀬長亀次郎日記　第一部』琉球新報社、二〇〇七年、六四―七五頁)〔大峰二〇〇六：三二六〕。

二カ月後、所長(懲戒免職)以下職員二一名の処分が発表された。もはや好きなだけ逮捕して放りこんでおける場所もない。瀬長は宮古島の刑務所に遠島隔離され、劣悪な環境で胃の持病をさらに悪化させた。「計画的に殺そうとしている」――面会した家族から抗議運動がよびかけられ、ようやく入院と手術の許可がおりた。だがまだ終わらない。指定された米軍病院での手術を瀬長は断固として拒否した。民間病院の医師(長浜真徳)が瀬長からの執刀依頼をひきうけたが、医師と病室のまわりをCICがうろつき、手術中には「案の定、電気は切られた」ようだった。だが医師が機転をきかせてひそかに予備のバッテリーを設置しており、無事手術は終了した。(5)

弾圧が抵抗をよび、そこにまた弾圧が加えられ、警察・刑務行政が破綻し、諜報・密告活動の暗躍がひろがる。「暗黒時代」のきびしい攻防が五〇年代なかばの沖縄のすがたとしてあった。

地下からの「総反撃」

正面から弾圧をうけた人民党は瀬長・又吉が獄中に消え、林も島外退去を余儀なくされ、新聞ももはや「殆ど壊滅状態におちいった」と報じていた。だが同党の背後には、日本道路ストのなかで結成された非合法形態の地下組織が弾圧をうけることなく残されていた。

この沖縄非合法共産党は沖縄島の南北にわたる細胞(支部)組織をもち、人民党の幹部や主な活動家がそのまま参加したほか、公然政党の人民党に入ると職場や学校を追われてしまう公務員、会社員、学生など約一〇〇人が参加した。委員長には瀬長亀次郎がつき、書記局の書記として実務責任者となったのは、前年に東京で大学を卒業したあと「瀬長さんの行き方」にひかれて帰省し人民党に参加した**国場《こくば》幸太郎《こうたろう》**だった(戦後沖縄を代表する実業家・國場組社長と同姓同名だが別人)。かれは瀬長が投獄されていた五四年秋から五六年春までのもっともきびしい時期に名実ともに地下共産党の指導者となり、党外に対米抵抗運動のネットワークをひろげ、米軍のまえに立ちはだかった。

地下組織といっても、それは「米軍政下では共産党が合法政党として認められないところからやむを得ず採っている組織の在り方」にすぎず、「活動は合法面を最大限に活用して」沖縄で独自に方針を立て実行にうつされた。具体的には五四年一〇月、次の二つが立てられた(『資料集Ⅱ』一三一―四二)。

(1)人民党は満身創痍状態でも各種選挙やメーデーなどの集会に立ちつづけ、「反米・祖国復帰・

土地防衛の統一戦線」のスローガンに賛成する人すべてにひらかれた、だれでも参加できる窓口的な大衆政党として公然活動を継続する。非合法党はそれを下支えするために、米軍の摘発対象となる組織・宣伝活動を地下工作として展開する。住民の抵抗の先端部として弾圧の標的とされた人民党を、米軍が付与したその同じシンボル性のもとに、恐怖政治にたいする**沖縄住民の「総反撃」**の**シンボル**としてよみがえらせようというのである。

(2)非合法党が独自に展開する活動の柱として**土地闘争に全力を注ぐ**。とくに「中部重要基地地帯」の「米軍の心臓部」にあたる宜野湾村伊佐浜《いさはま》での土地闘争は激烈をきわめることが予想されるが、「全県民は土地防衛闘争の先頭に立っている宜野湾村民の英雄的な闘いを支持しており」、軍用地問題は「沖縄全県民の死活問題として人民大衆に自覚されつつ」ある——そのため「宜野湾村の闘いを伊江島、〔那覇北部の〕銘苅古島にひろげ」、地理的に分散する土地闘争を連結することで、米軍に「総反撃を加える突破口をきりひらく」とした。

こうした情勢分析と方針設定にもとづいて、一方では抵抗をつづける農民のもとに非合法共産党員たちがつねによりそい、農作業を手伝い語りあうことで信頼関係を築き、各地の土地闘争の農民同士の交流集会をもうけることで孤立化をふせいだ。他方、「社大党良心派を含めた広汎な人民大衆の統一行動」によって「総反撃」にむかう態勢をひろげるため、かつて第二回立法院選挙で国場が社大・人民の選挙共闘を組んで当選にいたった西銘順治（立法院行政法務委員長。のち県知事）らを土地闘争の現場によび入れて懇談会をひらき、農民たちを勇気づけた。

じつのところ西銘は、伊佐浜に足をふみいれることさえ米軍の監視の目をおそれてしぶっていた。

だが大学の後輩として以前から知っていた国場の再三の説得におされ、連れ出され、五五年一月、現場の「緊迫した情勢」を目のあたりにし、懇談会で「殊に婦人たちの悲壮な気持ちに胸を痛め」、変わっていった。周囲の知人や政府関係者から警告をうけながらも、社大党を軍用地強制接収反対の立場に牽引していく役割を担った(『西銘順治日記』琉球新報社、一九九八年、一三二頁)。

五五年三月と七月、米軍はついに数百の武装部隊に出動を命じ、伊江島・伊佐浜の軍事制圧に乗りだした。陸海で展開する部隊の前に座りこんだ人びとは、老人や子どもも無防備のままなぐるけるの暴行をうけ、逮捕拘引され、家屋や田畑は焼き払われ、ブルドーザーで敷きならされた。「**銃剣とブルドーザー**」といまも語りつがれる、流血と炎の惨劇がくりひろげられた。

だがこのさなか五月におこなわれた**メーデー大会**は、主眼を伊江島・伊佐浜の土地問題にすえて五〇〇〇から一万人、過去最大規模となった。社大党も初めて組織参加を決定し、米軍による任命主席の与党、民主党からも祝電が寄せられ、文字どおりの「沖縄統一メーデー大会」となった。社大党代表として演壇に立った西銘順治は「社大党がんばれ」の大声援でむかえられ、「メーデーに瀬長さんの顔がみえないのは一番さびしい。瀬長さんを失ったことは全県民の一大損失である」、「共産主義者といわれるのをおそれては、この沖縄では何事もなしえない」と人民・社大の共闘をアピールすると、「一きわ大きな拍手」がわきおこった(『資料集Ⅰ』八六。『資料集Ⅱ』一七九)。

このメーデーの勢いをうけて、立法院では二週間後の五月一九日、「**軍用地問題に関する四原則**」(軍用地料の一括払いによる事実上の土地買い上げと新規接収に反対し、適正補償と損害賠償を求める)を全会一致で確認決議した。その三日後、「軍用地問題解決住民大会」が三〇〇〇人をあつめてひらかれ、比嘉秀平主席は「琉球の現況を包まずかくさずはっきりと向うにのみ込ます」と決意表明し、代表団の一員として米政府との直接折衝にむけ那覇を出発した。

こうして当初はだれも近よろうとせず孤立するばかりだった接収予定地農民の抵抗が、米軍政府から任命された行政主席や立法院全体もまきこむ、全沖縄規模の輪に包まれるにいたった。米議会下院軍事委員会では渡米折衝団の要請をうけて調査団が組織され、一〇月に現地調査がおこなわれた。住民は調査団の報告書にアメリカの正義と民主主義にたいする最後の希望を託した。

だが翌五六年五月、同調査団は沖縄側の四原則要求をほぼ全否定する報告書、「**プライス勧告**」をまとめ、それにもとづき米政府は一方的に基地建設計画を承認した。そのことがただ事後的に琉球政府に通知されたとき、六月一五日、行政府・立法院・市町村長会・土地連合会(軍用地主約四万人の組織)からなる四者協議会は、四原則貫徹を主張して総辞職を決定し、翌日、総辞職「決意書」が米民政府に提出された。「**島ぐるみの土地闘争**」略して「島ぐるみ闘争」の幕あけである。

プライス勧告全文が沖縄にとどいた一九五六年六月二〇日(水曜)、市町村ごとにひらかれた住民大会の参加者は、全人口の二割から五割、最大で四〇万人などと報じられた。それはだれも数えあげることのできない「住民総出」の意志表示となった。いまや私たちは、その日の夜、五万人がつどった那覇の住民大会の端々で見られたという、次の情景に立ち会うことができる。

会場で職場の知人などに出会った人たちは、顔を見合わせて涙ぐんだという。きのうまでは、スパイの目をおそれて言いたいこともいえず、お互いに疑心暗鬼の状態だった人びとが、今日は力強い連帯の場にいた。そして、何物に阻まれることもなく、自分の意志を表明することができた〔中野・新崎一九六五：八四〕。

「赤い市長」を生んだもの

「島ぐるみ闘争」の住民大会が相ついだあと、米軍はいったん冷却期間を置いたうえで、反米デモをおこなった学生にたいする退学処分(第二次琉大事件)やオフ・リミッツによる経済的圧迫(ドルを街におとす米兵の基地からの外出禁止)など、ふたたび弾圧と分裂工作に打ってでた。その結果、超党派の団結はわずか二カ月ほどで切り崩され、大規模集会もひらくことができなくなった。

政界では保守の重鎮、当間重剛《とうまじゅうごう》那覇市長が土地問題四原則を撤回して地料の一括払いを経済政策に活用する方針を発表し、一一月には米軍と財界の支持をうけて琉球政府の行政主席に任命された(米軍に離反した比嘉秀平主席は五五歳の若さで急死した)。そこで空席になった那覇市長選挙が一二月二五日に実施され、世界をおどろかす意外なニュースがとびこんできた。米軍の要塞島オキナワの首都・那覇市で、半年ほど前に出獄したばかりの「赤い市長」瀬長亀次郎が誕生したのである。

これは「大番くるわせ」とも、保守が漁夫の利をみすみすあたえたとも評された。当間主席の登場は米軍の指導のもと政財界が再結集し、「島ぐるみ闘争」の離反から保守政界を立てなおす、対米協調新体制の始動を告げるものだった。政界の関心はすでにこの新体制の派閥争いへむかい、保守政界からは当間派と反当間派の二人が市長選に出馬した。瀬長はこの流れの蚊帳の外に置かれ、当選はほぼ度外視されていた。

なぜかれらは負けたのか。最大の敗因はその独裁的な権力にこそあった。わずか半年前に爆発した大衆の意志は絶対権力の猛反撃であっというまに切り崩され、みなが沈黙し新聞などにも捕捉されなくなった。それゆえに保守陣営は二人の候補を立てて、もはや派閥争いをはじめてもよい（選挙後では遅すぎる）と判断した。つまり瀬長に漁夫の利がたしかにあたえられたのだとしても、それをあたえたのは保守陣営ではない。米軍の弾圧攻勢のまきかえしのなかにあっても、地下に潜んでなお反撃に身構えていた変革の趨勢が、地下にあってだれにも見えないというその不透明さによって、米軍と保守陣営の判断をくるわせ、「沖縄人民の英雄」瀬長に勝利をプレゼントしたのだった。

「暗黒時代」は、沖縄民政の開始とともにはじまった沖縄住民の抵抗運動にたいする米軍側の反撃だったが、いままた「島ぐるみ闘争」にたいする反撃がはじめられようとしたとき、地下からの「総反撃」は、恐怖政治の再来を阻止すべく、闇夜の住民大会への参加から無記名の投票行動へとかたちを変え、再度表現された。

3　母と農民たちの革命——最強の軍隊を倒したよわさ

⑩党派をこえる連帯への献身

沖縄非合法共産党は、住民の幅ひろい統一戦線を地下から準備し成功させ、さらに弾圧のシンボル瀬長亀次郎と人民党を住民の「総反撃」のシンボルに復活させるという構想まで実現させた。なぜそんなことが可能になったのか。地下活動の実態に分け入ってみよう〔『資料集Ⅱ』『資料集Ⅲ』〕。

五四年一〇月に瀬長亀次郎が逮捕されてから人民党は臨時指導部を設置したが、大弾圧とそこに追い討ちをかける米軍からの仕事・学校への圧迫、分裂工作にかこまれ、党から離脱する者は跡を絶たなかった。党内では、離れていく「人々の事情をくみとり、事実を点検することをせずいちがいに裏切者だとかスパイだとかいう断定までも下し、直ちに人民党を除名すべきだという意見も生まれていた。また他方では若い連中(臨時指導部)のやることには、とてもついていけないという意見があり、その意見のくいちがいは、感情的な対立すらかもしだしていた」。

徹底した弾圧の包囲網が敷かれ逮捕者と離党者が続出するこの時期に、指導部が路線対立をこじらせ、脱落者への除名追放に走るようなことになれば党は解体していた。外からの打撃のあと、その余波で内部から瓦解する末路である。この危機のなか、非合法共産党は一二月末以降、国場幸太郎が全面的に指揮をとる新たな組織方針を採用した。自分たちが内部対立の混乱を収拾できず「敗北的な傾向におちいり」、信頼関係を外部にひろげられずにいるために、弾圧の被害と恐怖支配をさらに拡大させ、ひろく「大衆に不利益をもたらしている」。動揺している人びとにたいして非難するのでなく「マヂメな人々とはいかなる党派の人々とも協力関係を保つことに努力を払い、党は労働者、農民の中に深く入り、その統一と団結のために献身する」。ただし、外部の労働組合や社大党を非合法党の方針実現のための手段にする「おしつけひきまわし」がないようにする配慮は「特に注意すべきこと」とされた。すなわち政党や党員といった枠をこえた超党派的連帯のための地下ネットワークづくりを開始していった。

組織の中枢を担う書記局は、米軍の包囲網をのがれるため証拠を残さず官憲・スパイにキャッチされない細心の注意をみずからに課した。「固定した事務所を一つも持って」おらず、中心メンバーは「殆んどが定住するところもなく、食事も個人的なつてを頼って、その日その日をしの」ぐというゲリラ戦状態で活動をつづけた。とくに「二、三日以上一箇所に定住することが決してない」国場幸太郎の動きは米軍側にとっても「ほぼ完全に隠された」状態にあった。五五年夏、国場は服役入院中の瀬長の面会にいった帰りにCICに拉致連行されたが、執拗な拷問にも耐え「尋問の間中、きわめて非協力的な姿勢を貫徹し」たと、米軍もその意志の強さに舌をまくほどだった(6)。

地下組織の実在や活動内容は米軍にたいして隠されただけではなかった。だれが組織のメンバーなのか、任務のための秘密会合で顔をあわせておどろくようなまれな機会でもないかぎり、秘密保持のため「隣にいても」たがいにわからないようにされていた。党員証なども発行せず「入党の申込書とか、その審査とか、ほとんどやっていない」「非常に、共産党らしくないルーズな地下組織」となった。それは「そういう文書を置いて、規律を定めたりすると、証拠に残って危険だというのもありますが、みんなの活動を縛りこんでしまう」、「形式だけで縛ると、やれ査問だとかなんだというところに、つながりがち」だったからだという。

弾圧に耐えられない人間のよわさを受け入れ理解しあうことで、弾圧によって折れることのない人間的信頼を党内に打ち立て、党外に出た人、社会のあらゆる人びとと連帯し献身する。これは党利益への献身ではない。

たしかにいまは密告と監視の恐怖で自由に話すこともできない分断状況に置かれている。だがこの徹底した分断状況こそが、抑圧の苦しみから脱するにはそれぞれ団結と反撃へなんとしてもむかわねばすまないという、統一戦線にむけた気運を水面下におしひろげる好機それ自体を生んでいた。

分断と抑圧の苦しみの共有——それが社会を新たに結びなおす契機として地のなかに埋もれている。非合法共産党はそのように軍事的暴政の裏側にひらかれる世界のなかに反共弾圧下の沖縄社会をとらえ、その埋もれた公共性を芽吹かせるために地下活動に専念した。

この**超党派的な連帯への献身**は、講和条約発効後、「沖縄民政」が始動して与野党が成立し、終戦直後にはまだなかった住民の個々の組織化・党派形成が進むなかで必要になり、非常事態への対応をせまられるかたちで生みだされた。この精神はその後もうけつがれ、本書第一章「まとめ」であげた戦後沖縄の精神文化に最後に加わる、一〇番目の普遍性思想となった（↓歴史ノートV）。

母たちの登場

おそるべき弾圧包囲網のもと、組織や文書やなににも頼らず、視えない公共性の大衆的利益のために個々人が献身する。そのような尋常でない行為はどうして可能になったのか。国場幸太郎は後年、五〇年代の土地闘争は「沖縄において、婦人が起ち上がって先頭に立ったという意味で、非常に画期的な闘争だった」と評価して述べている〔『資料集Ⅲ』(三三二)〕。婦人たちが沖縄の歴史にもたらした、その非常な画期性とは、どんなものだったのか？

紙の供給さえ止めさせる絶対権力を米軍が握るなか、一般の新聞では報道しえない各地の実情を伝える自前のメディアとして、沖縄非合法共産党は機関紙『民族の自由と独立のために』を五四年一二月から発行していた。その現場レポートに国場の回想録を一部まじえ、伊佐浜の土地闘争のもようを再現して見てみよう〔『資料集Ⅱ』。国場二〇一三〕。

「一年の坪当たりの地代がコカコーラ一本代に劣る」という例えで知られるように、米軍の土地接収はまるで戦中の土地徴発そのままだった。伊佐浜の六四世帯三二七人は、ただ同然で土地をあけわたすよう米軍、琉球政府、村長、警察におどされ、立退きを承諾した隣の部落からも、強制執行されたら巻き添えで補償がもらえなくなると責め立てられていた。そしてむかえた五五年一月一八日未明、伊佐浜の土地委員長は寝こみをおそわれ、前日に琉球政府と村長が承諾した条件が最終決定だと米軍担当者から押しつけられてしまった。とどいた新聞の朝刊には「円満に解決をみる伊佐浜の接収問題」との記事がすでに載せられていた。ショックだった——もうみんな見捨てている。

国場はすぐバスに乗ってかけつけたが、男たちは無念さのあまり目をそむけて話してくれない。次の日からは米軍の土地測量と家屋調査がはじめられる。どうしていいのかわからなかった。だが、水田のかたわらを流れるせせらぎで洗い物をしていた年老いた農婦、庭の木陰で赤ん坊を胸に抱いた母親らが、目に涙をうかべ国場に語りかけてきた。

「男たちは酒を飲んで、あっぱんがらー（やけくそ）になっています。男はそれですまされるかもしれません。しかし、産《な》し子産《ぐゎな》し出じゃちゃる女《いなぐ》や、あねーならぬ（子供を産み育てる女は、そんなにはしておれない）」。「子供らがどうなるかを考えると気がくるいそうだ。死のうと思っても子供らのことを思えば死ねない」。——「そういう婦人たちの声を聞いて、私は何とかしなければならないと思い」、翌日、西銘順治を自宅にたずねた。そして旧正月（一月二四日）の三が日を終えた二八日、約束の時間になってもあらわれない西銘を立法院から強引に連れ出して懇談会をひらいた。

その懇談会のあとの部落の話し合い。これまでの交渉は男たちがやってきたが女たちは反対だ、

「女だてらにといわれても私達が率先してこの土地をまもらねば」、「女や戦の先駆け《いなぐやいくさぬさちばい》」だ。女たちで立て直そう——会合を終えた人びとは、席をはずして外で待っていた国場のもとにきて、生き生きと明るい笑顔になって話し合いのもようを教えてくれた。

伊佐浜の婦人たちはこうして動き出した。村長、行政主席のもとに直談判にいった。米軍が立てた測量のための杭や旗も、知らぬうちにだれかが抜きとった。そして二月一日、北中城村の琉球軍司令部(ライカム)に四〇名で出かけた。広大な敷地をまえに雨のなかゲートでの押し問答のすえ、那覇まで通行証をとりにいって、ようやく代表の三名がなかに入ることを許された。あらわれたのは会見を申し入れたオグデン司令官ではなく、土地問題の主任シャープ少佐だと名乗った。

「なにしに来たのか」

「わたしたちは土地をとりあげられたら死ぬから、土地とりあげはやめてもらいたい。あの湿地帯は人間の住めるところではありません」

「あんたたちが海岸にゆくといったのであってアメリカはなにもあっちに行けとはいわなかった」

——たしかに、伊佐浜の住民は土地接収をせまられた当初、どうしても土地をとりあげられるなら「伊佐浜海岸三万坪の干拓をして、そこに現在の水田地帯の土をいれて農耕地にしてもらう」など三項目の要求書を出していた。接収予定地面積は水田が一一万坪、畑が二万坪。要求はきわめて控え目な「生きるため」の最低限の条件だった。だが米軍はこれをすべて蹴った。「君たちのいうようなことをやれという法律はない。そういう前例もない。予算もない」。これを聞いた農民たちは「法律も予算も前例も自分達がつくらなければないのは当りまえではないか」と憤慨したが、米軍は立ち退き家屋の移転先として海岸の荒れはてた湿地帯を指定した。そこは人が住めるような土地ではなかった。かわりの農地の要求はまったく認められなかった。

婦人代表三名は司令部でシャープ少佐に立ちむかった。

「わたしたちはぜったいあんな湿地帯にはゆきません。わたしたちはわたしたちの土地をけっしてはなれません」

「立ちのかなかったら強制執行するだけだ」

「あなたがたはどうしても私たちを殺して土地をとりあげなければならないのか。どうしても死んでしまえというのか」

「死ぬ死ぬというのだが、北谷やそのほかの土地とりあげでも死んだためしはないのに、なぜあんたがただけが死ぬのか」

「今日までは牛だがあしたは馬になるということがあるか！　百姓が土地をとりあげられたら、何もするものがなくなって死んでしまう」

「……自分もアメリカに帰れば民であって、ここにいるから軍なのだ」

そう言い残すと少佐は部屋から出ていき、もうもどってはこなかった。婦人たちは「相手がアメリカであろうがだれであろうが正しい主張はかならずかつのだ」、土地は守ることができる、守りとおさねばならないと確信をもった。

その四日後から、ながく中断していた立法院の軍用地特別委員会が西銘順治らの尽力によって緊急に再開された。伊佐浜の住民一同の「嘆願書」と婦人一同による「婦人の訴え」を中心に協議され、農民たちは連日数十名が傍聴におしかけ、こもごも涙を流しながら委員たちにうったえた。「私たちは自分の子供をうんだ以上育てねばなりません。この子供たちのために、わたしたちは死んでも土地を守ります」、「こう決心した以上、なにもこわくありません。ライカムまでも行きました」、「土地をとられたら、わたしたちの子供は強盗になるか泥棒になるかわかりません」、「泥棒するのもできる人とできない人とある。みんながみんなできないから、泥棒できない人は死んでしまうのです」、「女がたちあがらなければいけないというこの私たちの気持をさっしてください」。三月五日、委員会は「家父長制の観念の根強く残っている沖縄の農村で、この様に婦人が叫ばねばならなくなった事実」を強調し、米軍に接収中止を求める決議を可決した。

土地闘争のなかの力の逆転

その六日後の三月一一日、伊佐浜と伊江島で「銃剣とブルドーザー」の強制接収が開始された。沖縄島北部沿岸の伊江島では、一五〇万坪の土地接収と一五〇戸の立ち退きを通告されていた真《ま》謝《じゃ》・西崎地区で一三戸の家屋が焼き払われた。住む場所をなくした農民約八〇名は救済をもとめて沖縄島に代表を送り、琉球政府まえに小屋を立て陳情の座りこみをはじめた。

そのころ、米軍が支配する〝植民地大学〟、琉球大学で副学長に任ぜられようとしていた元ひめゆり学徒隊引率教員の仲宗根政善は、「メガホンを口に涙ながらに道行く人に訴えている」本山美代さん(三〇)を紹介する新聞記事を読んで、身もだえるように日記にしるした。「幾百年の間沈黙を守りつづけていた最も従順だった婦人が街頭に立って民衆に訴えている。何という悲痛なさけび声だ」。「若しこの声に耳をすまさないとするならば沖縄はとうてい救われないのである」。

おとなしい「沖縄の婦女子」——仲宗根はそこに成長した教え子たちのすがたをかさね合わさずにいられなかったのだろうか。「誰が立って援助をしつつあるであろうか。この婦人が街頭に立って民衆に訴えることは、これは新しい歴史をつくりつつあるのである。一体沖縄の歴史にこのような事件がかつてあったであろうか」［仲宗根二〇〇二：二一］。

そのとき、匿名の手紙がカンパとともに陳情団のもとにとどけられていた。農民たちはくりかえし回し読みし、「百万の味方を得たように勇気づけられた」という。手紙の初めには「乞読後火中」（読んだあと火のなかに投じてください）と書かれてあった。国場たちである。仲宗根が教える大学生たちも仲間に入っている。その手紙は「どうしても焼く気にならない」と保存され、いま私たちも読むことができる。その文面には、農民たちによりそい励ます地下党員たちがなにを支えとしていたかも、えがきだされている（阿波根昌鴻『人間の住んでいる島』一九八二年）。

> いま、私たちは、実に苦しい闘いの中におかれています。それは、何といっても相手が強大な軍事力を背景とした絶対権力をもっているからです。しかしこの土地問題においては、相手もまた四苦八苦の状態にあります。すでにみなさんが確信しておられるように、アメリカ軍の土地強奪は、人間の命をうばい、人間の生きる自由を奪うものであって、これは何によっても合理化できないものだからです。ここに彼らの弱さがあります。彼らは、自分の不正と弱さを、銃剣という野ばんな恐迫《ママ》手段によっておぎなっているだけの話しです。
>
> いま、私たちが、全沖縄県民の力を結集し、正義と人道を愛するすべての人々の支持をすみや

かにかちとるように、闘いを進めるならば、味方の力は急速に大きくなり、アメリカ軍はますます孤立していくでありましょう。

ここには力をめぐる逆転が起こっている。アメリカは強大であるがゆえに力に頼り、正義と人道をふみにじり、「施す術もないほど、どんづまりに」追いつめられていった。だが土地闘争で起きた力の逆転は、それにとどまらず、弱者が強くなったこと、そこにこそ決定的ポイントはあった。しかもそれは、よわい者が強者に変じるという権力のうつり変わりではなく、よわい者がよわいままでいて強者にならず、そのよわさがつよさ（しなやかでやわらかな強靱さ）になるという力をめぐる価値の変革が、ひそかにおこっていた。

国場たちの手紙は、当時ゲリラ戦状態で弾圧網をかいくぐる毎日を送っていたせいか、最初は米軍を「相手」とよんでいたのが、最後には「味方の力」を大きくして「敵の弱点に総攻撃を加え」ようと、軍事用語で語りかける内容となっていた。たしかに米軍は戦争のつもりで土地をうばった。しかし土地闘争は、勝ち負けをあらそう力と力のたたかいに終始していただろうか。

土地をうばわれ生きるすべを断たれることへの抵抗はたしかに生きるためのたたかいだった。だが母親や農民はそれ自身の論理でたたかう。当時の沖縄の政治は、米軍はもちろん沖縄側でも、男性知識人や近代的組織（軍隊、政党、組合、企業）のリーダーたちが主導し、農民や女性たちは人数では多数でも、政治に口出しできないマイノリティだった。ところが「島ぐるみの土地闘争」は、この沈黙の民衆が立ち上がることで「島ぐるみ」となったのである。近代的組織のリーダーたちとは異なるそのたたかい方や考え方、生き方はどのようなものだったのか。

堂々たる乞食たち

伊江島農民の琉球政府まえでの座りこみは一九五五年三月から七月まで四カ月以上にわたった。だが陳情の結果せめてもの足しに政府が支給した生活保護費(一日あたり二一B円。受刑者の一日の食費二五B円より少なかった)さえも、苦境をうったえる集会をひらいているのがわかると、米軍の命令によりひと月で打ち切られた。陳情団も島に残った人びとも極度の疲労と食料不足に苦しみ、陳情に参加していた妊娠八カ月の母親が四人の子をのこし栄養失調で死亡するという衝撃にさえおそわれた。島民の要請で沖縄島から健康診断にやってきた医師は、真謝区民九八人中五七人が栄養失調で「このままでは命が危ない」と報告した。

その一方で米軍は、自宅敷地内にいた六歳の女の子を銃撃して重傷を負わせたり、民家のそばや漁場に爆弾を投下し、やむなく接収された耕地に入り農作業をした者に集団で暴行を加え、働きざかりの男ばかり選んで沖縄島に連行し軍事裁判所で三二人に有罪判決を下すなど、筆舌につくしがたい暴虐行為を日々つづけた。それは相手を人と思わない、軍の障害物への掃討殲滅作戦だった。

ことここにいたって、もはや自力では生きることができなくなった真謝区民は区民大会をひらいて対策を協議した。そして「乞食」を名乗り、のぼりやプラカードを手にして、琉球政府まえから国際通りをぬけて那覇の中心地を徘徊しはじめた。この「**乞食行進**」でかかげられた、「賢明なる全住民の皆様」にむけた告知文(五五年七月二〇日付)はいう。「乞食(乞食托鉢)、これも自分らの恥であり、全住民の恥だ。しかし自分らの恥より、われわれの家を焼き土地を取り上げ、生活補償をなさず、失業させ、飢えさせ、ついに死ぬに死なれず乞食にまでおとし入れた国や非人間的行為こそ大きい恥だという結論に至りました」(阿波根昌鴻『米軍と農民』岩波新書、一九七三年)。

伊江島では、地主などの農作物は全部を収穫せずにだれか貧しい人のために採りのこしを置き、夜中に食料を盗みに入られたら、その家では、そんな苦労をしなくてもいいようにと穀物を軒先に置いたり木の枝にぶら下げるのが慣わしだった。助け合いを旨とする島の農民にとって托鉢をもとめることは恥ではあったが、してはならないことではなかった。むしろ人道は、ほんとうに困ったときには哀れみを乞うべきことを教えていた。よわさに直面したとき、農民は屈するのでなく助けをもとめた。そして国により苦しめられている同胞は、都会の真ん中にもたくさんいた。

「乞食」、托鉢たちの徘徊は見る者に衝撃をあたえた。この哀れな行進それ自体が、カンパをあつめ、新聞紙上には報じられない実情を全住民につたえる広報宣伝活動ともなり、また地下に口づてにひろがるメディアを生みだす工作活動ともなっていった。そして行進する者たち自身も「初めは金を集めるのが先でありましたが、だんだん訴えが中心になり」、ついに「堂々とした乞食」として語りつづける者へと、生まれ変わっていったという。行進は、やがて那覇からも出て、沖縄島南北の農漁村の津々浦々にまで出没した。それは翌年二月まで半年以上つづけられた。

力の支配をくつがえす

変わっていったのは伊江島の農民だけではなかった。伊江島・伊佐浜の惨状とたたかいを見て「島ぐるみ」の住民大会につどった沖縄民衆がそうであり、また、その立ちあがりによって地下活動を終えようとしていた非合法共産党のメンバーたちもそうであった。かれらにおとずれていた変化は、五六年七月に人民党から発表された「プライス勧告についてアイゼンハワー米国大統領への公開状」に見ることができる（以下「公開状」『資料集Ⅰ』）。

プライス勧告は、その文中でとくに人民党を「騒々しい少数党」とよんで批判していた。いわく、この少数党は土地問題を利用して共産主義のために扇動しており、「補償にたいする米国のいかなる適切かつ寛大な処置にも満足しないことはたしか」だと。公開状はこう反論した。「大衆の要求にもとづかない政党は、政党としての存在理由がない。少数の者が笛を吹けばデクの棒のように大衆が右に左に、自由自在に踊りだすと考えるのは大衆を愚民あつかいにするものであり、大衆を愚民とみることはファシストの思想であり、侵略者のおきてである」。そしてみずからの存立基盤は、沖縄全住民の結集軸となった土地防衛四原則であり、それは「八十万県民の最低の要求」、「強者にたいする弱者の最低ギリギリの哀訴」なのだと、よわさを堂々とおしだす論陣を張った。

……県民すべてが十一年にわたる占領支配でサンザンいぢめぬかれてきたからこそ、プライス勧告により、国を売るか売らないかのドタン場まで追いつめられた今、地主のみでなく全県民がいっせいに怒りを爆発させ、四原則貫徹の正当防衛に起ち上ったのである。

貴政府は攻撃的であり侵略的ですが、われわれ八十万県民は防衛の立場です。しかも武力どころか、正式に提訴する権利さえ貴下からとりあげられているので集会や与論の力をかりて沖縄で叫び、祖国日本の同胞に泣訴するというきわめて素朴な抵抗運動をつづけているだけです。

追いつめられていたのは、ありのままをいえば、理不尽にも沖縄の弱者の側だった。だが哀訴、泣訴は聞き入れられなければおとなしくひきさがる泣き言ではなかった。伊江島や伊佐浜の農民たちが身をもって示したように、どんなに弱腰にも哀れにもみえたとしても、いのちをまもるためにおこなう抵抗には生命力がみなぎり、人のこころを打ち、誇りたかく堂々としていた。

歴史を見渡してみると、一九五六年の「島ぐるみ闘争」はその翌年に沖縄戦以来の軍部専管統治に終止符が打たれ、沖縄返還が始動していく起点となった。その立ちあがりの起点になったのは、五五年五月の立法院「軍用地問題に関する四原則」決議だった。またその決議を生み出したものはメーデー大会、立法院委員会の再開だった。ことの起こりをさかのぼってゆくと、すべての土台に農民や母たちの哀訴、泣訴があった。そしてこの農民と母たちを支えた地下政党の発端には、奄美の出稼ぎ労働者をめぐる「ちむぐるさん」があった。

世界最強の軍事力を誇った強者の力の支配を終わらせたものの本質は、究極のところ、よわさと情けだった。思うに――よわさとは赤子として生まれ育まれ、衰えて葬られてゆく人間にとっての真理であり、よわさを支えあうことは人間社会の根本原理だからだ。よわさを踏みにじる者は人間を否定する者であり、そして農民は自然のいのちを育てる者たちであり、いのちを生みだす種子や苗のよわさに寄りそい育むいとなみをなりわいとする。

これにたいし沖縄人民党とその背後の地下共産党は、知性の力で学びとり、理性によって判断し、組織の力でたたかいすすむことを理想とする近代社会に典型的なイデオロギー政党であったが、自党派の個別的利益をこえたところに進まなければ存続できなくなる逆境のなかで、内に閉じて他責的に身の不遇をかこつのではなく、住む家も生きるすべも奪われようとしていた農民たちによりそうなかで、じぶんたちの存在の意味と為すべき使命を照らし出す光を見いだしていった。そして農民たちが虚勢を張ることなく人間の根源的な価値によってたたかうその裏方に徹してゆくなかで、敵を倒すためみずからも強者になろうとする力の呪縛から解き放たれ、よわさをきずなとする共同性が強者を倒す〈近代をのりこえる革命〉に参与するようになった。陳情小屋にとどけた激励文が強さへの志向と渇望に満ちていたのとはさかさまに、大統領への公開状が民衆のよわさを過剰と思えるほど意識的に打ちだす、一風変わった文面になっていたのは、この新しい価値の革命に輸入品でなくみずからの足もとで出会えたよろこびと興奮がそこにあふれ出ていたからではないか。

国場のいう「婦人が起ち上がって先頭に立った」五〇年代の土地闘争の非常な画期性とは、おそらくここにかかっている。国場は、恐怖政治をゆるさない民衆の抵抗がひろがることで地下活動の必要性がなくなり、「島ぐるみ闘争」のあと、非合法共産党が人知れず地下組織のまま事実上消滅していったことを肯定的にとらえているが――それはつまり「民衆のたちあがりを下準備する諸政党は、社会の本体である民衆の決起によって乗りこえられ消滅してゆくのがよいという意味ですか」と問われて、次のように答えていた。「共産主義が終局的には国家権力の消滅を目ざすのだから、政党の消滅も理論的には当然です。しかし実践的にもそれは起こっていて、政党は情勢の変化と民衆のたち上がりのなかで、かつてのような核となる役割を担えなくなっていった[7]」。

民衆が知識人や組織人たちの近代的価値観とは異なるモラルと行動様式にもとづき、前衛の革命家たちを乗りこえてみずからの足で動きだす真の〈民衆革命〉の到来――それが「婦人が起ち上がって先頭に立った」「島ぐるみの土地闘争」の非常な画期性の本質だったのだろう。

歴史ノートV 超党派は沖縄のため？ 世界のため？

前章の日本復帰運動にひきつづき「島ぐるみ闘争」も、それを仕かけ推し進めたのは共産主義者、あるいはその洗礼をうけた人びとだった。この歴史の実相に、もし二者択一、二項対立の考え方をあてはめると、それは俗にいう「ソ連を祖国とする」ような普遍主義なのか、故郷を愛しそこに骨をうずめる沖縄主義なのかと、ひっかかりが生じるかもしれない。

しかし「島ぐるみ」の連帯をみちびいた国場幸太郎にとって二項対立の問題は存在しなかった。自叙伝[国場二〇一三]にもあらわれているように、家族愛、党の同志愛、沖縄への郷土愛、世界のしいたげられた労働者・農民への愛が切れ目なくつながっていた。

個人としてもふくめていうと、国場さんはこの問題について主題的に書いたり話したりしなかった。ただ、こちらからいろいろと質問すると、いつも断固として、沖縄の解放は日本、アジア、世界とつながっていると語って揺るぎなかった。巷間言われるように、本当にわかっている人は言わないものだ。態度で示す。しかしそれでは説明になっておらず、歴史をみんなで共有する課題の放棄だという苦情もあるかと思われるので、ここで国場さんの思想の論理をさぐるために参考になるかと思われることを記しておく。

❿超党派的な連帯への献身は、自己利益を超越するところでの考え方なので、①民族的同胞意識、⑨団結・自衛だけではみちびき出されない。❽普遍的価値への越境の渇望も必要とする。だがその視点をもつことで得た普遍性の高みにとどまっているだけでは、超越的な考え方や普遍的利益の追求も完結しえない(第一章「まとめ」参照)。

なぜなら、自分はどこにも故郷をもたず拘束もされず、理念としての普遍主義のなかで人類永遠の利益に献身するというのでは、自己の観念の純粋性のために身を献げる自己満足に堕してしまうからである。それはまったく普遍的でない、自分の観念のための利己主義である。

普遍主義的な献身は、有限な資源・利益をうばいあう自衛のあらそいからいったん飛翔し超越したあと、その考え方自体がもつ抽象性・普遍性の本質を捨てて、肉体と場をもった人間としての固有性のなかにもどってくることによって逆説的に成就される。人は観念によって誕生したのではなく、ある時代のある場所の具体的な人と人との関係のなかで生まれ、生きていく存在だからである。そのため超越的な献身という理念は、超越をもとめる自身の観念的欲望をも克服して、自己の郷土(奇縁による第二、第三の郷土でもよい)や自己の生命の一回性や宿命に還ってくるとりくみのなかで、初めてその理念の成就・完成にいたることができるのである。

このような普遍性・超越性と固有性・具体性とのあいだの往還は、それこそ人類の宗教・哲学で普遍的かつ個別的にみられる論理である。井筒俊彦『イスラーム哲学の原像』(岩波新書、一九八〇年、一一七頁)はこれを「意識と存在の構造」として、意識・知性・悟りの上昇過程と下降過程が、存在エネルギーの自己収斂と自己展開の道程もあらわすものだとまとめている。ほかにキリスト教神学のいう神の人間への受肉(incarnation)と帰天による世界の救済・完成、親鸞の往相還相などが有名だろう(吉本隆明『最後の親鸞』ちくま学芸文庫、二〇〇二年)。

沖縄への献身が世界への献身に直結し、世界の解放のためにこそ沖縄解放に献身する――そのような往還の運動性の精神において初めて日米の〈虎と狼のあいだ〉をとびこえる道は切りひらかれた。そしてこのあとも、党派性や、自然と人間の対立をこえる思想と運動が歴史を切りひらいてゆく。

第四章　「祖国復帰」自治獲得運動——先生と教え子たち　一九五七—七二年

プロローグ　内攻する占領——ポスト「島ぐるみ闘争」期

冷戦期の沖縄・日米共同統治

戦後一〇年あまりつづいた軍部専管の戦時占領体制は、沖縄のひとびとの抵抗により打破された。日本国内はもとより世界に「島ぐるみ闘争」と「赤い市長」誕生のニュースが大きく報道され、住民の人権や財産権を踏みにじるアメリカの暗黒支配が白日のもとにさらされた。モスクワや北京の放送局は沖縄のたたかいを支持して国際的支援をよびかけ、アメリカ国内の人権団体は政府に自由と民主主義を尊重するようもとめる声明を発した〔中野編一九六九：二二二〕。米政府は自由主義陣営の盟主としての正統性と影響力をまもるため、これ以上アジアの小島における軍人たちの蛮行を放置することができなくなった。

それまで米政府内において国務省による口出しもゆるさずにきた軍事占領体制（「血による正当化の論理」）は、政治と経済の論理を入れる転換を余儀なくされた。そしてこのなかで日本政府による側面からの政治経済援助がはじまった。いよいよ後門にひそんでいた「祖国」の登場である。

アメリカの保護下にアジアの盟主としての地位を復興させようとする日本政府にとって、米軍による沖縄の自由使用はゆるがせにできない〈礎石〉となっていた（→序章1）。アメリカにたいしては、下位の同盟国（ジュニア・パートナー）からの便益供与（あるいは沖縄戦で痛手を負わせた米軍部に差し出す手打ちの供物）であり、他方で国内政治においては、反戦平和をもとめる国民世論をかわしてアメリカの「核の傘」の下で国防をはかるための核の集積場として、また、日米安保条約・地位協定の不平等条約としての実相をおおい隠すための隠蔽装置として必要とされた。

「島ぐるみ闘争」以降本格化した日米共同の沖縄統治は、冷戦の国際情勢の緊張という条件を利用して長期にわたり継続された。この体制は冷戦のタガがはずれ、同時に沖縄社会の日本復帰後の態勢立て直しがととのう一九九〇年代にいたるまで、根底的なゆらぎをみせなかった。

軍事独裁の終焉から日本復帰へ

米軍部専管の独裁統治からの転換をつげる諸施策は、矢つぎばやに米本国政府から発表された。五七年七月、沖縄統治の基本法に相当する**大統領「琉球列島の管理に関する行政命令」**が発表され、沖縄統治の現地最高責任者として**高等弁務官制**が導入された。高等弁務官はひきつづき現役将校が就任したが、その選任にあたっては国防長官が国務長官に諮り、大統領が承認する手続きがとられた。国務長官が沖縄の対外関係に責任を負うことが明記され、国際社会から非難されないよう「民主主義の原理を基礎」とすることがあらためて強調された。住民の基本的人権にたいするあからさまな弾圧は、現地軍統治者にとってもリスクがあると、本国から釘をさされた。

経済面では、一大転換点として五八年九月にそれまでのB円軍票通貨がドルに切り替えられた。低賃金で労働者の権利保障が進んでいない沖縄に日米資本をよびこみ、経済成長によって軍事占領にたいする住民の不満をやわらげる新政策のかなめである。この経済による融和政策のもと、プライス勧告での軍用地料の一括払い方針(永代借地権の獲得による事実上の土地買い上げだと沖縄社会が猛反対していた)は撤回され、また値上げされた地代が、五九年度に二〇〇〇万ドル(約七〇億円)集中的に支払われ、六〇年代前半の沖縄経済は毎年一〇%をこえる高度成長をとげた。ただし成長の中身は、米金融資本の進出、テレビ・自動車など輸入品の消費ブーム、自由貿易地域の設定、日本政府の砂糖・パイン買い上げなど、政策的につくられた依存的繁栄であり、基地経済にしばりつける従来からの経済路線に変わりはなかった。

ともあれここで端緒をひらいた統治体制の転換はもはや後戻りすることなく、日本復帰へむかう方針が軌道に乗せられていった。その経過は、ざっとこんなふうだ。

――五七年、米民政府は那覇市にたいする補助金と融資を中止し銀行預金を凍結させ、市議会の不信任によって瀬長亀次郎市長を解任に追いこもうとした。だが唯一の財源となった市税の納税率九六%という新記録をつくるなど、世論は全面的に瀬長市政を支持したため、ことごとく失敗。一一月、瀬長が英雄化しては立つ瀬がない沖縄の親米保守陣営の強い要望におされて、モーア高等弁務官はワシントンから許可をえずに独断で瀬長を公職から追放する布令の改定を発表した。米本国政府は瀬長を殉教者の英雄に祭り上げさせては断じてならぬとの方針を伝えていたのだが、案の定、五八年一月の那覇市長選は瀬長が後継者に指名した兼次佐一が当選した。軍部は瀬長にやぶれ、政府内にもその政治的無能さをさらすことになった。

この選挙戦以降、アメリカの代表的な新聞『ニューヨーク・タイムズ』は沖縄の民政を日本に返してアメリカは軍事面だけあつかう政軍分離策をとるべきだと論陣を張るようになった（一月一一日付。『朝日新聞』同月一五日付も概要を紹介）。選挙後は国務省で沖縄返還が検討されはじめ、四月にはダレス国務長官がアイゼンハワー大統領に三ないし五年計画のもとで**沖縄返還にむけた準備**に入るよう勧告し、大統領も恒久的に確保すべき基地の「飛び地」をのぞいた返還計画を積極的に進めるよう軍部に指示するまでになった〔宮里政玄二〇〇〇：一五八—六二〕〔我部一九九六：一一七—三〇〕。

米政府内の返還準備は、五九年一一月に上院外交委員会で公表された「コンロン報告」で一般に知りうるところとなった。同報告は、従来の軍部主導の無期限統治方針にこだわるなら最終的に自滅するだけであり、すでに「事実上の復帰が始まっている」、問題は返還の「タイミングに関する適切な判断と正しい過渡的な政策」だと主張した〔中野編一九六九：三〇三〕。そして六二年三月にケネディ大統領から発表された「沖縄に対する新政策」（ケネディ新政策）では「沖縄が完全に日本の主権のもとに復帰することを許す日を待望している」と明言され、軍事的必要と住民の経済・福祉・自治要求を調和させながら復帰を漸進させる**日米協調路線**が完成された。この基本方針のうえに、六九年の日米首脳会談で七二年中の日本復帰が合意されるにいたる。

社会運動の定着と思想の苦悩

以上のような日本復帰へむかう政策転換を終始一貫つき動かしていたのは沖縄社会であった。

「島ぐるみ闘争」後の五〇年代後半から日本復帰が確定するにいたるまでの時期――**〈ポスト「島ぐるみ闘争」期〉**(一九五七―六八年)とよぶことにしよう――においても大衆運動の持続的発展が歴史の流れを牽引した。政治的弾圧をひかえて経済成長で懐柔する政策転換のもとで急成長をとげた**労働組合**、五〇年代に沖縄で初めて創設された諸大学の卒業生を吸収して影響力・組織力を増した**沖縄教職員会**が、その主役である。突発的な抵抗運動の爆発だけでなく、日常生活のなかに社会運動が定着した。その成果は、一九六二年に初の春闘(賃上げ闘争)で統一ストライキがおこなわれるなど、くらしの力に直結した。この時期の組合数は一三〇で三万人弱。米軍の圧力で組合化できなかった教職員会の母体である学校教員の総数は、小中高で八〇〇〇人だった。

だがその反面、この時期の沖縄社会には容易にはことばにすることもできない鬱屈や耐えがたい苦しみ、未来への絶望感がふかくひろく浸透した。この章では、ひとびとが直面した危機と難問を、(1)核基地の島の完成、(2)「祖国」の再登場、(3)系列化と沖縄社会の内部分裂という三つの側面からとらえ、それらと格闘しながら新たな思想と運動を生みだしてゆくすがたを追ってゆく。

1　核基地の島の太陽――米軍と学生・子どもたち

沈黙を強いられる軍作業の社会

米軍による直接の政治弾圧が減り、経済成長が促進されたポスト「島ぐるみ闘争」期が、どうしてひとびとのこころを暗く引き裂いたのか。第一に、その新政策への転換が、完成にいたった恒久基地を安定化させるための施策だったからである。四九年のNSC一三の政策決定にはじまり「銃剣とブルドーザー」による新規土地接収をへて、五〇年代後半には沖縄の米軍基地面積は約五〇〇〇万坪から九二〇〇万坪へとほぼ倍増し、中距離弾道ミサイル「ソアー」、地対地ミサイル「メースB」などの**核兵器部隊が実戦配備**された。全島要塞化の核基地オキナワができあがった。

そこに岐阜県・山梨県に展開していた第三海兵師団(約五〇〇〇人)などが移駐してきた。埼玉県朝霞の核兵器オネスト・ジョン部隊も秘密裏に移駐したようである。東京立川基地の砂川闘争や核配備疑惑、ジラード事件(群馬県の演習場で米兵が農婦を射殺)などで、五〇年代なかばの日本本土では反米世論が急速に高まっていた。これを鎮静化し、きたるべき六〇年安保改定問題を乗りきるため、日本政府は在日米軍撤退を要求し、五七年六月の岸信介首相の訪米にあわせて日本本土からの米軍地上戦闘部隊の全面撤退が決定された。六〇年ごろにアジア太平洋地域に配備された米軍核兵器は合計一七〇〇発だったが、その配備場所は沖縄が最多で八〇〇発、米国領のグアムには二二五発だった。六七年には同地域の核配備が総数三二〇〇発で最大数に達したが、その三分の一の一三〇〇発は沖縄(主として嘉手納弾薬庫)に集中させられた。他国政府・議会・世論への配慮を必要としない「制約なき核基地」オキナワには、この時代に米ソが競って開発をすすめた最新鋭の核兵器が次々に配備され、米核戦略のうえでアジア太平洋の最重要基地となった。(1)

国際政治を左右する核基地の島の完成は、基地関係労働者に機密と緊張を強い、ひとびとは死と隣りあわせに働き、苦しみをのんで「無言の集団」にさせられた。沖縄住民にとっての耐えがたい苦しみ――そのひとつは、みずからの郷土を破壊しうばい、沖縄人を差別し蹂躙する基地に奉仕してくらしを立てねばならなくされたことである。苦しみの元凶である基地のために働いてアメリカ人の十分の一の賃金をもらい、愚弄され、女性たちはもてあそばれ生をつなぐ――まるで奴隷、いや「奴隷以下だ」(上原康助『基地沖縄の苦闘』創広、一九八二年、一四頁)。

宜野湾伊佐浜などの強制土地接収で「ただ言われた仕事をしていた」沖縄青年たちは、ある日、鎌をもった住民においかけられ石を投げられ、なにが起きているかを知った。「仕事を終えてから反対闘争に参加する同僚」がいて、いろいろ教えてくれた。ある晩、米軍がブルドーザーで押しつぶした残土をトラックではこぶ運転手仲間の五名ほどがあつまって、みんなで辞めようか相談した。しかし「僕らが辞めたとしても、伊佐浜接収は止まらない」「接収に賛成の人が入って、血も涙もないことをしたら、もっと状況が悪くなる」。むしろ「『悪い』と思っている僕らがやろうと」。顔を見られるのはつらいけれど、タオルなんかでほおかむりしたらかえって「感情を逆なでしてしまう」、伊佐浜の人たちに「しっかり顔を見せ」「最後までやった」(沖縄タイムス社編刊『基地で働く』二〇一三年、八―一五頁)。

この時期、軍関係の雇用者は五万人前後で、沖縄の全雇用者の三分の一を占めた。歯むかえば即解雇され、「保安解雇」となれば当人の再就職はもちろん、子弟の進学さえ困難にされた。米軍や職場にはばからずことばにできるのは、子どもたち、そして多感な学生の、その一部までだった。しかしそこに沖縄の光はさしていた。

生存者の教え子たち——『琉大文学』

首里城の激戦の跡地に一九五〇年に創設された琉球大学には、米軍当局の日本語教育不要論に抗して「国語国文学」を専攻する少数の学生たちがいた。かれらは自分たちの苦しみを表現し、つながりあうきずなとして文学を発見した。

先端的な日本の戦後文学や世界文学の訳書が出て「だれかが先に読んだと分かったら、もうこれを読まないとじぶんが脱落しただろうみたいな感じになるから(笑)。すぐ(那覇・国際通りの)球陽堂という書店に行って注文して。そうすることによって、なにか不思議なコミュニケートができるんだ。同じ本読んで、同じ本持って歩いて」(2)。五三年に文芸クラブをおこし、『琉大文学』を創刊した。同誌はのちに「アメリカ支配に対する抵抗の拠点」として知られるようになる。

「廃腐した大魚の臓ふ、／足にぬかつく黄色の死汁／ぬれぬれの千円紙幣がへばりつく」、「金は生き、人は……葬儀車を待つ／時代は／首を貫抜く拘束の針金」、「灰燼の上に／新しい、又新しい砲台がたてられ」「催眠剤ハ一弗ナリ」「倒れた墓碑はそのまゝ」

川満信一(筆名は川瀬信)は、五三年の第二号、第三号で、このように時代の心象風景をおどろおどろしい詩のことばに吐き出し、鮮烈にすがたをあらわした。つづく五四年には小説の創作、戦後沖縄文学批評にすすみ、五五年の第八号に発表した「この頃おもうこと」にいたると、自分たちが置かれた環境を見すえ、アジアを、日本を、この世界をつかみとる社会批評につきすすんだ。

「生活することそれ自体がすでに戦争への直接、間接の協力にほかならない社会現情下で、如何にして私達は人間性のモラルを支えたら良いだろう」。「此の島の住民と同じく、長い圧迫の歴史をもっていた民族が、ようやく歴史の重荷をくつがえして行こうとしている」のに、「屈辱と悲惨の歴史をくりかえさせるため」「小さな島が原爆基地になっても一言として自分達の恐怖を訴えることも、反対することもできない」。その一方、「日本々土では全国民が原爆基地をつくることに反対した。此の島の何十倍も広い土地の何処かに原爆を積みあげておく事に反対した。原爆とはそれ程怖ろしいものであるからだろう。私達の枕もとにほんとに原爆が積みあげられているかどうかは知らない。ただ極端な生活の窮迫が自分達の枕もとに何がおかれているのかを忘れさせている」。

五五年に記されたこのみじかいエッセイは暗がりに光る眼のようだ。一篇でベトナム戦争から日本復帰にいたる時代の思想課題を読者に開示する、闇を見とおす洞察力と精神力をたたえている。

川満さん――ふいとすると遠くを見つめているひとだ。一九三二年に宮古島に生まれた。家計がきびしく沖縄島に働きに出た母を追って五二年に那覇にきたが、いっしょにはくらせず、琉大に入った。寮の食費が安く、学生優待の軍作業アルバイトも紹介してもらえると聞いたからだった。一日中軍の荷役仕事でこき使われ、屋台で泡盛をがぶ飲みし、寮の寝台に転がりこんでぶつぶつと独りごちて泣いていると「クソッタレブッコロシタルデー」ととなりの寝台から怒鳴りつけられた。その棘《とげ》立った無頼の上級生が『琉大文学』発刊を企てる新川明《あらかわあきら》さんだった――このコンビには、この本の最後にあらためて登場ねがおう。

軍作業漬けの日々は指導教官になった先生が図書館の夜間貸し出しのアルバイトをつくりだしてくれたので脱け出せた。川満さんは沖縄戦の幽霊のものおとにおびえながら、毎夜読書に創作にふけり、恩がえしとばかりに「生かじりしていた社会主義リアリズム論のようなもの」をゼミの教室で先生に二時間ばかり講釈してみせることもあった。

先生は頸動脈すれすれに艦砲弾の破片がくいこんでいて摘出できず、その首の傷をかばうためのすこし不自然な動作が学生たちの目をひいた。最初の授業、「かのひめゆり部隊の生残者の先生なのだ。当然、多くの激した戦争反対のプロパガンダが飛び出すかと」学生たちは注視していたが、「私たちは尊い生命を生き永らえている。大切にこれからの世を背負って行きましょう」とゆっくり話して講義をはじめた。学生どうしが延々と議論をたたかわせ講義が中断してしまっても、その先生――**仲宗根政善**は「ただ微笑んで耳を傾け」「面白そうに最後までつきあって」くれた。

仲宗根先生は政治には近よらない「社会ぎらい」を自認していた。だが教え子たちが『琉大文学』を起こし、やがて国場幸太郎らの地下政党と行動をともにして伊佐浜の土地接収反対に奔走し、五六年の「島ぐるみ闘争」にいたると米軍から発禁処分をうけ四名の退学・謹慎者まで出したことを、どう受けとめていたのだろう(3)。当局からの圧力の矢面に立って学生をまもることにつとめ、また処分学生の編入学先を日本本土にさがしあるきながら、なにを思っていたのか。かれは五五年末に母校一中(首里高校)の記念誌によせた文章をこう結んでいる。「若き血潮はよどみなく流れつづけて行くように、若人らが、若太陽(わかてだ)となって東海に出で、あけぐもをわけて平和の世を照り輝かすよう、せつに祈るものである」[仲宗根一九八三：三〇二](↓歴史ノートⅥ)。

若太陽とは、夕暮れにしずみ闇夜をくぐったあと、水平線上から全身に光をおびてあらわれる朝日のことで、沖縄の宗教観の中心に位置する**復活と再生のシンボル**である。そう、教職員と労働組合が中心となったポスト「島ぐるみ闘争」期の隠れた主役であり、この時代の苦悶を一身に刻んで次へつなげていく主体は、教師たちがまもり育て、学び舎を次々に巣立ち、教師や労働者となって社会を担っていく戦後世代の青年たち——そしてかれらの教え子となってそのあとを追う、戦後生まれの子どもたちだった。

母と子と先生たちの復帰運動

子どもたちは戦後沖縄でひときわ大きな意味をもっている。死屍累々たる焦土を脱する明日への希望という精神的な意味だけでなく、人口集団としてそうだった。一九四五—五五年は普通出生率がつねに三〇%台を維持する「爆発的ベビーブーム期」とよばれ、五〇年前後がピークとなった。それにあわせて総人口も五五年には戦前の水準をこえて八〇万人を突破、七〇年には九五万人に達した(澤田佳世『戦後沖縄の生殖をめぐるポリティクス』大月書店、二〇一四年)。ひとびとは周囲を死にとりかこまれながらも新しい家族を、新たないのちをもとめたといえるかもしれない。この新人口のむかう先である小中高各学校の児童生徒総数は、五五年の一七万六〇〇〇人から七〇年には二六万五〇〇〇人に達した(櫻澤誠『沖縄の復帰運動と保革対立』有志舎、二〇一二年)。子どもだらけだ。

六〇年に結成された「沖縄県祖国復帰協議会」(**復帰協**。革新三政党、教育・福祉団体など計一七団体が加盟)は六〇年代の社会運動の中心を担ったが、その中核団体を自他ともに任じたのが沖縄教職員会だった。同会が運動の中核となることができた要因は、戦後の教育復興を牽引した**屋良朝苗**会長と、復帰協の会長を兼任した**喜屋武真栄**事務局長の強力なリーダーシップ、島々の学校にはりめぐらされた組織の団結力、家庭や青年団、婦人会など地域との日常的なきずななど。それらのすべての背後に、次代を担う子どもたちを預かっている／預けているという自負と信頼があっただろう。五二年の教職員会発足以来、教員たちは一貫して日本復帰運動を推進した。沖縄人の教育に関心のない米民政府とぶつかりながら、五八年には「日本国民として」の教育をうたう教育基本法を制定させた。地域社会は「先生たちのやることだから」とこれを支持した。なぜだろう。先生たちは皇民化教育や学徒動員の旗振り役となった過去があるというのに。

嘉手納基地を見おろす住宅街にすむ宮城たか子さんは、夫が基地で事務職をして、自身も基地内の主婦たちと米琉親善活動をおこなう、いわゆる親米家庭の主婦だが、小学生の子どもの母親（六八年当時三二歳）としては学校が復帰運動にとりくむのを全面的に支持するという。どうしてか。たずねにきた先生に、そのあたりの事情を次のように教えてくれた［日本教職員組合・沖縄教職員会一九六八：二〇六―〇八］。

――わたしたち基地関係で生活している者は、経済面だけを見てゆくと本土復帰に踏みきれない先行きの不安を非常にもっています。だけどアメリカはなにも沖縄県民の福祉をはかるためにここにいるわけではありません。有用だからいるわけで、必要がなくなれば捨てられます。いずれにしても不安定な基礎のうえで生活しているわけですよ。だから、貧しくなってもいいから子どもたちにはちゃんとした正しいものを教えてやらなければいけないと思います。学校の先生がたが、本土復帰の活動のためにときどき自習授業になることがあります。そんなときは「あんたたちに早く本当の勉強をさせてあげられるようにするために、今日はお仕事があったのよ」と説明してやります。こうして学校の先生や家庭の母親たちが教えてゆかなければ、子どもたちの世代は完全に無国籍の世代になってしまうおそれがあります。小学校の四、五年生、さらに中学生にでもなると、嘘の教育はできません。子どもたちが深刻に矛盾を感じはじめます。

ケネディ新政策の発表から半年後、六二年一〇月に世界は第三次大戦の危機に震撼した。キューバ危機である。「戦争になったら、まず沖縄からやられるはずよ」、「ソ連の大陸間弾道弾はカデナ基地をねらっているってよー」。ベビーブーム世代の子どもたち（当時小六前後）は「力道山やルーテーズというプロレスの知識と同じレベルで」国際政治の軍事用語を日常的にあやつっていた。沖縄には中距離弾道弾しか配備されておらず「ぜったい、ソ連は沖縄に水爆を落とすはず」、「ケネディは油断のならない」人だと（島袋善祐／宮里千里『基地の島から平和のバラを』高文研、一九九七年、八四頁）〔宮里千里二〇〇〇：一四〇〕。

こういう子たちにどうやって未来への希望をつかませるか。さきほどの宮城たか子さんは、しかしけっして孤立感はないという。夫は友人をたくさん戦争でなくしていて、妻が復帰運動の会合に出席するのは「いいことだから」賛成だという。基地内で働く人たちのあいだには「労働力は売っているけれど、人間までは売っていない」という気もちが横溢していて、組合の運動ははたから眺めていて「怖いほどすごい」。家庭の主婦たちの気もちもそうで、社交クラブで会うアメリカの夫人たちさえ、こっそり「むしろあなたたち沖縄の人たちの方がいいです。いいたいことはいえるし……」「わたしの友だちも足をなくしてとても悩んでいるわ」と打ちあける。「アメリカのような大国のお母さんたちが立ち上ればすばらしいことがやれるのに」、なぜ声をあげないの？　きくと、「わかるけど怖いわ、とても怖いのよ」。

学校と家庭、地域は子どもたちがかすがいとなってむすばれ、教職員会のネットワークをつうじて全沖縄が一丸となる復帰運動に連なっていた〔戸邉二〇〇八：一六四〕。その復帰運動の集会には先生のすすめで学帽・セーラー服の中高生の集団が居ならび、見にきた街の人びとも入れれば数万から一〇万人規模にふくれ上がるのはふつうのことだった。デモ行進の先頭はトラックの荷台に乗った高校生のブラスバンド部。曲はひたすら、マーチふうにアレンジした「沖縄を返せ」のくり返し。つづいて屋良先生が中心になって横断幕をひろげ、延々と人の波が公道を占拠し、渋滞する対向車線の車列からは景気づけのクラクションが鳴りつづく。やがて沿道の人たちも道路にとび出し「ワッショイ、ワッショイ。まるでお祭り」〔宮里千里二〇〇〇：一四四―〕。それは占領者にたいして住民の意思を、集団の力を見せつけるまつりごとだった。

その行進がめざす海のむこうの日本に「ちゃんとした正しいもの」があるのか、本当のところわからない。だが目のまえには軍隊が君臨する世界があり、沖縄人は侮蔑され、いのちをおびやかされている。子どもたちは敏感である。「早く本当の勉強をさせてあげられるように」という思い、これだけは「本当」だった。教師たちが率先し、地域が支持し、子どもたちがついていった六〇年代の復帰運動は、東方にあるだろう「ちゃんとした正しいもの」をめざしながら、基地オキナワから自治を奪取していく運動――「**祖国復帰**」**自治獲得運動**としてあった。

では、日本にそれがなかったらどうなるのか？　「引き裂かれる沖縄とでもいいたいところだろうが、どっこいそうもいかない」と、この本の常連、牧港篤三さんはいう。「復帰の上に「日本」の二字を冠しなくてもかまわないのである」。抑圧と行きづまりに直面したとき「ふと考えるのは、沖縄人なら復帰であろう」。「復帰はもとに服《ママ》することだからである」〔牧港一九六五：一七四―一七六〕。もとにかえる。そのもととはなんだろう、どこにあるのだろう。

嘉手納基地ちかくの美東中学校三年の仲宗根三重子さんが授業でしるした詩、「島」はこの時代の風景をあざやかに切りとる。と同時に、時代の詩的想像力にえがかれるその先のすがたをも、黙示する〔日本教職員組合・沖縄教職員会一九六六：六〕。

若者は苦しみ、わめき、／あげくの果て、路傍にねころんだ
老人はそれを横目でにらむが、／何も言えないし、動きもできない――
街では、赤くそめた髪を振り乱して、／女共が泣きわめいている
夜空の爆音に星がゆらぎ　乳飲み子がおびえ
孤独なやせ犬だけが、暗い空に吠えている
青い信号機の下に　赤い血が眠り／白いきれいな獣があざわらっている[4]
さんごしょうの中にしみこんだ　何万個ものため息
空は高くまぶしい……
海は青く広い……

基地の街を日夜おおう暴力となみだ、轟音とさけび、嘲笑、聴かれなかった無数のためいきのおと。ふかくしずんでそれらをうけとめながら、いつどんなときにも島をつつみこんで離さない空と海をあおぎみる。解放への予感が、うつむいた少女のこころに抑えがたくあふれ出している。時代の変転の底にあり、かわらないもの――島の母なる自然への復帰である。

2　日本政治との遠い再会

「祖国」の植民地的温情主義

ポスト「島ぐるみ闘争」期をつつむ耐えがたい絶望感の第二の側面は、進行する統治体制の転換がいずれいたりつくはずの「祖国復帰」というゴールが、どこまでも遠く、また、不吉な忌まわしさをたたえていたことに関わっている。

「島ぐるみ闘争」の衝撃は日本政府の戦後沖縄政策を浮き彫りにした。講和条約による沖縄分離の際は、日本本土も占領下に置かれていた不可抗力性がなかばあったが、ここにいたって沖縄住民との政治的関係をあらためて立て直す必要に直面した。日本政治と沖縄住民のおよそ一〇年ぶりの対面――そのとき視えたのは、沖縄戦の〈捨て石〉の政治そのまま、ただし今度は核開発競争からベトナム戦争にいたる国際情勢のリスクから日本の**高度成長をまもる防波堤**としてのそれだった。

五六年六月、島ぐるみの住民大会がおこったとき、日本政府は土地問題について「明確な行動はとらない」ことを即座に閣議決定し、沖縄側からの陳情を受けつけないよう那覇の日本政府出張機関に訓令を発したことが、後年アメリカで公開された公文書に記録されている。公式にはアメリカの施政権にたいする「内政干渉」にあたるので抗議や権利要求はできないとする一方で、「住民の世話」は日米友好の観点からすることができるとの対応で臨んだ。総理府恩給局長を急遽《きゅうきょ》沖縄に派遣し、それまで放置されていた沖縄戦の**民間人犠牲者・遺族にたいする援護法適用**に着手した。正規の軍人・政府職員以外の「戦闘協力者」数万人に恩給を拡大する政府方針がさっそく発表され、五六年以降「見舞金」などとあわせて毎年三〇億円以上が沖縄に投下されるようになった(5)。

対米抵抗の「怒りの島」は別角度からみれば「全島が〝遺族の島〟」であり、沖縄戦の傷は、日本に奉仕した過去にあがなうことによってふたたび住民を手なずけ抵抗を鎮静化するために、その手がかりとして思い出されたかのようだった。

五六年一〇月、戦前の沖縄県知事（官選）・官僚や、沖縄にゆかりのある自民・社会両党の国会議員があつまり、総理大臣官邸で財団法人・**南方同胞援護会**（南援）の設立発起人会がひらかれた。同会は翌年に成立する「南方同胞援護法」により、首相が会長を任命し補助金で運営する特殊法人となった(6)。一方で「内政干渉」をきらう米軍統治者の強硬姿勢を奇貨として、沖縄の人権をまもる政治責任を意図的に回避しつつ、他方で瀬長市長追放などの暴政により「うっかりすると沖縄が共産勢力の土地になりはしないか」、その危険を除去するため、軍人恩給や民生向上資金を投下して「米国の基地経営に対し現地住民を協力せしめる」。それがこの非公式政府機関の基本方針だった。つかず放さずのこの姿勢を支える柱は単なる金銭ではなく、そこにかぶせられた「祖国」の〈慈母〉的な「同胞援護」という温情だった。その裏から沖縄の「甘え」を許さない〈厳父〉がときおりしつけに顔を出すといった文化的政治支配の構図が、これ以後かためられてゆく。

五七年に南援が一般公募した標語の一等には「抱き取ろう、母国へ沖縄・小笠原」がえらばれた。標語にみられるような温情主義は日本の地方政治の特質であり、なにも沖縄にかぎって強調されたわけではない。また「百姓どもは死なぬように生きぬように」（徳川家康）といった民衆統治術は古来為政者にうけつがれてきた。だが「南方同胞」にたいする援護政治の論理は、やはり国内統治の範《はん》疇《ちゅう》からどこか逸脱していた。

みずから米軍占領下の無権利難民に沖縄住民をおとしめながら、その困窮につけこんで温情を売りつけ、しかもあまり近よりすぎて本土の利益を害さないよう放置する。沖縄住民が米兵にいくら殺され、無罪判決が下されようが日本政府はアメリカにたいし抗議せず、住民の抗議が基地運営に支障をきたすことがなければ問題視しなかった。ここでは「**死なぬように**」**という歯どめ**がかかっていない。いわば「騒がぬように生きぬように」である。これはどんな政治か。支配地域（主権潜在化という支配）の人命や民意、長期的発展に責任をもたず、ただその土地と資源の略奪と活用を目的とする植民地主義の支配——まさに「天皇メッセージ」の精神の具体化である。

六〇年安保——沖縄のいのちと日本社会の断絶

この植民地にたいするような露骨な無責任さは、米政府にとっても意外なほどだった。五七年に「大統領行政命令」を策定し政策転換を開始するにあたって、国務省は、これは長期的な沖縄政策を表明する機会となるので日本政府との慎重で徹底的な討論が不可欠であり、五七年六月の岸信介首相の訪米後に発表するべきだと軍部に強く主張した。ところが協議を打診された岸は占領継続の責任を問われたくないと関与をこばみ、訪米の一〇日まえに行政命令は目立たぬよう発表され、日本政府はその通報だけをうけとった〔宮里政玄二〇〇〇：一四四〕。そのあとで訪米した岸はアイゼンハワー大統領との共同声明で、日本本土からの「一切の米陸上戦闘部隊の速やかな撤退」を発表した。そして国会答弁にのぞんでは、こちらが「返せ、返せと」「耳にタコができるほど繰り返し」ても、「アメリカが施政権を持っておることが、この極東の平和を維持する上に必要」だと「向こうは返さないといってがんばっている」と手出しできない不可抗力性をよそおい、占領継続を容認させる国内政治環境をととのえていった。

この答弁は六〇年安保改定をめぐる衆院安保特別委員会でなされたものである（第三四国会、六〇年四月一三日）。岸首相は米軍の占領継続を望みつつ、他方で安保改定により日米共同防衛地域に新たに沖縄を含めようとした。もちろん沖縄は米軍の要塞であって自衛隊には守りにいくべき必要も実力もないが、そうすることで自衛隊の行動半径をひろげ平和憲法の実質的な破棄を進めるのがねらいだった。加えて「島ぐるみ闘争」以来、沖縄返還を強く要求するようになった社会党・共産党ら野党に踏み絵をつきつけ、沖縄防衛に乗りだせないならその無責任さを糾弾できるといった戦略であった。案の定、野党それに自民党の一部も、核配備された沖縄を防衛範囲に含めると本土が戦争にまきこまれるといった「火中のクリ論」で反対した〔新崎一九七六：一九六―〕。

沖縄を平和憲法下におさめる施政権返還のほうが先だという、それ自体はまっとうな正論だが、この論戦をとおして野党、マスコミもふくめた日本社会の対沖縄姿勢があぶりだされた。国民的規模の連日の反安保集会では、「日本全体を〝沖縄化〟することが狙いである」と政府を批判する演説も聞かれた（新川明『沖縄・統合と反逆』筑摩書房、二〇〇〇年、八八頁）。のちに七二年沖縄復帰で「核つき返還」が疑われるなかで口にされる「**本土の沖縄化**」論はこのときすでにはじまり、共同防衛地域への沖縄包含は見送られた。

これには、あわい期待をこめて包含論を支持していた沖縄の世論は苦杯を飲まされた。「裏返していうならば、もし戦争になった場合は沖縄人だけ戦禍にさらして、日本国民は傍観しようではないか、ということである」（『琉球新報』六〇年一月一六日社説）。かつて「島ぐるみ闘争」に呼応して、日本本土では沖縄にたいする「同情」の声がひろがった。しかしその「国民感情」は、足もとに害がおよぶときには、本土の利益をまもる「国民感情」に変じ、現状を変える力に結びつかなかった。

さきに紹介した岸の答弁にたいし、社会党の代議士はこう軍事評論家の見解を紹介した。アメリカは核のボタンを沖縄で押すまえにすべての米軍関係者を退避させる準備をしているが、「六十八万の島民は、残念ながらこれを輸送するところの船も何もない」、「ひょっとすれば、全島民がみんな「ひめゆりの塔」にならなければならぬような運命を負わされているのじゃないか」（傍点引用者）。映画『ひめゆりの塔』は五三年に公開され大ヒットし、日本映画の配収記録をぬりかえた。悲劇に涙し政府を批判するが、それ以上の行動は起こす論理がない。戦前から日本の政治と社会が沖縄にたいしてとってきた分離可能な半「外地」の植民地あつかい――それは戦中に同化主義から皇民化教育に発展して沖縄全県を修羅場にたたきこんだ。その戦禍と敗戦による無期限占領に依然苦しんでいるがゆえに、そこに帰結した日沖関係を一新させる要求をつきつける発言権をもてないまま、また同じループのなかに入っていく。それはあまりにも耐えがたい現実であった。絶滅の危機がもし「全島民」でなく全国民だったなら「残念ながら」ではすまないはずだ。

しかも今度は沖縄人のいのちとこころを日常的にみずから差し出すよう強いられている。沖縄の人権が蹂躙される陰惨な事件・事故の発生によって憤激が社会をおおい、大衆的抗議運動がわきおこる、その力によってしか日米両政府・世論は動かず、復帰への道は前進しなかった。現実の流血と身を切る痛みを喰らいいちかづいてくる「祖国」――それはいったい何ものなのか。

3 分断に抗する〈沖縄デモクラシー〉の登場

〈時代の流れ〉「祖国」・系列化・沖縄自立

日本よ／祖国よ
そこまできている日本は
ぼくらの叫びに／無頼の顔をそむけ
沖縄の海／日本の海
それを区切る／北緯二七度線は／波に溶け
ジャックナイフのように／ぼくらの心に／切りつけてくる
――新川明「日本が見える」一九六〇年〔新川一九七一：七二〕

なぜ植民地主義の「祖国」に復帰しなければならないのか？ 新川さんが悲嘆のなかにも見すえている「北緯二七度線」、そこに体現された世界を分割統治する国際政治の論理が、沖縄につき刺さっているからであった。

五七年の岸・アイゼンハワー共同声明は、日本政府が北緯二七度以南の琉球諸島にたいする「潜在的主権」をもつことを両国間で初めて公式に確認した。これは講和条約締結時に用意した〈沖縄住民の主権性〉封じこめ(→幕間1)を現実に発動させた、「島ぐるみ闘争」の鎮圧策であった(このときの国務長官は元講和全権代表ダレス)。この声明により、社会運動で沖縄住民が発揮しつつある自己決定権が日本政府による決定に従属するものであることが明確にされた。というのも、この潜在主権論のもとでは、米軍統治で否定されている沖縄住民の人権や主権性を回復させるには、日本政府が沖縄の主権を顕在化させる道しかないからである。そのため米軍統治下からの解放という課題にかかわって、沖縄の政治空間はそれ自体で自己完結することができない――ここが最大のポイントだった。戦後沖縄の社会運動は、沖縄内部の自治社会の建設に基盤をもちながら、日本を単位とした主権の回復に解放の展望を求めざるをえないように構造設定されていた。

そのため沖縄の各政治勢力は「島ぐるみ闘争」後、日本の政治から協力や支援をひきだそうと**対日系列化**の道を進んでいった。その先頭に立ったのは政党だった。政党は政治権力(政権)の獲得や政治的将来展望の提示を主要任務とするから当然でもある。だがそこでは、日本から投入される政治・経済・文化の資源をよりはやく占有して社会に分配し、自派の影響力を強化しようとする主導権あらそいがはじまり、そのなかで、それまで築きあげてきた沖縄の超党派的な団結をやぶり、所属系列ごとに沖縄の政治空間をバラバラにする**〈沖縄の政治〉の解体**がはじまった。対日系列化(＝のちの日本復帰)とは、社会運動で顕在化された〈沖縄住民の主権性〉にたいし、その顕在化の担い手を次々に「祖国」のうちに取りこんでいくことで、台頭する〈沖縄の政治〉を日本の対米従属外交や沖縄にたいする植民地主義のもとに組み入れていくプロセスだった。

しかし、ただでさえ無権利状態に置かれている沖縄社会が内部分裂でいがみ合うのは自滅の道である。そのため政党系列化の影響が社会にひろまるのに反比例して、自覚的に沖縄独自の政治空間の充実や超党派の団結にとりくむ立場が明確になっていった――これを〈**沖縄デモクラシー**〉の思想／運動とよぼう。これが「祖国」の間接統治の主権剝奪を終わらせる役割を担うのである。

それまでも生きるための対米協力／抵抗が合流することはあった。民族戦線運動、復帰署名運動、「島ぐるみ闘争」といった〈野生のデモクラシー〉――日米の政治に組みこまれず、野にある状態から自衛の団結で自治と生存権を要求する社会運動である。ただ、その団結を生みだす動因は沖縄社会と外部とのあいだに生まれていた。外圧をしのぐための団結である。これにたいして対日系列化の進行は沖縄社会の内部に分断線を刻んだ。沖縄社会がみずから、内部の分断に抗して沖縄の超党派的団結を自律的に追求するようになったとき、外部の動きには依存しない自立的な大衆運動の理念、つまり〈沖縄デモクラシー〉が成立するようになった。沖縄はみずから多様なシマ社会の連携をさぐり、自立した政治社会を築く第一歩をあゆみはじめるのである。

この理念に立って、日米両政府も公認する「祖国復帰」というゴールへむけて超党派（この段階では系列化された革新政党間）の結集をはかり、対米抵抗運動と対日要請行動で自治権を拡張していく。それが復帰協による「**祖国復帰**」**自治獲得運動**だった（↓歴史ノートⅦ）。その生成過程をみていこう。

革新政党の落日――同士討ち

日本の政治との連携という局面があらわれたとき、ここでもやはり、米軍支配に対峙して沖縄の政治を牽引してきた人民党が先陣を切った。同党はすでに五二年から背後に地下共産党を建設していた(→第三章1)。正式な組織名は一国一共産党の国際共産主義の原則にしたがい、「日本共産党沖縄県委員会」としていたが、その活動内容は、軍政下の政治状況から乖離した方針(武装闘争準備指令など)を送ってくる東京の日本共産党本部から独立したかたちで、沖縄内部の統一戦線のために展開されていた。だが五六年四月に出獄した瀬長が八月に県民大会代表のひとりとなって上京したときから、沖縄の統一戦線をやぶる政党系列化の流れがはじまった[7]。

羽田空港到着の第一声として瀬長は「八千万同胞の「沖縄をかえせ」のこえをきいた沖縄は島ぐるみのたたかいにうつった」と述べ、「島ぐるみ闘争」が日本本土からの支援に鼓舞されておこったと位置づけた。獄中にあった期間に進められた沖縄内部の統一戦線へむけた地ならしを無視ないし軽視する認識を示したのであるが、そのうえでこうつづけた。「最初の上から下への呼びかけは、いまでは下から上へとかわっている。だから私たち十名の代表の任務も先日の四代表とかわって、あくまでも祖国の労働者、農民を中心とした全国民との組織的な共同闘争を行うことだ」(『アカハタ』五六年八月四日)。

「先日の四代表」とは、六月二五日の住民大会でえらばれた社大党委員長・安里積千代《あさとつみちよ》を団長とする代表団のことで、中道から保守寄りの陣容だった。この「四代表」の派遣は、日本社会に沖縄の危機的状況を伝えるキャンペーンとして大成功をおさめた。『沖縄社会大衆党史』(一九八一年)は次のようにいう。「上京した代表団は、レムニッツァ米極東軍司令官や鳩山首相と会見し、また民主団体や労働団体を通じて広く一般国民に沖縄の実情を精力的に訴えた。その結果は、大阪中之島公園での国民大会を始め、全国各地で総決起大会が開催され、世論は大いに喚起され」た。日本共産党の『アカハタ』も団長の安里を沖縄の顔として最重要視した。沖縄革新の雄、社大党の委員長安里の写真が連日紙面をかざり、安里自身も「沖縄の抵抗」の代表者として伊江島・伊佐浜などの苦闘を代弁し、国会から砂川闘争現場まで各地にふかい感銘をあたえてまわった〔『資料集Ⅲ』「日本共産党沖縄対策関係記事目録」〕。それを追いかけるように第二陣として上京した瀬長亀次郎は、こうした熱狂を「上から」のよびかけだと否定し、あわせて沖縄独自の統一戦線による決起という「島ぐるみ闘争」の意義をも否認し、これからが本番だと主張するのである。

八月一七日、瀬長は共産党本部で同党最高指導者の野坂参三・志賀義雄と秘密会談をおこない、安里らの「売国、裏切り行為をバクロ」する方針を提起し、志賀は「日本共産党が沖縄人民党に指導を与えるという一点を明確にすること」を要求、そのかわりに資金援助を申し出、日本共産党の党旗を渡しあたえた〔森二〇一〇a：一〇〕。これ以後、沖縄の地下共産党は名実ともに日本共産党の非合法沖縄県委員会となり、人民党と東京の共産党本部は直通関係に入った。そして五七年末に那覇市長を解任されてから、瀬長は社大党を排撃する方針を明確に実行にうつした。

社大党の那覇支部長であった兼次佐一を市長後継候補に指名して脱党させ、これに反発した社大党の親米保守政党への接近をひきおこさせた。社大党にとって那覇支部は党内左派勢力の拠点だったので、かれらが抜ければ党全体が右傾化するのは必然だった。兼次たちは人民党との共闘組織「民主主義擁護連絡協議会」（民連）のもとで那覇市長選をたたかい、保守勢力と社大党の統一候補・平良辰雄（元沖縄群島知事）をやぶって絶頂期をむかえた。「**民連ブーム**」である。

だが瀬長の手駒になることをきらった兼次は、五八年二月、日本社会党の支部としてみずからを位置づける**沖縄社会党**を結成し、日本本土の社共対立を沖縄にもちこみ、社大・人民・社会の革新系三政党による同士討ちがはじまった。その結果、同年三月の立法院選挙では革新政党間で候補者を立てあって共倒れしたため、無所属をふくむ保守系が予想に反して多数を占め、さらに革新政党間での乱闘暴力事件をひきおこし、革新支持の世論は完全に冷えきった。

早期沖縄返還の流産――世界史的な分岐点

この分裂とつぶし合いをもっとも喜んだのは米民政府・現地軍であった。当時ワシントンで大統領から軍部に命じる段階にまで進んでいた沖縄返還の準備作業は、立法院選挙で「民連ブーム」は終わったとの報告をうけてブレーキをかけられた。そして様子見の期間をへて、五九年六月には基地の「飛び地」を残して施政権を返還する案では基地機能を維持できないとする軍部の原則論に大統領も同意し、返還時期尚早論に転じたため、政策転換は既定方針となっていた日米協調路線の枠内に収まることになった〔宮里政玄二〇〇〇：一五八―一六二〕。

一方、「島ぐるみ闘争」で弱体化していた保守勢力は米民政府のあっせんと経済政策の成功に支えられ、五九年一〇月に合同し**沖縄自由民主党**を結成した。そして日本の自民党の資金援助と指導のもと、六〇年一一月の立法院選挙では二九議席中二二議席を占める記録的大勝をおさめた。

この一連の政争の結果、社大党（取り残された感がある）をのぞき、沖縄の主要政党は日本の政党政治に系列化した。この性急な政党系列化ラッシュの起点となり、沖縄早期返還のカギを握っていたのは那覇市長解任後の瀬長亀次郎の動きだった。なぜかれは社大党と連携する対米抵抗統一戦線を維持することができなかったのだろう。歴史の後知恵であるが、もう一年ばかり待てば米政府内の沖縄返還準備は表面化し、一〇年ほどか返還は早まっていた。これは瀬長と人民党、沖縄住民のみならず、やがてこの「外国政府から一切制約を受けない」〝悪魔の島〟が重要拠点となって、約三〇〇万人の死者と、言語に絶する枯葉剤などの被害者を出すベトナムのひとびとにとっても、悔やんでもあまりある、世界史的な分岐点だった。

決断の要因はいくつか考えられるが、その最大のものは、布令の改定により那覇市長を解任された瀬長が、米軍統治下の沖縄ですべての公職につけなくなったこと、つまり沖縄政界から追放されたことにあった。自分が選挙に出られないでは人民党の未来もない、沖縄解放の展望もなくなるとの判断もかさなったのであろう。五八—五九年には社大党・社会党を「沖縄におけるファシズム」「裏切り」者とよんで全否定し、支持者の大衆動員集会をつづけることによって立法院の外に政治勢力を結集させようとした。そして六〇年に入ると「日本における民主的諸法律を沖縄に拡大適用する県民運動を盛り上げ」「公職選挙法の適用による国会への県民代表参加」を実現させること——つまり瀬長が被選挙権を剥奪された立法院をとびこえて日本の国政に参加、政治家として復活をとげる展望が「具体的にすぐ可能性のある」方策として打ち出されるようになった(8)。それは島外への渡航申請の不許可によって米軍統治下オキナワに閉じこめられた瀬長が「軍事監獄的支配」から逃れる唯一の道とみえた。

ここに沖縄の政治空間の成立、充実を牽引してきた人民党は質的に消滅し、かわって監獄島沖縄の政治からの脱出をはかる祖国復帰解放論が同党の基本方針となった。沖縄独自の統一戦線運動を築いてきた国場幸太郎は五九年に党から追放された。人民党は日本復帰後の七三年に日本共産党に合流するが、事実上の統合は六一年に両党が綱領レベルで一体化をとげた時点で完成された。

戦前から何度も経験してきた逮捕と投獄、そして獄中での暗殺の策謀をへて、肉体的にも精神的にも満身創痍の状態で疾駆してきた瀬長亀次郎は、ここにいたって歴史を切りひらく前衛の役目から降りた。永遠不滅の鋼鉄の人間などいないのだから、なま身のからだに耐えられない世界史的な歴史の重荷は、次なる時代の担い手に引きつぐべきだったのだろう。

主席公選闘争――復帰協の栄光

政党にかわって時代を切りひらく前衛を担ったのは復帰協だった。教職員会の社会的信頼の地盤のうえに、官公労など労働運動の組織動員力が加わり、政党の分裂と対立を乗りこえる大衆運動を展開した。その中心的舞台となったのは**主席公選闘争**であった。

米民政府は発足時に約束した主席公選を延期して軍の任命としていたが、「島ぐるみ闘争」後は立法院からの推挙や指名選挙をうける部分的改良を余儀なくされ、六二年のケネディ新政策で次期主席の任命はさらに困難になった。そこに軍の論理の挽回をめざす「**キャラウェイ旋風**」とよばれた、キャラウェイ高等弁務官の強硬施政（日沖離間、立法院介入、弁務官直接統治、沖縄で自治は「神話」だと否定した演説など）による混乱がかさなり、六四年六月には親米保守政党が分裂、大田政作主席も辞意を表明するにいたった。これをチャンスとみて復帰協は沖縄自民党の脱党派もまきこんで五万人の「主席公選・自治権拡大県民大会」を開催、市町村議会にも公選要求決議がひろがった。ここに主席公選闘争は本格的スタートを切った。そのプロセスは次のような三段階をへて進んだ。(9)

第一幕――六四年一〇月の**主席指名阻止闘争**。混乱を収拾できないキャラウェイは八月に更迭され、後任のワトソンは東京で池田隼人首相と会見したのち着任した。自民党幹部・閣僚があいついで沖縄を訪問し、日米安保体制をまもるためだと説得した結果、親米保守勢力は再合同し、一〇月二九日、立法院で次期主席に松岡政保を指名しようとした。だが復帰協加盟団体の六〇〇〇人が請願隊となって議場を包囲し警官隊と激突、議会は流会となり米民政府の主席就退任式典も延期された。これは米軍の統治行為を**実力行使で阻止**した最初の機会となった。「やればできる」、勇気と自信がひろがった。

二日後の三一日、さらなる混乱をくぐって指名は強行された。夕方四時からの主席就任式は警察署の構内で警官隊六〇〇人が厳重に警備するなか挙行された。社会からなんらの信任もえられない松岡新主席は、「指名主席は私が最後となるよう努力したい」と約束することでしか政治に着手できなかった。もはや次はない。かれの任期が切れる六八年の公選実施は避けられなくなった。

第二幕――六七年二月の**教公二法闘争**。保守政党はそれまで経済利益の分配、瀬長亀次郎など革新系候補者の被選挙権剝奪、革新政党の党派対立によって立法院の多数派を維持してきた。だが退潮はいちじるしく、きたる主席公選での挽回を期し、復帰協の中心である教職員会に標的をしぼり「党運をかけて」勝負をいどんだ。教員の政治活動・労働争議を禁止し管理体制を強化する二つの教育公務員法(教公二法)案が、一月末、警官隊の力をつかい立法院の委員会で可決された。教職員会は「非常事態宣言」を発し、教師の聖職意識から授業放棄をしぶる屋良会長の反対を青年部・婦人部が押し切るかたちで十割年休行使、つまり全日ストライキにふみきり、先生たちが立法院にかけつけた。本会議採決が予定された二月二四日、教員、労組員、学生ら二万人が機動隊五〇〇人を逆にゴボウ抜きに排除して立法院を完全に占拠し、与党に廃案協定を結ばせた。琉球警察の機動隊員たちは母校の先生たちに見つかり元気かと励まされ、逆にはなはだしく戦意を喪失したという。かれらは柔道部や空手部で顧問の先生に育てられた教え子たちだった。島はほんとうにせまかった。

松岡主席はこの屈辱的な敗北のなかで、くり返し米軍の出動をもとめた。だが住民の自治要求をおさえるための軍事力行使は、世界に沖縄統治の崩壊をさらすことを意味していた。復帰運動や先生たちに同情的な沖縄の警察では米軍統治を維持することができず、もはや万策がつきた。米民政府は日本政府の三木武夫外相・佐藤栄作首相に協力をもとめて松岡主席を説得させ、教公二法の廃案と、敗北必至の主席公選の実施をのませた［宮里政玄二〇〇〇：一二三七─］。このとき、米軍から日本政府への**沖縄統治の責任の委譲**、事実上のバトンタッチがはじまった。

第三幕──六八年一一月の**主席公選**。革新統一候補として立った教職員会会長の屋良朝苗が当選、同日に実施された立法院議員・那覇市長選挙でも**革新共闘**が勝利した。米政府としては、七〇年に期限をむかえる日米安保条約にたいする日本での反対運動やベトナム反戦運動をかわし、沖縄基地を安定使用するため、沖縄施政権を日本に返還する以外の選択肢はなくなった。

ここに復帰協およびその中核組織としての教職員会の栄光はピークに達した。四九年の沖縄議会総辞職からはじまった対米抵抗は約二〇年のときをついやして勝利をつかんだ。

大衆運動の〈信〉の思想——喜屋武真栄

歴史の動きをずっと見ていくと、あることに気付かれないだろうか。なにかの大きな変化が生まれるとき、その変化をつき動かしている思想やダイナミズムは表面化にいたるまでがもっとも力強く充実していて、その特徴や真価もよくあらわれている。ところが、ちょうど地震のようなもので、ためてきたエネルギーを爆発、開花させると、その瞬間からもう周囲の環境条件はそれまでとは一変して、ものごとを動かす力は別のところに波及して中心点を移している。人間の社会を動かす思想や運動の場合でも、結実し勝利をつかんだときより、むしろ困難にぶつかったり敗北に直面した場面のほうが、その本質をつかみやすい。

なにが復帰協の運動を支えつき動かしていたのか。現象的には敗北に終わった六四年の主席指名阻止闘争の現場に分け入ってみよう。

一〇月三一日朝九時、前日午後に決定された異例の立法院緊急本会議が開会されることになった。早朝から五〇〇〇人が立法院を包囲して騒然とするなか、ひそかに復帰協の特別行動部隊の数十人が忙しく立ちまわっていた。出勤する立法院の職員をひとりずつ数人でとりかこんでバスに誘導し、打ち合わせを終えると、北へむけ出発した。前日、立法院規則に「議事は速記による記録を要する」むね書かれているのを見つけ、速記者がいなければ本会議は成立しない、そうなれば「血も流さんし、警官とぶつかり合うこともない」と立てた「ウルトラC作戦」を実行したのだった。

官公労の幹部とその傘下の立法院の労組が徹夜で調整し、バス労組に頼んで急遽バスをチャーターした。「主席指名に反発しない職員はいなかった」からこそできた平和的解決策だった。それまでに警官隊に頭を割られたり骨折する者が多数出ていた。立法院の労組員たちも、沖縄のため「処分されるならされましょう」と腹をかため、納得づくで〝拉致〟された。

時計は九時をまわり議長が開会を宣言したが、速記者席にだれもいない。会議は成立しないぞと、声があがった。ところが遅れて記録課長がひとり入ってきて、この課長が速記ができた。傍聴席からの怒号が渦まくなか、与党議員はわずか十分ばかりで主席指名を強行した。閉会宣言とほぼ同時に二階から傍聴人が議場にとびおり、外からは玄関を打ちやぶり百数十人の阻止団が議場になだれこんだ。

どうして記録課長があらわれたのか？　かれもバスに連れられていた。しかし課長は管理職で組合員ではない。高等弁務官には公務員の罷免権があって、責任者として課長が厳重処分をうけたら、まもってくれる組織もなく、家族をふくめ「ただならぬ結果をもたらす」――バスのなかで職員どうしが話し合い、課長にもどるよう勧め、ひそかに車内から脱出させていたのだった。

三日間の合計で約一〇〇人の負傷者を出し、議場乱入の器物破損などで四四人が逮捕、二七人が起訴される大きな痛手をうけたが、組合の論理は末端まで貫徹されず、作戦は画竜点睛を欠いて失敗した。沖縄のひとのやさしさが、あだとなったというべきか。

ところが、この日正午から政府前広場でひらかれた抗議集会で、復帰協の喜屋武真栄会長は連日の阻止行動を総括してこうあいさつした。「強力な大衆の阻止行動にもかかわらず、松岡氏が指名された。しかし、われわれの行動は大成功であった」。どういうことだろう？

喜屋武さんは空手八段の体育教師である(→第一章3)。バレーボールがすきで琉球舞踊も女形になって折々に披露する。ならばこそ「大衆運動はチームワーク」なのだと、こういう(10)。「力の弱い者、権力を持たない者が正しいことをやるのには、お互いの相互信頼を前提に、ほんとうに団結すること、結びあうこと」がもっとも大事だ。組織を大事にしなければいかんということだが、ただ、まちがってはいけない。「大事にするのは、組織自体ではない」。「「数は力なり」というが、数だけでは力には必ずしもならない。烏合の衆ということもある。むしろマイナスにもなる。その数が力を生むためには、「信は力なり」だと思うのです。お互いが相互に理解し、信頼しあうその〝信〟を前提にする場合の数は、必ず質量ともに力になる」。「われわれがほしいのは大衆運動のエネルギーである」。

では、なにが信を生むのか。「喜びは私、苦しみはあなた」というなら、そこには政治はない。「苦しむならばともに苦しもう。喜びは倍にしてともに喜ぼう」。「犠牲は絶対にあらしめてはいけない。あなたがよくなることは私がよくなることだ」、「ともに前進しよう、ともに発展しよう。この共存共栄の社会こそ、ほんとうの民主主義社会であると私は思うのです」。

これらの語りの聞き役となった青年作家の大江健三郎さんは、「ほんとうに人間の根本のところにすぐ触れるようなやさしい言葉で、しかも大切な言葉を先生は、政治のむずかしい現場のなかでいってこられ」、「肺腑を貫かれる」と感嘆する。別の日本からの聞き手は、沖縄の各種集会でさいごに「ガンバロー」の音頭をとるのは喜屋武先生ときまっているが、「先生が突きあげるコブシは、そこに肋《あば》らがあれば、ほんとにつきやぶってしまう、必殺のコブシだ」という。沖縄の女性たちは、

「古武士にみるりりしさ」「やっぱりミスター沖縄」、「いかなる権力にも立ち向う強さとどんな人たちにも手を差しのべるやさしさ」（婦連会長・宮里エツさん）と踊るように拍手喝采する。空手と踊りの融合、エイサー。これこそが復帰協である。先に本章1で牧港篤三さんが示唆した、沖縄がもとにもどろうとするすがたもこれにちかいだろう。

最初の決戦の大舞台となった主席指名阻止闘争以来、復帰協は負傷者・逮捕者・起訴者を支援する特別カンパや弁護団の救援体制を築いた。裁判闘争では、書記官たちも公判成立をボイコットするなど被告を支援し、十余年の苦難をへて軽微な器物破損の罰金刑のみの実質勝利をかちとった。弾圧にゆるがない団結、組織の論理よりも犠牲者を出さない思いやり――これが復帰協の統一行動への信頼と献身、最終的な勝利を支えた。

労働組合が急成長をとげた六〇年代になって初めて可能になった、❸人の情け、⑨団結、❿超党派的連帯への献身の三つが調和したかたちであった（↓第一章「まとめ」）。焼け跡のなかを投獄や拷問、孤立にたえて地下活動で連帯をひろげた五〇年代の少数の前衛たちには望むべくもない、大衆運動の自立である。弾圧の抑制と経済利益の分配という「島ぐるみ闘争」分断のための政策転換を、運動の体力増強に吸収転用した勝利だといえる。そしてもうひとつ、前衛集団や政党が牽引する運動形態から労働者・教員・地域社会に支えられた大衆運動へのバトンタッチが、米軍と日本政府のあいだの権力移譲に先んじておこなわれたことも、復帰協の勝因となった。政党指導者がのこした限界は、復帰協ないし喜屋武真栄の〈信〉の思想によってひきつがれ乗りこえられた。

4 日本復帰――〈沖縄〉の解体

B52墜落と二・四ゼネスト――戦場化の二つの危機

主席公選から一〇日たらずの六八年一一月一九日未明、爆弾を満載して嘉手納基地からベトナムへむけ発進しようとした超大型の戦略爆撃機B52が離陸に失敗、核兵器の貯蔵庫付近で大爆発をおこした。一帯をゆるがす轟音、爆風、地響きは住民に戦争再来を確信させ、やがて事故の詳細がわかってからは、核爆発で島が消滅するすれすれの危機に全住民がふるえあがった。衝撃は島外にも走り、アンガー高等弁務官は即日解任が発表された。「基地の島」とはこういうことだったのだ。

一二月、「いのちを守る県民共闘会議」が結成され、翌六九年二月四日(火曜)にB52撤去をもとめる全島政治ゼネストを決行するときめた。諸労組が加盟するセンター、**県労協**(沖縄県労働組合協議会、約五万人)が中心となり、その行動計画では、現地嘉手納で一〇万人集会をひらいて軍用道路に座りこみ、軍労働者一万八〇〇〇人が加盟する組合の**全軍労**も二四時間ストライキを打ち、基地機能を内側と外側から完全にマヒさせる実力行使だった。全軍労は六八年四月に非組合員もふくめて二万三〇〇〇人の二四時間ストを成功させ、すでに沈黙をやぶって立ちあがっていた(11)。

二・四ゼネスト計画は、ベトナム戦争を沖縄がとめるということを意味した。もちろんまずは一日だけである。復帰協のなかからは「台風が一日来たと思えばよい」、それと同じことだという声もあがっていた。だが、もしここにいったんふみこめば沖縄の世界は一変した。沖縄の社会運動は国際政治を動かす主体となる。Ｂ52撤去の要求貫徹のためには当然、二度三度の声があがるだろう。そのとき――沖縄を占拠してベトナムでの殺戮に総力をあげている米軍は、戦争遂行の国策にしたがい、その強大な銃口を島内にむける。

Ｂ52撤去要請にきた屋良主席との面談で、高等弁務官・空軍司令官は「米国もめんつを重んじる」、「ゼネストになっても軍の使命遂行は邪魔させない」と断言した。じっさいこのあとの全軍労二四時間スト（六九年六月五日）では、基地ゲートをかこむピケ隊にむかって着剣した武装米兵が対峙し、ストの激励におとずれた社大党委員長・安里積千代と組合員六人が銃剣を突きつけられ負傷する事件がおきる。ゼネストにおいて沖縄社会は米軍を相手に、また安保条約によって日本政府を相手に戦闘態勢を組む覚悟をせまられるのである。そのときだれが沖縄の司令官となるのか？

屋良主席の腹はゼネスト回避にほぼ固まっていた。はげしい賛否両論のはざまに立たされたが、もとは教師であるかれにとっては「子どもを守る母親の会」代表の「せめて高校生の参加を避けてほしい」との声が「とくに印象に残った」。この時期には大学生だけでなく高校生のあいだにも反戦運動が急速にひろがっていた。学校も役所も全部閉鎖のゼネストとなれば、子どもたちも黙ってはおられまい、児童生徒を政治の荒波に放りこんでよいのか、かれらを軍隊のまえに立たせるのが教師の役目か。屋良の判断のよりどころは教公二法闘争とおなじく聖職意識だったと思われる。

上京して佐藤栄作首相、愛知揆一外相らに面会しＢ52撤去の見通しの時期だけでも得られないか奔走したが、ゼネストがおきれば米軍部が基地の維持に不安を感じて返還交渉は遅れるかもしれないと、逆に圧力をかけられた。主席公選の勝利でようやく目のまえに近づいた全住民の悲願の復帰が遠のくとおそれて、屋良主席は折れた。首相側近を自宅にたずねて、半年ほど待てばB52は撤去される情勢だとの個人的見解を教えられると、これで「撤去の感触」を得たのだと、沖縄にとんで帰った。一方、日本政府はゼネスト回避のために総評や同盟などの日本の組合指導者にも協力を要請し、沖縄側の組合指導者の説得にあたらせた。

六九年一月三一日朝一〇時、琉球政府の緊急局長会議では、法律家・政治家の知念朝功《ちねんちょうこう》が討議をリードした。かれは是々非々の立場でつねに沖縄全体の利益を重視し、無所属の立法院議員としてだれからも尊敬をあつめ、屋良に請われて副主席に就いていた。屋良によると次のように述べたという。「ゼネストを打っても米側は圧力に屈しての〔B52〕撤去は屈辱と思うだろう。決行したらあらゆる混乱、不測の事態――たとえば武器が出る」。「行政の目的は国や自治体の利益、社会の秩序を守り、不幸を除くことにある。その責任は主席が負う。いま、混乱を乗り越えて高い目的へ登って行けるかどうか――の瀬戸際にある」。会議は「避けるべき」と全会一致で決定した。

夜八時、屋良主席はゼネスト回避要請を発表し、県民共闘会議は「革新政権を守るため」二月二日、涙の中止を発表した。だが、まもられた屋良政権はこの劇的なスタート以後、主導権を奪取することなく日米両政府が推し進める施政権返還の政治過程に追従していくしかなかった。

〈時代の流れ〉〈施政権返還期〉から日本復帰へ

ポスト「島ぐるみ闘争」期（一九五七―六八年）につづく〈施政権返還期〉（六九―七二年）は、大規模な大衆運動の波が何度もうねりをあげる「沖縄闘争」の怒濤の時代となった。「核ぬき本土なみ」

〔核兵器の撤去、日本本土各県と同程度への基地縮小・撤去〕返還要求を軸に、日本の学生運動・青年反戦運動が合流したベトナム反戦運動、基地合理化の沖縄人従業員大量解雇に抗議する**全軍労闘争**がかさなった。

そのなかで復帰協も、復帰の実現を至上命題にしぼった「祖国復帰」自治獲得運動のカラをやぶり、「反戦平和の闘い」は「祖国復帰の闘いに結合する」という**「反戦復帰」運動**へ急旋回をとげた。「祖国復帰」の看板は即座にかけ替えられた。二・四ゼネスト問題以来、日本の政治家・官僚・労組幹部たちと直接対峙するようになったが、たがいのあまりの懸隔に愕然とするほかなかったからである。「「自分さえよければ他はどうでもよい」という日本人の民族的エゴイズムと日本人としての自主・主体性の無さに腹が立って仕様がない」、「沖縄百万県民は今、一億日本国民の先頭に立って、日本の〔対米従属からの〕完全独立の闘いを闘っている」、「あなたが、真の日本人なら、心から屈辱を感じ恥を知れと言いたい」〔喜屋武一九六九〕。喜屋武真栄は吼《ほ》え、戦後沖縄が築いてきた「沖縄のこころ」は平和・人権・自治をもとめるこころだと総括し、それをぶつけていった。

ここであらわれている構図は新しいものではない。「島ぐるみ闘争」後に政党が直面したのと同じ系列化の問題に、一〇年あまりをへて屋良革新政権がぶつかった。しかも今度は党員・支持者だけではない、沖縄社会をまるごとかかえてぶつかった。

この沖縄社会全体の対日系列化、すなわち一九七二年五月一五日の**日本復帰**にいたる「世替わり」は、沖縄社会に深刻な危機的状況をもたらした。からまり合う分断と無力化である。じっさい沖縄の政治は復帰後二〇年あまり、この分断と無力化のなかで社会全体の利益や要望を統合できない機能不全におちいった。〈政治的無力化〉は日米の沖縄統治の要諦だと先に述べたが（↓幕間1）、〈施政権返還期〉から始動した日本政治による沖縄の分断と無力化はどんなものだったのか。ここでも三つの角度からそのありようを浮き彫りにしていこう。(1)社会の分断、(2)自力の権力の無力化、(3)思想の分断である。

革新陣営と社会の分断

まず(1)社会の（内部）分断だが、二つのステップにわけてその分断状況をみていく。

第一に、官高民低の中央集権国家・日本に統合されるなかで、政党は国会をつうじて官権に接近し、公務員は保護の対象となった。七〇年一一月の国政参加選挙で各政党は代表を国会に送りこんだ。衆院では瀬長亀次郎（人民）がトップ当選し、全軍労委員長の上原康助（社会）、安里積千代（社大）、西銘順治（自民）、建設業界の国場幸昌（自民）とつづいた。参院では喜屋武真栄（革新統一）がトップ、石油業界の稲嶺一郎（自民）がつづいた。復帰運動の中核を担った教員や公務員は、給与や福利厚生の本土なみ改善を手に入れた。かれらの職場の教育施設や社会インフラも、政府の振興開発計画で格段に整備されていった。

だが一般社会は、貨幣価値の大幅下落（ドルから円への通貨切り替えにドルの変動相場制への移行がかさなった）や復帰直後からの極度のインフレ、七五年の復帰記念・海洋博覧会でピークに達した本土資本の過剰投資とそれに由来する地元経済の不景気、環境破壊、そして七八年の交通方法のアメリカ式から日本式への変更など、くらしに打撃をあたえる大きな変動の波に無防備にさらされた。復帰を推進した政党・労組が復帰による受益者として、社会から分断された。

第二に、これらの国家統合の措置が民衆の損失についてほとんど配慮されずに強引に進行した理由の説明ともなるが、対米自治獲得運動のすえに参入した日本の政治は、これまで築いてきた沖縄の自治を、あらためて差別と抑圧の構造のもとに組みこんだ。国会に代表を送りこんだとはいえ、沖縄選挙区の衆議院議員五人は衆院全議員の四九一人のうち約一％にすぎない。沖縄の人口が日本全体の一％程度であることからすれば、この定数配分には正当性がある。しかしこの一％の国民がくらす人口比以上に僅少な土地(国土中の〇・六％)に、日本の政府・国会は日米安保条約にもとづく米軍基地の大部分を集中させていくのであった。

米軍基地面積は、五二年の講和条約発効の時点で日本本土には沖縄の八倍あった。八：一である。それが五〇年代の沖縄基地拡張と本土からの移転で六〇年代には一：一になり、沖縄返還の前後数年間で本土はさらに三分の一に減って一：四に逆転し、現在にいたる(『新崎盛暉が説く構造的沖縄差別』高文研、二〇一二年)。七四年の日米安全保障協議会にいたって、那覇軍港など三二カ所の沖縄基地の返還が合意されたが、すでに本土は縮小が進んでいて移設先が見つからないという(用意された)政治的理由で実行は棚上げにされた。その一方で政府・国会は、沖縄のみに適用する特別公用地法を七一年末に制定し、米軍に強制接収された自分の土地の継続使用契約をこばむ「反戦地主」の権利を制限して強制収用をおこない、強権によって基地を固定化した。

これらの措置にたいし沖縄選出の全国会議員が抗議しても、とめられない。つまり復帰の受益者である政党・労組が沖縄社会の利益のために一丸となったところでなんらの決定もなしえず、実態的には決定権を剝奪されている。この日本政治の多数専制支配のもとで、沖縄社会全体の利益をはかる超党派連帯の政治、〈沖縄デモクラシー〉は解体された。政治力学におけるパワー（政治力・影響力）の面からみて、復帰による受益者はいない。

自力から自失へ――公選主席の最期

つぎは(2)自力の権力の（対外的）無力化である。ゼネスト中止で日米安保の「体制内復帰」を選択した琉球政府主席屋良朝苗は、日本政府首脳との個人的信頼関係を頼りに、復帰にかけた沖縄側の諸要求を再三にわたり申し入れた。だが復帰の日程が決まってしまえば野党革新系の一県知事に相当するにすぎない屋良からの要望はしだいに相手にされなくなった。

「核ぬき本土なみ」要求をいっさい排除した日米沖縄返還協定の国会批准にたいする抗議・阻止行動は、七一年一一月一〇日の沖縄一〇万人ゼネスト、七万人のデモ行進でピークに達した。しかしその一週間後、公選主席の実質的な最期の日がやってきた。一七日、屋良は返還協定にたいする「県民最後の声」をもりこんだ「復帰措置に関する建議書」をたずさえて上京した。復帰にこめた住民のねがいを全面的に集約し、これを突きつけることで「真の復帰」のための協議ははじまり、歴史に名をのこす文書になると自負されていた。だが屋良は羽田空港に降り立ったとき、自分が機中にいるあいだに衆院の特別委員会で返還協定が強行採決されていたとの報道でむかえられた。沖縄選出の自民党議員にも秘密にして進められた「だまし討ち」にあい、屋良は待ちうけた記者団に「めちゃくちゃです。これからどうするか分かりません」との言葉を残し、「茫然自失――失望と混乱の状態で私は逃げるように」(傍点引用者)ホテルの部屋に閉じこもり、ひとり「あきれ狂った」〔琉球新報社編一九八三：二七八―七九〕〔屋良一九八五：一八六〕。

沖縄住民が二〇年の抵抗運動のすえにかちとった公選主席は、こうして返還政策をめぐるいっさいの本質的決定の場から排除され、独自な歴史的存在意義をひきはがされた。それは国政参加をはたした沖縄選出議員も同様だった。瀬長亀次郎や安里積千代らの総括質問がおこなわれるまえに委員会は強行採決した。かれらは沖縄住民の同意をよそおう飾り物にすぎなかった。

かえりみるに、沖縄社会に決定権がいっさい認められなかった軍事占領の時代に、潜在化された〈沖縄の主権性〉を発揮させるものとして社会運動は成長をとげていった。そこでは、日本から切り離すために米軍から付与された「琉球」という名辞を拒否して、みずから「沖縄県民」を名乗る新たな運動主体〈沖縄〉が生まれ、それが〈沖縄の主権性〉の顕在化を担う実勢的な**主権的主体**(エージェント)となっていた。ところがこの運動主体が獲得した力を公選主席・国政参加議員などに制度化させたあとは、〈沖縄〉の「日本国沖縄県」への制度化がはじまり、この「新生沖縄県」は日本の国家主権の下で自己決定権の剝奪を同意させられる、〈沖縄〉の自己疎外のための社会機構になりはてた。〈沖縄〉は米軍「異民族支配」には対峙したが日本の国権に対抗する主権的主体には発展しなかった。ここには、大衆運動やさまざまな形態の実力行使の野生の力を主権確立にむけて組織する、憲法制定的な構成権力〔ネグリ一九九九〕の不発ないし挫折があらわになっている。これはなにを意味しているのだろうか。いったん措いて先に進もう。

思想の分断——がれきの下のきずな

「沖縄の闘いの意味、これまでの沖縄の一さいの努力というものが無になってしまうのではないか、とそういう非常なおそれ」（新川明）が社会にひろがった〔沖縄研究会編一九七一：七〇〕。では、この危機をどうして共同して乗りこえることはできなかったのか。さいごに(3)思想の分断である。沖縄返還協定を前にしてこれまで対米抵抗・復帰運動を進めてきた革新陣営、学生運動などの内部ではげしく意見対立や衝突、相互不信がわきおこり、たがいを傷つけあった。ここでの対立は二つの局面の避けがたい混在によって引きおこされていた。

戦後沖縄の自生的かつ強力な社会運動の発展は、政治の成立を否定する軍事支配の極限状況にせまられて、否応なくわきおこっていた。「米軍事基地権力の島ぐるみ、人間ぐるみの支配収奪」があったからこそ、「島ぐるみ、人間ぐるみ」でこの支配から脱する日本復帰運動、日本国民化の運動が沖縄解放の大衆運動として成り立ってきたといえる〔大東島一九七二：四〇〕。それゆえ、たとえ弥縫《びほう》策であっても極限的な政治状況の緩和が米軍統治体制の終焉によって可能になったとき、全域的かつ大衆的な社会運動の発展はそこで隊列を崩し、停止せざるをえない。米軍統治という外部圧力による団結は、日米両政府間の統治体制の再編によって終わるよりほかない——これが第一の局面である。「一日もはやい復帰」をえらんだ屋良朝苗の選択の合理性は、ここにかかっている。

だが復帰が実現したとしても、沖縄の土地と人間を戦争遂行の踏み台として絶滅の危機にさらしつづける状況に変化はない。そのため支配体制の編成替えに惑わされることなく、戦後沖縄の社会運動はそれ自身の課題の解決のためにさらにあゆみを進めなければならない。日本復帰でとりあげられようとする〈沖縄の政治〉をつかみなおす――これが第二の局面である。

沖縄における日本復帰運動が「祖国復帰」をかかげながら、その内実が「自治権を中心とする民主的諸権利の獲得闘争」であることは、衆目の一致するところだった〔新崎一九六三：一五六〕。その自治と権利を主権国家体制のなかに実現されるものと見て、日本の国家主権の沖縄への波及に「民族統一」の理想実現を設定するのが第一の局面に軸足を置いた対応だった。これにたいして第二の局面を重視する立場は、沖縄の抑圧の真の解決にもとめられるのは、日本の国権と対峙する、沖縄における自立的な自治と自決権であるべきことを突きつめた。政治的には「返還協定粉砕派」、思想的な頂点は「反復帰論」、沖縄青年同盟の「人民権力樹立」論である。

後者の立場は前者を否定せざるをえない。復帰を最優先にして支配体制の再編強化を容認しそこに加担していくこと、それこそが第二の局面における敵であって、積年の抑圧体制の継続にあろうことか被抑圧者の側から加勢する「決定的な沖縄に対する裏切り」行為となるからである〔新川一九七一：四八〕。他方、前者もまた後者を否定し、やむをえず敵として見ざるをえない。米軍統治の終わり方を問題にして終焉を先延ばしにしてもやむなしとする理想主義は、その結果が吉と出る保証もなく、その間に犠牲者をさらに生み、そもそも「異民族」軍事支配という明白な矛盾にたいする全域的大衆的な抵抗という運動基盤から逸脱している。それゆえに、第二の局面を重視する問いかけは、思想の足あとを歴史に刻む一方で、復帰にむけて進む政治においては敗北感をかみしめて沖縄返還を迎えるほかなかった。

だがここで見のがしてはならない点が二つ折りかさなって存在している。ひとつは、主導権をまもって上京した屋良主席が強行採決に出しぬかれて「あきれ狂った」ように、返還協定の粉砕・容認の両派とも、沖縄の人権と平和的生存権をつかむ本来の共通目標から疎外され、大きなダメージを受けたことである。「行くも地獄」「退いても地獄」だった（吉本隆明『敗北の構造』弓立社、一九七二年）。そしてもうひとつは、だからこそ、解体された〈沖縄〉のがれきの下に、意見対立をこえる共同性がなお苦しんで埋もれているということだ。「祖国政府」のみならず、日本のあらゆる系列化対象、「良心的知識人」の手もとどかない、みずからが対峙すべきみずからの疎外と分断という〈沖縄〉のきずなである（↓歴史ノートⅧ）。

垂直の飛翔――アジア・世界・自然へ

三つの分断・無力化をみてきて、復帰をくぐったあとの沖縄の政治的思想的課題もうかびあがってきただろうか。第一章「まとめ」以降の戦後精神の変遷を手がかりにひとついえることは、先にもふれたが、①民族的同胞意識と⑨団結・自衛の伝統の二つが結合した〈民族的団結〉にもとづく沖縄の主権的主体化、それはないのかもしれないということだ。沖縄の民族意識と団結は防衛的なものであり、「力を組織して」主権を構成する道には進みにくい。むしろ②国家を相対化する民衆史観、❽異文化・普遍性への越境などの精神文化は、権力（たとえ自生的なものでも）の集中をはばむ。組織化をこばむ野生性の精神だ。では、国家によって分断され無力化され、沖縄の主体化からも自己疎外される、そのような敗北状況で、どうすれば〈沖縄〉のきずなをかため、人権と平和的生存権、自治を獲得していくことができるのか。いいかえれば、みずからの内なる②権力相対化の精神や、

❽異文化・普遍性の追求と矛盾せず、それらと支えあう〈民族的団結〉――それは可能か。

ある若き思想家（後年、沖縄を代表する陶芸家となる）はいう。民族の栄光や統一をめざすというなら「ぼくらの存在そのものが最初から敗北なのではないか」。「祖国日本」と同様「幻の祖国＝沖縄」からも疎外される、その「疎外形態の解体そのもの」が自分たちの存在のあかし、生きるすべなのだと。あるべき日本への復帰を沖縄と本土がともにめざす「反戦復帰論」や、「ヤマトゥンチュに負けるな」という「沖縄的」ナショナリズムは、「実は極めて没階級的」であり「沖縄の解放闘争の主体とは無縁」だ。それらは「沖縄の解放を一国的な展望」でえがいている。だが沖縄にたいする抑圧は日本やアメリカ一国のものではない。帝国主義と資本主義の世界の問題であり、いうなれば沖縄は「あるべきアジア、あるべき世界に復帰しなければならない」。大民族たりえない沖縄の内なる「階級性、民族性を発揮するものとして」「自己のアジア性を獲得」し、「世界革命に向けて自己を垂直に飛翔させなければならない」[12]。

世界は、そして世界認識は、がれきの下の〈沖縄〉を「垂直に飛翔させ」ることでどのように変革されるか。そしてその飛翔によってひらかれる自己はなにを視るか。それが第Ⅲ部の主題となる。

サンゴ虫たちがつくった地下のガマ、大自然のなかからあゆみをはじめた沖縄戦後史は、人間が線引きする地上の国境をこえて自然にかえるなかで、また再生をとげるのである。これまでは後景にまわっていた❹自然を重んじる価値観、⑥固有の民俗文化の復興、⑦女性の復権――これらの精神文化が〈沖縄〉を、〈沖縄デモクラシー〉を救ってくれるはずだ。歴史は終わらない。

歴史ノートⅥ　子どもたちへの愛の思想——仲宗根政善

冒頭からこの本をずっとみちびいてきてくれた仲宗根政善さんは、一九六〇年代に入るとみずからの戦争体験を思想のことばにして講演で若者たちにつたえるようになった。その思想は「私自身が、直接戦争〔を〕体験してえたごく普通の凡人としての経験によってえた常識的な感じ」なのだと言っている。それは同時に、戦争体験によって新たないのちをふきこまれた沖縄の祖先崇拝の伝統的な宗教観でもあり、また三つめには、語りかける相手の米軍統治下の若者たちの未来を案じることであふれ出た、いのちをこめた励ましのことばでもあるのだろう。

戦中の「ひめゆりの引率教員」であるだけでなく、占領下に悩める戦後の学生たちの教師となったこと——それがなければ、かれは喪に服しひめゆりの追悼をしてまわる以上には、ことばを発しえなかったのではないか。親を戦争で失った児童生徒は南部の学校では半数近くを占める場合もあり、「この薄幸の児童を救うのは教師をおいてはない」、「平凡な慈愛にみちた教師が、戦後の郷土に一人でも多く出ることを」こいねがい、かれは戦後も教壇に立った〔仲宗根二〇〇二：一五二〕。

仲宗根政善の思想は、教え子たちが『琉大文学』で開花させた思想の苗床となってそれをあたため見守っている、そのような位置をひそかに沖縄の思想史上にもっていると思えてならない。故郷今帰仁の北山高校での講演録「生命の尊厳と神秘」〔仲宗根一九八三〕から、かれの思想のエッセンスを抜きだしてみる。

どこからか飛んできた砲弾や、気まぐれな一片の命令書で消し飛ばされる「白露のようにはかない命」をもつ私たちは「ただひょっこり、一人ぽこんと」生き死んでいく存在なのでしょうか。戦争を体験して、非常にはっきりと「我々の心の中の芯の芯の中に、玉のように光り輝いているもの」があることがわかりました。「死んで行く人間は、生きている人間が死んで行く人間を思うよりも、もっと深く生きている妻子や親のことを思うのであります」「思いがかけられているのでありますす」。

戦争がすんで、奇跡の再会をはたした父母や妻子と、収容所のテント小屋に入れられていたときのこと。台風にみまわれ床もない砂地の上に暴風と雨がうちこむなか、マラリヤに苦しむ母の看病をしていた。「戦争で拾った命をここでまた失うのか」。夢で南風原陸軍病院の壕の中にもどっていた。「はっと目をさますと、子供が私の胸に手をかけてすやすやとねいっているのです」。「これは夢ではないのかと自分の体をつまんで見ました」。「子供の寝顔にふれ涙がこみあげ」「この時ほど深い愛情を子供に対して感じたことはありませんでした」。

かれは夢うつつの世界から、なかば死者の目線をもって子の寝顔にふれようとおりてきて、そのとき——死んでいった人間たちがいかに思いをかけているか悟った。「私から戦争は多くの教え子をかきさらって行きました。しかしただ一つ戦争は私に覚醒させたのです。それは愛情だったのです」。

しずかな夜、手首に手をあてて「みずからの脈にふれてごらんなさい」。「この人間の脈というのは親の中から、その親は更にその親の時から……何千何万年の昔から打ちつづけているのでありますす」。「母の胎内にある中から打ち始めているのです」。親から子へ、子から子へ「無限につづいて行く生命の力」。その「中核に愛情の泉」がたたえられている。この親から子へと渡されるいのちと愛情は、友人に、同郷の人びとに、さらには人類愛、ヒューマニズムへとひろがるその根源であり、道徳や宗教、また科学の根源でもある。「どんな人間にもこのような心の奥に光り輝く尊いものを持っている。人間が尊い尊いと言われる所以はこういうものを持っているからだと思います」。「貧家の子供に生まれようと、小さい島に生まれようと一体それが何だ。我々は何万年からの命を持って生まれている。この価値への認識、これを深くして強く逞《たくま》しく生きるほかに人間の生きる道があるのか」。

島々のいたるところに戦争のなきがらが埋もれている。かれらはすべて「決して再びこの地上に戦争をあらしめてはならない」という「悲痛なさけびをつづけて死んで行ったと私は信じます」。いまも「無言のさけびを叫びつづけているのであります」。生きるうえで権力に屈すること、沈黙にしずむことはやむをえない。しかしどんなに権力が、武力が趣向をこらし総攻撃をかけようと、子への愛、戦争をやめねばならぬという無言のさけびを断つことはできぬ。そのほかに人間の生きる道はないからだ。

仲宗根が見守るのは沖縄の島々に生まれおちたすべてのいのちであり、島々で落とされたすべてのいのちでもある。島々の歴史はかれらに見守られている。一九九五年、戦後半世紀を生き八七歳で没した仲宗根政善は、いま沖縄の歴史の祖霊となったというべきであろうか。

歴史ノートⅦ　戦後沖縄にとっての「祖国」とは

歴史の流れを俯瞰して、ここで戦後沖縄にとっての「祖国」について整理しておこう。

国家とは一定の領土内に居住する国民を統治する政体をさすが、その国家が一部の支配地域・住民を国家利益のために割譲・租借などして他国の隷属下に置き、人権・財産権などの侵害状況にさらすことがある。戦後沖縄は、日本の天皇・政府・国会つまり主権者国民によって一種の特殊な租借地にされ、住民は米軍統治下に棄民化された。これは歴史的事実として押さえておくべきだろう。

沖縄住民の人権剝奪を米政府は冷戦の疑似的戒厳令で正当化したが(→幕間1)、日本政府にとっては、この棄民奴隷化政策を二〇世紀の人民主権の時代環境において正当化するために、他国の隷属下に置かれた住民がなお国家の非正規構成員であって政府の決定に拘束される義務を負い、宿命的かつ主体的に他国の隷属下に甘んじているという〈国民主権のフィクション〉(擬制・虚構)を設ける必要があった。日本が沖縄の「祖国」だというのは、日本政府が〈沖縄住民の主権性〉を米統治下に潜在化させ住民を無権利状態でゆだねる資格をもつことを、「祖国」の父祖性・家父長権において正当化するためにつくられた政治的神話であった。

本書のⅢ部構成に即していえば、戦後沖縄の歴史は、この「祖国」の家父長的棄民政策と米軍の〈血の報復〉の占領から脱する方途として、まず日本復帰を要求する方向性を大衆的署名運動で定めた(第Ⅰ部)。そしてその具体化の第一段階として、米占領支配から自力で自治権を獲得し、設定された擬制にしたがって「祖国復帰」をはたし、日本の政体内に入った(第Ⅱ部)。そのあと第二段階として、国内の民主制度と社会運動によって家父長的支配を無効化し、米軍の長期駐留の呪縛も解く、武装解除と自立の道を進めている(第Ⅲ部)。

この社会解放運動の推進者は、第一段階では〈父祖〉からの嫡子承認をもとめる男系的な論理をもつ政党・労組・教職員会が前面に立ったのにたいし、第二段階は家父長制と軍隊の暴力支配を否定する女性の論理、フェミニズムが基調となり、女性たちが歴史の舞台の前面にあらわれた。このなかで沖縄デモクラシーのスタイルも、主権獲得的な「闘争」から、自然の摂理や女性の論理を主軸としたネットワーク運動へと変貌していった。

歴史ノートⅧ　叩かれてつなげる達人――中野好夫

戦後日本の代表的英文学者・中野好夫は、一九五〇年代から沖縄の人権問題、返還要求に心血を注ぎ、年少の盟友・新崎盛暉さんらとともに沖縄戦後史研究の不動の礎を築いた。そのかれは七一年末、日米返還協定をめぐって「粉砕派」にはくみせず、新崎さんらと立場を異にした。「もし沖縄県民の真に大多数」が粉砕だというのなら「話はおのずから別」だが、それにしても「かりに粉砕に成功して」「返還は遅れてもよい、よりよい返還が達成されるまで、沖縄同胞よ、苦しんでも堪えてくれとは、とうてい容易に言い切れぬのだ。意気地がないが、言い切れぬのだ」。

中野は日沖関係の理想をどうえがいていたのか。道義的責任感と正義の追求によって双方向から彫琢される自立的な連帯、そういっていいように思う。かれはいう。「道義的責任感なんてものじゃ、なんにもならぬ。何の力にもならぬ」、「いかにもその通り」、「しかし、あらゆる行動力の基盤に道義的責任感という裏づけがいるということは、絶対」だ。(協定粉砕論に通じるような)「戦略論、戦術論だけからの運動をあまり信用していません。むしろ戦略的人間、戦術的人間には深い不信感すらもっています」。「批判はいくらでも結構」、「それらの相互批判の中でなんとか運動を、より高くより深くすすめていきたい」。中野は沖縄のひとびとの主体的判断を尊重しつづけたが、だからこそ日本からの差別や、市民運動をふくむ日本社会とのあいだの懸隔やズレに、「もっとたくましい昂然たるものをもっていただきたい」との期待をときおり口にした。「たえず考え、たえず行動し、たえず闘っていくものに、永久に明けない夜はないはず」だと。

こうした中野の情理を兼ねそなえた姿勢にたいし、「沖縄」を闘争や変革の主体、砦としてとらえる日沖の青年たちは、国家変革の構想がない市民主義の限界、無責任などと批判した。なかでも口をきわめて非難をぶつけたある沖縄の若き知識人は、批判を終えてこういう。「中野さんの軌跡を追うことはひとりひとりの過去の痛みをみんなさらけださんといけないというような感じになっていくのは避けられないんでね」。なぜだろう。中野を叩けばたたくだけ、沖縄は自立するしかない、日本政府のみならず、日本の良心的な知識人などの権威にも頼らずに。それが明白になる。

中野はふしぎな人だ。立派といえばこの上なく立派だ。行動は迅速で、判断は明晰で狂いもない。

にもかかわらず、叩かれる名人――あえてかしらぬがスキがあり、叩かれることでグッと人をちかづけ運動を相互に高めさせる。知識人の自己完結した寄せつけなさを感じさせない。

一九五四年から沖縄問題にかかわるようになったのも、在京沖縄人学生の訪問をうけ、日本に切り捨てられた沖縄で「熱烈な復帰要望の出ていたこと」を初めて知って「ガンと一つ頭をなぐられたような気もち」になったことがきっかけだった。復帰後も、石油基地開発の賛否にゆれる金武湾に出向いて「海を見せてください」と頼んで湾内を一周し、住民運動の闘争小屋で「どうですか、この海は」ときかれ、「とてもきれいですねえ」と答えると、案内してくれた漁民にガンと一発やられた。どうして……「海というのはそこに生物がいて、生き生きとしていて初めて海なんです！中野さんは、ちゃんとそこに魚がいたのを見えましたか？」それ以来、今度は「金武湾CTS問題を考える会」を発起人となって東京につくり、「現地、とりわけ守る会の闘いを孤立させては絶対にならぬ。それだけが私の願いなのである」と奔走するのである。みごとな、おどろくべき才能である。自分の見識、人格、肉体をおしげもなく沖縄民衆の、そして日本、世界の解放運動のためにささげられる。

私などは爪のアカを煎じるかっこうでこれを記すのだが、日沖の連帯のあり方のひとつを卓抜な思想と行動力をもって示した中野さんのすがたは沖縄の歴史(その番外編でもいい)に刻むに値すると思い、紹介した(中野好夫『沖縄と私』時事通信社、一九七二年、同「ある石油基地をめぐって」『世界』一九七五年二―三月号、『新沖縄文学』六四号、一九八五年、[森編二〇一二a]参照)。

第Ⅲ部
自然への復帰

日本復帰後 略年表 1972～2015年

1972. 6.	初の県知事選で屋良朝苗(革新)当選．自衛隊の沖縄移駐本格化
1973. 9.	「金武湾を守る会」結成．74. 1. 知事がCTS誘致撤回，政府は続行．「反CTS労働者連絡会」結成，住民運動支援の**ネットワーク運動**スタート
1975. 7.	海洋博覧会(～76. 1)．長期不況で企業倒産が続出
1976. 6.	平良幸市(革新)知事当選．退任前に屋良知事がCTS建設を許可
1977. 5. 15	沖縄限定の公用地法が期限切れ，軍用地の強制使用が4日間違法化
6. 23	沖縄戦の戦没者33回忌で平和祈念公園に1万人，初の県「平和宣言」
1978. 7.	道路が右側通行にヤマト化．12. 知事病気辞任，西銘順治(保守)当選
1982.12.	**「一坪反戦地主会」**結成，また翌年12月「沖縄戦記録フィルム1フィート運動の会」結成．**市民参加型の反戦平和運動**スタート
1985. 5.	西銘知事訪米，基地縮小を直接交渉(のち中南部で部分返還進む)
1987. 9.	海邦国体開催．10月，読谷村で日の丸焼き捨て事件
1988.10.	本部町で自衛隊P3C基地に反対する総決起大会(08年に計画撤回)
1989.10.	恩納村の都市型戦闘訓練施設の建設現場に住民が座り込んで工事中止
1990.11.	大田昌秀(革新)知事当選
1992.11.	**首里城**復元，沖縄観光の目玉に(2000年に世界遺産登録)
1993. 4.	天皇，初の沖縄訪問(全国植樹祭参加)
1994. 6.	自民党県連が党大会で基地政策見直し，県益優先論に転換
1995. 6.	平和祈念公園に**「平和の礎」**建立
9.	米兵による少女暴行事件．大田知事，軍用地強制使用の代理署名を拒否(翌年3月，県の敗訴で首相が署名代行)．10. 21 **超党派県民総決起大会**．11月，「基地・軍隊を許さない行動する女たちの会」結成
1996.12.	日米，普天間返還・県内移設のSACO合意(翌月，辺野古移設で合意)
1997.12. 21	**名護市民投票**で新基地反対多数．市長は3日後に基地受け入れ・辞任
1998.11.	稲嶺恵一(保守)知事当選(99. 11条件つき辺野古移設を表明)
2000. 7.	名護市を主会場にサミット開催
2004. 8.	沖縄国際大学(普天間基地隣り)に大型ヘリ墜落，米軍が現場封鎖
9. 9	辺野古沖ボーリング調査を阻止する**「海上闘争」**はじまる
2005.10.	日米が辺野古沖**海上案を断念**，沿岸案に変更，**知事・名護市長は拒否**
2006.11.	仲井真弘多(保守)知事当選
2007. 7.	東村高江のヘリパッド建設工事で住民など座り込み開始
9. 29	教科書検定意見の撤回を求める**超党派県民大会**
2010. 4. 25	基地の県内移設に反対し国外・県外移設を求める**超党派県民大会**
2012. 9. 9	オスプレイ配備に反対する**超党派県民大会**．9. 27～30 市民が座り込んで普天間基地を封鎖．10. 1 配備強行．
2013. 1	オール沖縄「建白書」東京行動．12. 27 仲井真知事，辺野古埋立を承認
2014. 8.	辺野古新基地建設に対する**「海上闘争」・ゲート前の阻止運動**スタート
11.	翁長雄志(オール沖縄)知事当選．12月衆院選もオール沖縄が全勝
2015.10.	翁長知事，辺野古埋立承認を取消．翌月，県と国の法廷闘争はじまる

〈幕間2〉リゾート化のなかの歴史・文化の解放――復帰後

豊かになった沖縄――国策依存と観光振興

日本復帰後の沖縄は豊かになった。一九八五年時点のデータでみると、七二年に約四〇〇〇億円だった県民所得は一兆九〇〇〇億円、約五倍にはねあがった。社会の全面にわたるインフラ整備の公共事業を中心とする沖縄振興開発事業の成果である。一人あたりの年間県民所得も復帰前は三三万円、全国比で六〇%以下だったのが、一五四万円で七四%まで近づいた。それでも全国最下位の定位置は動かなかった。失業率も全国平均の二倍のまま高止まりした。なぜだろう。

「沖縄振興開発特別措置法」(七一年一二月)にもとづく政府の開発計画では、復帰にこめられた「核ぬき本土なみ」基地縮小という最大の悲願に向きあわないかわりに、戦中戦後の多大な犠牲にたいする「償いの心」をうたい、インフラ整備とならんで「産業構造の改善」=工業化による「格差是正」を目標にかかげた。だが自立経済という住民の願いも、かなえられなかった。

日本の政財界は、沖縄に進出していた外国資本にたいしては国益に反すると一致して排除にかかり、沖縄経済が独自の国際的発展をとげる芽をつんだが、かわって工業化を担うと期待された日本企業にたいしても政府は特段の誘致策を打ち出さなかった[牧野一九九〇]。進出企業は公害規制のすすむ本土からの「公害輸出」をねらったものしかあらわれず、地域の反公害住民運動に直面し、また復帰の翌年のオイルショックで日本の高度成長もついに限界に達した。そのため、工業化はほとんど進展しなかった。結果として、インフラ整備の補助金漬けにして政府に歯むかえなくする〈**国策依存経済**〉がつくりだされ、それがベトナム戦争で傾いた基地依存経済を補完するようになった。

政府は沖縄を「内国植民地」化して行政的経済的に従属させることで日米安保の「軍事植民地」に固定化しようとしている――そのような認識から日本の国家内における沖縄の自立を問う議論が、復帰一〇年をむかえる一九八二年前後、多方面から提起された。自治労沖縄県本部の「特別県構想」、『新沖縄文学』四八号で発表された川満信一「琉球共和社会憲法」案などである。

しかしこのあと、ここまであげてきたものとは別の要因が入ってきて、沖縄の経済と社会を激変させた。冒頭にあげたデータの一九八五年の後半からプラザ合意ではじまったバブル経済である。金融自由化による金あまり現象と、内需拡大による日米貿易摩擦の解消という国策のもと、日本の投資・消費・レジャーのブームが沖縄の**リゾート開発**になだれこんだ。それまで二〇〇万人の観光客数で二〇〇〇億円にとどかなった県の観光収入は、九〇年代に急成長をとげ、二〇〇〇年代に入ると六〇〇万人弱で四〇〇〇億円に倍増した。こうして観光が主要産業に成長するとともに、基地依存率（県民総所得に占める基地関係受け取り）は、復帰時の一五％から五％台にまで下がり、基地依存経済からの脱却という悲願は意外なかたちで成就された。

しなやかな「沖縄らしさ」の文化建設

観光産業の発展は社会意識にも大きな影響をおよぼした。観光資源として沖縄の独自な文化・歴史が大規模かつ総合的に整備されるようになり、大量の観光客からのまなざしがアイデンティティ（自己像）に刺激をあたえた。アイデンティティはほんらい自己と他者のあいだの相関関係のなかで育まれるものなので、しぜんな現象である。だがこの社会意識の動きの背後には、リゾート化を利用しつつ戦前来の日本からの差別支配を克服しようとする大衆的な強い意志が働いていた。

非日本的な「沖縄らしさ」をあらわす「方言」「蛇皮線《じゃびせん》」などは、施政権返還期から激増した日本本土への出稼ぎで、南方の「未開民族」と同一視されないよう懸命に隠すべき象徴とされてきた。それが九〇年代以降は観光客がアジア的異国情緒を楽しみ学ぶ「ウチナーグチ」「サンシン」へと、よび名から変わった。日本の沖縄差別の視線から精神的に自立しようとするこころの動きは、沖縄出身者であることを懸命に隠した抑圧の記憶（身体反応）を哀しくもおかしく笑い合うコントで有名な「笑築過激団」がテレビ番組をヒットさせた九一年から大衆文化で大きくあらわれた。

復帰二〇周年を記念した九二年の国営公園・**首里城の復元**、それとタイアップした翌年のNHK大河ドラマ『琉球の風』は、沖縄の個性にたいする自信のとりもどしに画期的なはずみをもたらした。「琉球処分」で日本に併合されてから主不在となり、沖縄戦で城の真下に日本軍の司令部要塞を掘られて灰燼に帰した首里城の復活は、明治期以来の日本にたいする被征服感を克服するシンボルとなった。アジアの中継貿易拠点となった一四―一六世紀の琉球王国の黄金期は、歴史家・高良倉吉さんによって「大交易時代」と名づけられ、「歴史ロマン」の夢であることはなかば承知の上で、近現代の苦難をはねかえす民族的歴史意識の後ろ盾として大衆レベルで受容された。

それ以来、琉球王朝のきらびやかな琉装が、かつてのきびしい身分差別のおきてを離れて、観光客のみならず、沖縄民衆だれもが結婚式などで楽しむことのできる固有文化のシンボルへと流用された。外来支配者への対応にいそがしく、後回しにされてきた沖縄社会内部の〈身分制打破〉が、ひそかに実現されたともいえる。「世替わり」の荒波に翻弄され島から離れた王家の人びとをふくめ、あえてだれも傷つけることなく、リゾート・ブームの助力をえて（ちゃっかりと）琉球王朝の歴史遺産を民衆の文化遺産に開放させてしまった。これこそが、じつに「沖縄らしさ」のあらわれた行きかただった。もとは民衆にたいするきびしい収奪によって築かれた栄華である。つかわせてもらって歴史のうらみを水に流し、同じ島の縁者としてたがいにきずなを深められるなら、それにこしたことはない。

復帰後のヤマト化の圧力に苦しめられながら、うけとめた外力を内に折りたたんで内部の力に流しまわし［ドゥルーズ一九八七：一五八］、日本と琉球王朝という新旧の支配文化からの解放をなしとげる。空手や琉舞、カチャーシーの手踊りを想わせるしなやかな思想の身ぶりである。つきつめていえば「ウチナーグチ」「サンシン」「首里城」「泡盛」といった外形物それ自体が「沖縄らしい」とはかぎらない。それらのルーツは日本、中国、東南アジアに求められる。だが、それらの外からやってくる力・流れを、この島のくらしにあわせてしなやかにつかいこなす〈しなう〉の思想哲学が、「沖縄らしさ」の文化の中核にある（外間守善『南島の神歌』中公文庫、一九九四年）。

平和の祈りをおくるシマ

琉球王国の滅亡とならぶ、もうひとつの大きな歴史の棘――沖縄戦についても、こころの重石をとりのぞくいとなみが進んだ。国籍や軍人・民間人の区別なく沖縄戦の全犠牲者の氏名を刻んだモニュメント「**平和の礎**《いしじ》」が、戦後五〇周年を記念して九五年に建設された。一二二〇面の刻銘版に二四万人の名が、沖縄出身者は市町村字集落単位で、家族をそろえて記された。その前に遺族が子や孫をつれてつどい、彫られた名を指でなぞり死者に語りかけ、そろって線香と祈りをあげ、法要料理のごちそうを芝生にひろげて会食する――そのような光景があちこちで見られるようになった。このような利用のされ方は建設時に想定されておらず、アート的なモニュメントであって霊が宿るとは考えられていなかった。にもかかわらず、ひとびとは異界に旅立った家族を親族単位でとむらい祖霊としてシマにむかえいれる伝統的宗教儀礼のなかにこの作品を吸収し、沖縄戦の膨大な犠牲者を救う方法をみずから編みだしていった［森二〇〇七］。

戦場のどこかで倒れ、なんの遺品のよりしろも残していない犠牲者に自宅や墓から祈りを送っても、なにか心もとない。沖縄戦という巨大なマジムン（魔物）をしずめ戦場をはらい清めないと、霊が非業の念から解放されない。その悪いものをなくす想いをこめて戦場の跡地につどい祈りをあげることで、初めて霊はそれぞれのシマに帰り、生者をみまもる祖霊に和合することができる。

県営平和祈念公園は、慰霊碑、資料館、祈念堂につづき「平和の礎」を得ることによって真に沖縄民衆の慰霊と救魂の空間となり、沖縄戦という全沖縄の悲劇の犠牲者をつつみこむ共同体がこころに築かれるようになった。それが戦後半世紀をへて見つけだされた平和のシマ〈うちなー〉のひとつのすがただった。

ヤマト化のなかの脱アジア

たしかに沖縄はゆたかになった。経済的な意味だけでなく、その経済をつかって歴史・文化・自然の誇りを手に入れた。そして日本社会、とくに若者文化に大きな影響をおよぼす側にも立った。続々と東京に進出する沖縄出身芸能人の先頭に立ちつづける**安室奈美恵**のデビューが一九九二年だったのは、歴史の目からは偶然ではないように映ってしまう。「歌と踊りの島」のバックボーンの上に米兵由来のポップ・カルチャーをとりこんでアジアに発信する、躍動する沖縄再生のシンボルである。

その九二年に発表された国内外の経済データ（一九八九年時点）には、おどろくべき事実があらわれていた。日本の都道府県別所得と、ＯＥＣＤ（経済協力開発機構）加盟二四カ国の国民所得を合体させ一列に並べてみると、国内最下位の沖縄県はイギリス、イタリアなどサミットの「世界主要国」より上位に位置していた。年次別の変化を見てみると、沖縄は八五年のバブル開始とともにアジア諸国と完全に決別し、日本経済の動きと（格差は固定化されながら）一体化していた。

この二つの比較調査を提示した国際政治学者の我部政明さんは、復帰二〇年以後の沖縄の思想課題をこう指摘した。もはや沖縄は南北問題でいう「南」ではない生活を送っている。にもかかわらず「日本本土との違いを強調することが、日本を除くアジア周辺地域と近くなっていくと思うのは、ひとりよがりにすぎないのではないか」。これまで「沖縄の人々の心は、日本本土から自分たちはどう見えるかに奪われていた」が、その日本の目を気にするなかで「南」へのロマンと蔑視（オリエンタリズム)を「自らの認識に刷り込んできた」のではないか。内なる植民地主義を乗りこえ、自分が何者か、なにを大事にするのか見つめなおす姿勢がもとめられている[我部一九九四]。

ちるだいの季節

社会生活が根底から一変する復帰前後の混乱に翻弄されながら、復帰二〇年を乗りきって気がつけば、沖縄のひとびとは多様性をもった個性をたのしむ富裕国民の仲間入りをしていた。反戦反基地闘争は公務員を中心とした労組が中心になってずっと続けられていたが、保守革新の対立のほか、革新内部の系列化対立もあり、さらに一般社会にも時を追って系列化・ヤマト化の現象が浸透し、「島ぐるみ」の超党派団結は望むべくもなくなった。その分断のあいまをぬって、経済・行政でからめ取るかたちで国家に組みこまれ、基地を受け入れるよう沖縄住民は飼いならされようとしているかのようだった。

米軍基地は残り、さらに自衛隊が配備され、本土との格差は埋まらないままだが、いまようやく落ちついたくらしをすべてかけて、いどむことはできるのか。子や孫はどんどん育っていく。お祝いに受験に就職に冠婚葬祭、だれもがいそがしい。復帰時に九五万人だった人口は九二年には一二〇万人をこえている。この力をどこにふりむけていくべきなのか。

「沖縄が本土に復帰して良かったと思いますか」と問う世論調査は、七〇年代までは「良くなかった」が多数だったが、復帰一〇年の八二年から逆転し、九二年には圧倒的多数が「評価する」にまわり、これ以後はもはやこの設問自体に意味がなくなった。復帰はいつまでもよしあしにこだわっていても意味のない過去になり、問題はいまとこれからになった。

熱くさわがしかった復帰二〇年の緊張をへて、どんよりとしたなにかが澱んでいるが、まだあまり動きたくない、みんな動きそうもない——そんな停滞した「ちるだい」(けだるさ)の時候に社会がくすぶっていた。そんなとき、子や孫をめぐるニュースが飛びこんできた。

第五章　海へ大地へ空へ——ひとびとのネットワーク　一九七三—二〇一四年

1　よみがえる〈沖縄デモクラシー〉Ver. 2

超党派県民大会——「島ぐるみ」の自己変革

一九九五年一〇月二一日(土曜)晴天の午後、五六年の「島ぐるみ闘争」以来となる保守革新、官民、労資の枠をこえた全住民態勢の大集会が開催された。「米軍人による少女暴行事件を糾弾」する**超党派の沖縄県民大会**だ。

県バス協会の協力で新聞に無料バス券が掲載され、参加人数は五万人の目標のところ、沖縄島宜野湾の主会場で八万五〇〇〇人、宮古・八重山会場をあわせると九万人に達した。労組などの組織動員ではない一般住民が家族づれで自発的に参加したことが参加人数を復帰後最大規模に押し上げていた。壇上に並んだ各界の代表者は男性がほとんどだったが、会場でもっとも目立ったのは女性たちのすがただった。「もし私が被害者だったら」「私の子どもが被害を受けたら」——占領期を知る人びとは変わらない軍隊の残虐性に怒りにふるえ、若い世代はアメリカの「かっこいい」ものと思っていた「基地というものが何をしているのか」わかり、戦慄した[井上編一九九六：一一三]。

「私たちに静かな沖縄を返してください。軍隊のない、悲劇のない、平和な島を返してください」――風わたる会場の海浜公園にひびいた高校生代表の訴えに、多くの県民は心ふるわせた。それは海をこえ遠くにすむひとびとの胸にも深くささった。大会は全県民の要求として、米軍犯罪にたいする捜査権の強化と基地の撤去縮小を日米両政府につきつけた。

五六年六月の「島ぐるみ」住民大会と同様、この大会は日米両国政府をゆさぶって対沖縄政策の転換をせまり、目に見えるかたちで沖縄の歴史を大きく変えた。それは前回とおなじく、沖縄社会の内部で進行していた地殻変動のエネルギーが大会において一気に表面化した、その衝撃力のゆえにおこった変化だった。前回の「島ぐるみ闘争」は農民の土地闘争が核となり、地下抵抗運動のネットワークが超党派の連帯をひろげて成立した。地域・身分差をこえて〈捨て石・占領〉の苦難を共有しその克服をめざす沖縄の主体を日米にたいしあらわす運動だった。こんどの「島ぐるみ」――やがて「オール沖縄」と自称されていく運動は、日本復帰後の内部分裂と豊かさの分配のなかで、より少数のよわい立場(女性・子ども・沖縄島北部)のほうに基地の矛盾を集約させる分断支配にたいする沖縄社会の自己変革が地殻変動のエネルギー源となり、より強力かつ持続的に平和・人権・自治の要求を内外に展開していくものとなった。

本章では1で、この自己変革運動を切りひらいた女性たちの動きと、それに呼応してあらわれた運動のネットワークの全体像を見る。2ではそのネットワークの準備過程を復帰前後にさかのぼってたどり、3ではその蓄積が辺野古新基地問題によって再編される苦難の時代をえがく。さいごに4で、二〇世紀の政治の世界像をぬりかえる新たな運動が波状的にあらわれるさまをとらえる。(1)

軍隊にNo！――立ちあがる女たち

一九九五年九月四日(月曜)の夕食時、沖縄島北部のある町で、文房具店でノートを買って家路を急いでいた小学六年生のA子ちゃんが後ろからつかまえられ、自動車に押しこめられ連れ去られた。はげしく殴打され目も口もガムテープでふさがれ、抵抗したため手足もぐるぐる巻きにされ、ビーチでレイプされ放置された。心配して探しまわっていた両親らに発見され、すぐ病院で手あてをうけたが、心身の傷は筆舌につくせないものだった。しかしA子ちゃんは「私のような子がまた出ると大変だから、警察に行こう」と、ショックで呆然《ぼうぜん》とする両親に言い、いっしょに被害届を出しにいった。担当の弁護士に「あの悪い兵隊たちは、二度と外に出られないように、一生涯刑務所に閉じ込めてください」と頼んだという(桑江テル子『沖縄からの告発』ゆい出版、一九九九年、六三頁)。

犯行からまだ間もない。沖縄県警は緊急配備を敷いて現場を確保、遺留品のビール瓶から指紋を採取し、犯行に使われたレンタカーを割り出した。八日(金曜)、米兵三人の逮捕状をとり米軍に身柄引き渡しを要求した。だが米軍は日米地位協定を盾に起訴前の身柄引き渡しを拒否した。この日、地元紙は事件を小さく報道した。被害者のプライバシーに配慮するとして、暴行事件は申し合わせで報道しなかったのだが、事件が政治問題化する段になり解禁した。

ちょうどそのとき、国連の第四回世界女性会議・北京95から帰国したばかりの沖縄の女性人権団体のメンバーたちが、ラジオ・新聞がつたえたこのニュースに愕然とし、わき目もふらず走りだした。(2) わたしたちが総出で北京にいって世界の四万人の女性たちとつどい、「沖縄における軍隊・

その構造的暴力と女性」のワークショップを準備しているそのあいだに、事件はおこっていた、少女と家族はちゃんとケアされているの？　「一刻も猶予できない」。二年前にも同様の事件で被害届を出した女性があらわれたけれど、米軍が身柄引き渡しを拒否しているあいだに容疑者は逃亡した。四カ月後にアメリカで捕まったとき、孤立感を深めていたせいか被害者は告訴を取り下げてしまった。マスコミや政治家の男性たちは被害者を傷つけてはいけないと遠慮がちにしか扱わず、そのくせスキャンダラスにはとりあげる。起訴・判決までにはさまざまな制度的障壁があり、しかも有罪判決が出ても日本の強姦罪の刑罰はあまりに軽い。被害者をまもり支えるサポート体制もできてなかった。あのときの涙を二度と流さない、流させないため、少女と家族を孤立させてはいけない。

週明けの一一日午前、那覇市議の高里鈴代《たかさとすずよ》さんを中心とする北京95実行委員会と東門美津子《とうもんみつこ》副知事は、県庁で抗議声明を発表した。これが嚆矢《こうし》となり、女性たちの怒りと悲しみ、抗議の声がまきおこり、軍隊にNo！をつきつける声が全沖縄にひろがった。

ついにとうとう重いフタがどけられた。沖縄戦の開始以来、つねに女性たちは性暴力の被害と恐怖におびやかされてきた。しかし全住民が捕虜の島、遺族の島、そして基地の島とされたがために被害も訴えられず、黙って耐えねばならなくされてきた。軍隊の暴力は戦争中、占領時代、復帰後も変わらず基地から外にあふれでて跋扈《ばっこ》してきた。「歓楽街」に落とす金銭で性暴力を合意／合法化しようとも、その経済格差は政治的につくられたものであって、女性や子どもは標的にされ、ひとの尊厳はずっと蹂躙されてきた。にもかかわらず、恥を感じるのは被害者の側だ（「少女は一生の重荷を背負わされた」）という男性中心の社会意識が被害の訴えをはばみ、軍隊の暴力におびえ被害を見てみぬふりをする風潮を生み、さらには米軍の帝国主義・日本政府の対米従属外交がその上にのしかかり、女性たちの口を封じてきた。

しかしA子ちゃんと家族が弁護士に訴えたように、重荷を負うべきは加害者なのだ。男たちに任せていたらだめだ。なにも変えられやしない。どうしてこんな目にあったのかわからないまま痛みを抱えて苦しんでいる被害者に「あなたが悪いのではない、あなたはそうされるのに値するのではなく、それをしてはならない相手がそれをしたのだ」とつたえ、かぎりない尊敬と愛情で、女たちが手をつないで立ちあがろう——九月二三日「子供たち・女たち・島ぐるみ集会」がひらかれ、一一月には北京会議実行委員会を継承する**「基地・軍隊を許さない行動する女たちの会」**（高里鈴代・糸数慶子《いとかずけいこ》共同代表）が結成された。

男たちが主役の政治の世界にも、動きだした女たちの熱は波及していった。事件の報道をうけても最初は臨時県議会の日程も組まれなかった。米軍はみずから謝罪にこようともしなかった。県内の抗議の声が女性団体から議会、教育界に急速にひろがり、県から政府に地位協定の見直しと捜査権の強化を申し入れるにいたっても、外務省は改正の必要なしと米大使館と勝手に確認しあい、いつもどおり門前払いで片づけようとした。だがアメリカのメディアも事件を報じ、大田昌秀《おおたまさひで》知事が米軍用地の強制使用手続きのための代理署名を拒否する姿勢を示すと、日米両政府は予想外の展開にあわてて、低姿勢に転じた。在日米軍基地のほとんどが集中する沖縄で、革新系の知事のもと保守政党も団結して協力がえられなくなったら、日米安保体制は機能を失う。しかも明るみにされてみれば、在日米軍の沖縄にたいする性暴力犯罪はあまりにひどい実態だった。

占領期は公式の統計記録が存在しないが、県の統計が残る復帰後だけでも米軍犯罪の摘発件数はこの時点で五〇〇〇件ちかくにのぼり、それがまったく氷山の一角である実態が、今回の事件の裁判過程でうかびあがった。犯行はレンタカーを借り強力な布テープやコンドームを準備して計画的におこなわれた。那覇や南部まで女性を物色してドライブし、「ただ面白半分に」子どもをレイプしたという。二〇歳前後の犯人は〇歳の娘の父親、ボーイ・スカウトの元団員、フットボール選手として奨学金をもらった優等生――どこにでもいそうなアメリカ人だった［ジョンソン二〇〇〇：五七］。那覇地裁は懲役六―七年の実刑判決を下したが、三人は「日本の女は銃やナイフをもってないからやりやすい」、「俺たちは運が悪い、他の連中は捕まらないのに」、「日本の女は訴えないと聞いていたのに」と法廷で不満を語り、リチャード・マッキー米太平洋軍司令官は「犯行に使用した車を借りる金があれば、女を買えた」と犯人を非難して、兵士に買春を奨励している米軍の実態を明るみに出し、即刻、更迭された。北京の世界女性会議では、米国代表団の名誉団長となったヒラリー・クリントン大統領夫人が、「今こそ沈黙を破る時です」、「女性が戦争の手段として、あるいは戦利品として、何千人という単位でレイプされる時、それは人権の侵害です」と軍事性暴力とたたかう演説をおこなって世界から喝采を浴びたばかりだったのである。夫のビル・クリントン大統領は正式に被害者に謝罪した。

翌九六年末、沖縄の基地負担軽減のため、市街地の真ん中にあり老朽化した米軍普天間《ふてんま》飛行場を閉鎖し返還する日米合意が、米側が主導して発表された（ＳＡＣＯ合意）。これまで同様、代替施設をつくるとの条件がつけられた。だが今度は本気のようだ。五年から七年で移設するという。その候補地に見定められたのが沖縄島東海岸の小集落、名護市辺野古《へのこ》だった――舞台はうつる。

辺野古の海をまもる円環――無私の無名のひとびと

ＳＡＣＯ合意から一五年をへた二〇一一年、米議会で防衛問題の重鎮として知られるジム・ウェッブ上院議員は、現地を視察して帰国後、辺野古での基地建設案を「怪物」と名づけた。どんなに調整を加えても「総費用も見積もり難く、沖縄が猛反対する」、そのためだれの手にも負えず、どうすることもできない。米軍のアジア・太平洋戦略を再編強化する政策の柱は、逆に日米両政府を苦しめるモンスターに変じてしまったというのである［石山二〇一二］。

どうしてそんなことになったのか。しだいにかたまった計画の全貌では、手つかずの自然が残されてきた貴重な辺野古の海を埋め立て、軍港機能をそなえた耐用年数二〇〇年の最新鋭基地を建設するという。それが実現されれば沖縄は半永久的に日米の軍事植民地のごとき状態で固定化されてしまう。これを許してはならないという県民世論が根強くあり、その思いをからだを張った阻止行動であらわす人びとがたえず辺野古の基地建設予定地につどっていたからである。

どんな人びとが辺野古の新基地建設をとめてきたのか――これが一口にはいえない。その構図を描いてみると図**1**のようになるだろう。

基地建設によってふるさとの自然と平和、くらしをおびやかされる地元の住民が真ん中に位置する。だが複雑な利害関係や親類知人のしがらみのなかで日常をおくる地元の人が、いつでも運動の中核に立てるわけではない。沖縄内外、世界にひろがる支援の輪のさまざまな場所から、入れ替わ

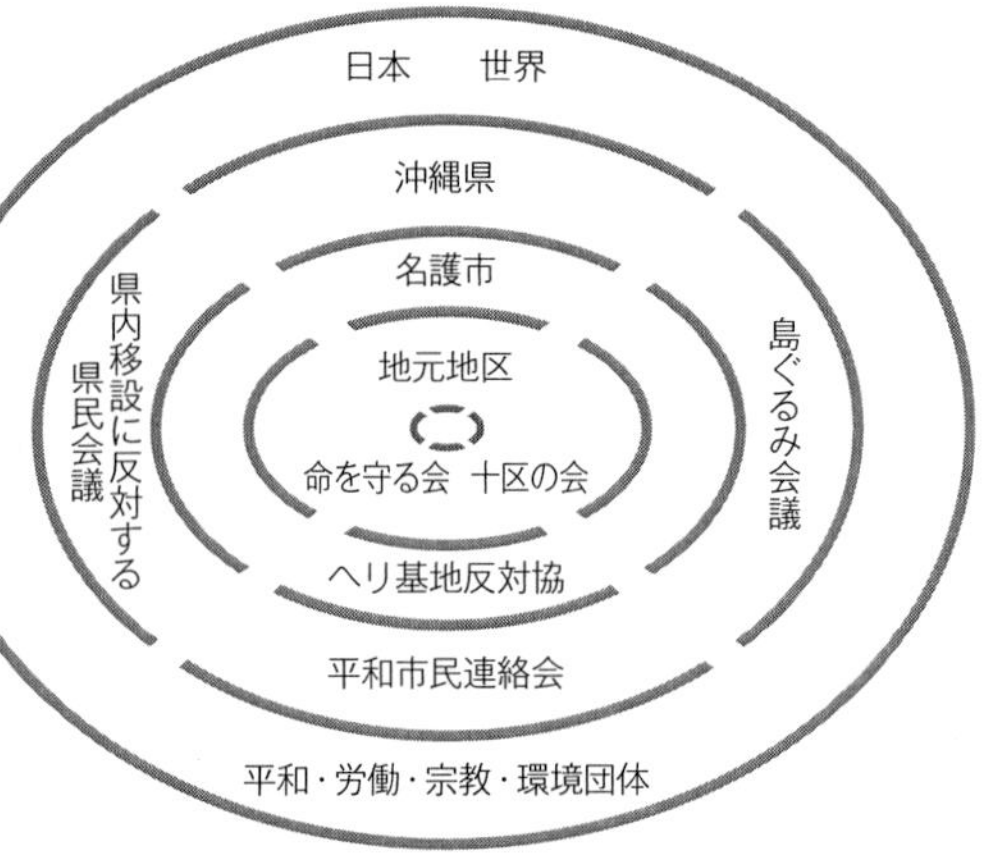

図1　辺野古新基地建設をとめる人びとの輪

り立ち替わり個人・団体が現場にかけつけ、有形無形の支援をとどけ役割を分担しあった。このひろがりの総体が辺野古の海を守ってきたのである。沖縄内外から辺野古の現場をおとずれた人の数は、二〇一〇年には一〇万人をこえ、それ以後はもはや集計も不能になった（辺野古「テント村」調べ）。

図のバウムクーヘンのような各層は、現場からの距離・関係性などで区切られるが、その一方で各種の境界をまたいだネットワークも縦横に結ばれてきた。基地建設反対の地元区民の民意を集約する住民団体として**「命を守る会」**（建設予定地に近接する辺野古・豊原・久志《くし》の「久辺三区」のヘリポート建設阻止協議会）、**「十区の会」**（名護市東部の旧久志村住民による「ヘリ基地いらない二見以北十区の会」）がある。また名護市全域にわたる共闘組織として、市内の労働組合・市民団体など二十数団体でつくる**「ヘリ基地反対協」**（海上ヘリ基地建設反対・平和と名護市政民主化を求める協議会）がある。以上がいわゆる地元の団体で、いずれも移設候補地が辺野古にかたまった九七年に発足した。

「命を守る会」は同年四月に辺野古区民の七八％にあたる八三八人の基地建設反対署名をあつめ、

反対協が推進した同年一二月の名護市民投票でも反対意見が過半数を占めた。この地元の民意と運動を沖縄全体で支えひろげる組織として、「**沖縄平和市民連絡会**」(平和・環境・女性の人権運動をおこなう市民団体のネットワーク)、「**基地の県内移設に反対する県民会議**」(政党・労組・市民団体の超党派組織)が一九九九年から活動を開始した。二〇一四年からはそこに「**島ぐるみ会議**」(県内の各界を網羅する個人加盟組織)が加わり、辺野古の海をまもるネットワークは「オール沖縄」島ぐるみの平和・自治・人権運動としていっそうの厚みとひろがりを増した。さらにこの外側から、日本国内・世界の平和・労働・宗教・環境団体や個人が支援の輪をひろげてきた。

生きものとなる〈沖縄デモクラシー〉

同心円の主役は郷土を愛し平和をもとめる沖縄の人びとだが、それが国家によって閉ざされておらず、海山の自然や生物がそうであるように世界にひらかれ、境界の外の力を自由にとりこみ刷新や再生をかさねられる開放系の柔構造をもっている——それが運動の強さの第一の要因となってきた。沖縄社会が自分たちの安全を保障してくれる国家を歴史的にもたず、国家から自立して普遍的な人権や民主主義を要求してきたからこそ、世界にひらかれた平和・自治要求という独特の運動があらわれてきた。国家の手におえない「怪物」、理解不能な生きものとよばれるゆえんである。

困難に直面する地域や個人をひらたく同心円状にひろがるネットワークで包みこみ、全沖縄の大衆的支持で支え、日本・世界からも支援をよびこんでいく。現代沖縄に特徴的なこの運動のスタイルは、かつて「島ぐるみ闘争」後の政党系列化に抗して沖縄独自の政治空間の充実と超党派の団結にとりくむなかであらわれた〈**沖縄デモクラシー**〉のリニューアルされたすがただった。施政権返還期以降いっそう深まった分断と従属を乗りこえるためのいわばセカンド・バージョンといえる。

ところで、円の中央は空白にしてある。運動の中心になにを見いだすかは人によってちがうからである。ふるさとの平和であったり、沖縄の自立解放、日本の変革、世界平和、あるいはジュゴンが絶滅することなく泳ぎつづけることのできる生物多様性を維持した自然環境であったり。こうした多様な意味づけがぶつかりあうことなく共存し、支えあう連携が可能であったこと、それが圧力や弾圧をはねのけて運動が成長しつづけてきた二つめの要因である。

とはいえ出自や政治的背景、考え方を異にする多様な人びとが、どうして行動をともにできてきたのか。これは歴史の必然や天の配剤というわけではない。軋轢《あつれき》はつねに潜在し、運動が窮地に追いこまれると亀裂は拡大し表面化した。ところがそのような大小の危機のたび、自己や自己が属するグループの利益や名声を追うことなく現場をまもり、人びとを結びつける媒体となって働く、そのような世話人の役目を担う人たちがいつもあらわれてきた。

かれら世話人たちは政治家や学者のようには多くを語らない。壇上から号令を発し名声を博する指導者でもない。主義主張の押しつけを避けながら多様な人びとの協力を調整し、必要な方策を率先してくり出していった。みずから無名の下積みであろうとするその無私の行為は、せまい党派的な利害をこえて沖縄内外・世界から支援をよびよせる普遍性の土壌をたがやすと同時に、辺野古の運動の主役である無償の奉仕を提供しあう無数の人びとの精神を象徴している。

ひとことでいえば、もっともよく現場をまもる人たちが運動の中核を自己利益で埋めようとせず、ひらかれた公共性のままに保ち、同心円の各層のあいだをつなぐ通路の役割をも担ったこと。それが辺野古の運動の強さとひろがりを支えてきた。かれらはどこからやってきて、どのように辺野古の現場はまもられ、ひらかれてきたのか。その歴史をこれからいっしょにみてゆこう。(3)

2　沖縄から世界へ／世界から沖縄へ——海・大地・人間

金武湾闘争

同心円状にひろがるネットワークで困難に直面する地域や個人をひらたく包みこむスタイルの運動は、復帰後最大の反公害住民運動「金武《きん》湾闘争」からあらわれた。(4)

一九六〇年代なかばから、琉球政府は基地依存経済から脱却しようと日本資本の誘致による「平和産業」への転換にとりくんだ。これをうけて日本政府と三菱グループは、沖縄島東海岸の金武湾(辺野古が面する大浦湾の南)に世界最大二六〇〇万キロリットル規模の**石油備蓄基地**(CTS)やアルミ工場、原子力発電所をふくむ巨大コンビナートを建設する計画を立て、七二年の復帰直前、かけこみで琉球政府から認可を得て埋め立てを開始した。

米軍統治期に建設された石油関連施設はすでに東海岸で深刻な公害被害を生みだしており、そこに巨大なCTS建設がかさなれば、東海岸は生物の棲めない死の海と化すことが明らかだった。そのため計画が露呈した一九七三年夏以降、沖縄島中部の与那城《よなしろ》村・具志川《ぐしかわ》市(現在はともにうるま市に合併)の地元住民を中心とした「金武湾を守る会」の反公害住民運動が激しく展開された。

折からのオイルショックもかさなり国策として強硬に計画をおしすすめる日本政府・巨大資本と、生存権をおびやかされる地元住民との板挟みになり、屋良朝苗・平良《たいら》幸市《こういち》と二代つづいた革新県政（一九六八―七八年）は揺れに揺れた。社会党、共産党などの革新政党や大規模な労働組合などは、日本本土で行き場のなくなった公害施設を沖縄に押しつけようとする日本の企業・政府の姿勢は批判しても、屋良県政を支える革新共闘の立場から、明確な態度をとることはできなかった。計画の白紙撤回を断固として要求する「金武湾を守る会」はやがて孤立し、革新共闘から異端視され「過激派」だと攻撃をうけるまでになった。だが日本本土の企業利益やエネルギー政策のために東海岸の生活空間を破壊しひとびとを棄民化することで、革新県政がかかげる「平和で豊かな県づくり」は実現するのだろうか。沖縄の自立的発展をめざし、それに呼応しようとする人びとが沖縄内外から金武湾闘争の支援にかけつけた。

教員や弁護士、地域のくらしに密着した立場をとる労働団体（中部地区労）、大小さまざまな市民団体などが「金武湾を守る会」への支援活動を展開し、交流と学習のきずなは琉球弧のみならず南太平洋の島々にまでひろがった。巨大な権力と対峙するたたかいのきびしさにもかかわらず、建設現場の阻止行動、法廷闘争、そのなかでの思想形成、歴史の掘りおこし、途絶えていた⑥伝統的なまつりの復興など、金武湾闘争は❹海山の自然のなかで自立した生き方と文化をはぐくんできた「沖縄人の誇り」をとりもどす運動として、いきいきと成長をとげていった。地域をまもる運動の主たる担い手となったのは海の恵みを得て生計をいとなむ⑦女性たちで、これらの自然・文化・生活の確固たる基盤の上に、運動は⑨団結と❽越境性を両立させた。そして当初の一〇〇〇万坪の埋め立て計画を、問題発覚時にほぼ埋め立てがすんでいた六四万坪まででくい止めるという、歴史的に甚大な意味をもつ勝利をおさめた。

少数派によりそう――当山栄

金武湾闘争の経験とそのなかでむすばれたネットワークは、そのまま現在の辺野古に継承された。なかでも特筆すべきは、金武湾開発を進めるおひざ元の県庁や市役所、公社などの職員で、革新陣営内のむつかしい立場にありながら全面的な支援に立ちあがった青年たち、「**反ＣＴＳ労働者連絡会**」の存在である。

かれらはなにゆえ、なにを求めて地域の住民運動の支援に乗りだしていったのだろう。結成メンバーのひとり**安次富浩**《あしとみひろし》さんにきいた。「職場闘争を大事にしながら、地域の問題もいっしょにたたかうという伝統のようなものがあるのだと思いますよ」。「そもそも、地域のくらしのなかに生まれる民衆運動のエネルギーが沖縄の日本復帰を勝ち取らせた」。「どっちかといったら政党や労働運動の指導者じゃない、地域から怒りがわきおこって、植民地支配のなかで現状を打開していく知恵や発想を住民自身が生み出していくというのが根底にあって、そのエネルギーに突き動かされて既成の運動体が後追い」してきた。

「基地の島」の暴力に直接さらされた個人や地域社会が発火点となって、体制化して硬直しがちな既成組織をふるい立たせ、全沖縄を動かす大衆運動がくり返し生みだされてきた。とはいえ、被害にさらされた個人または地域はよわい立場にあり、孤立して苦しんでいる。そこにだれかが寄りそい、はげまし、怒りと悲しみを大衆みんなのものにひろげていかねばならない。抗議の声が燎原の火のように社会にひろがるその背景には、地上戦とそれにつづく軍事占領で全住民があじわってきた苦難の体験が潜んでいる。その口にすることのできない苦しみと苦しみのあいだをつないでいく人――それが、安次富さんが「師匠であり、同志でした。カガミでした」とあおいだ当山栄《とうやまさかえ》さんだった(二〇一〇年死去、享年七〇)。

当山さんて？　親しかったみなさんにきくと、沖縄をずっと見つめた「ふつうの人」だった。「無口ではなかったが、多弁ではなかった」。よけいな修飾語がそぎ落とされた「主語と述語のみ」で語り、その口元にはあたたかなほほ笑みがいつも浮かんでいたという〔手登根編二〇一一：四八〕。

労働運動にしても、のっぺらぼうの労働者階級ではなく、そのなかのよわい立場の人のことをいつも考えていた。県庁の職場では正規雇用の本工でなく非正規雇用の人、事務・管理職でなく現業や保育者、そして県職労・官公労の青年労働者を結集してからは、民間企業で働く未組織の労働運動の支援に乗りだしていった。一九六九年、弱冠二九歳で沖縄官公労の合同支部(現県庁の中枢部)の書記長につき、七三年に県職労の組織部長となった沖縄労働界の若きエースだったが、上下をとわず敵方からも愛され、党派をこえた結集を可能にする人だった。

そのような当山さんにとって、大企業・政府・県庁・革新陣営から包囲され追いつめられていた金武湾の住民を支援するのは当然のことだったかもしれない。「他人に危害を与えず生きていく、そういう沖縄を創っていきたい」――残されたそう多くない文章で、辺野古の新基地建設をくい止め、基地の島の歴史を「断ち切って」いく秘めた決意を語っている(『労働情報』七七〇号、二〇〇九年)。この思いは県庁内から金武湾の支援にむかったときのそれと、さほどちがわないだろう。

ことばではなく行動とほほ笑みで、苦しみに寄りそい、支えつなげること。だが現実にはそれとは逆の政治がおこることも珍しくなかった。政党や労組にはそれぞれの利害や系列関係があって、悪くすれば被害当事者の個人や地域を囲いこんで理念や目標を押しつけ、勢力あらそいや党勢拡張の道具にすることもある。人の情動をエネルギー源にしながら、政治はどこでも非情だ。

そのような悲劇のひとつは、日本復帰前、中城村《なかぐすく》・北中城村における東洋石油基地反対闘争(一九六九—七〇年)でもおきていた。そこでは企業や警察の激しい弾圧のもと、外部から支援にきた新左翼諸党派が村民の面前でヤジの応酬や「内ゲバ」の主導権あらそいをはじめ、ついには会社事務所の焼き討ち事件が突発し、地元の高校生ら未成年が大量逮捕されるにいたった。製油所建設に反対していた地域社会は分断され運動は停滞し、沈黙を余儀なくされた。

このなりゆきを、五年後に「反ＣＴＳ労働者連絡会」の中心メンバーとなる当山栄、手登根順義《てどこんじゅんぎ》、城間勝《しろままさる》さんらは近くから見ていた。対立しあう党派の枠外にいて、弾圧と内部分裂で住民運動が瓦解していくのをくい止めることはできなかった。だがこのときの教訓は「金武湾を守る会」でしっかりと踏まえられた。守る会では、(1)組織の論理の押しつけを防ぐため団体加盟を禁じ個人加盟とする、(2)会長は置かず会議・集会に参加した全員が代表となり、トップの籠絡による切り崩しを防ぐ、(3)地元住民が主体となり党派の内ゲバは排除するなどの方針を立てた。そして当時、全電通(現・ＮＴＴ労組)中部分会にいて地元の近くにいた手登根さんは、こうした方針を尊重したうえで、地域の外に支援をひろげるには個人の活動だけでは限界があるとして、守る会の外側に「労働者として主体的に（組織的に）関わって」いく活動を提案し、守る会の了解を得、連絡会の結成をみちびいていった。

一九七四年一月、問題の複雑さ深刻さから、沖縄の批判的知識人のあいだでもまだ及び腰だったところに、手登根、当山、城間の三氏は支援体制づくりの説得にまわった。そして組合の上部機関の思惑や党派間の対立をこえて、中部・南部の末端の職場や県庁内などに、地元の住民運動を支援する広域的な労働者青年の結集軸をつくっていった。つづいて同年九月には、新崎盛暉《あらさきもりてる》さん（春に東京から移住、中野好夫の若き盟友）ら知識人・文化人を中心にした「ＣＴＳ阻止闘争を拡げる会」（のち「琉球弧の住民運動を拡げる会」）が発足、きびしい裁判闘争に突入した「金武湾を守る会」を言論活動から側面支援し、沖縄の外部にも支援の輪をひろげる大きな役割をはたした。

時代の影の牽引役

金武湾闘争（一九七三―八三年）の経験は、沖縄の社会運動のありかたを変える歴史的な転換点となった。それ以後、一坪反戦地主会（八二年―）、新石垣空港建設をめぐる白保《しらほ》の海を守る運動（八三年―）、恩納《おんな》村の都市型戦闘訓練施設（八九―九二年）や本部《もとぶ》町のＰ３Ｃ基地（八八―二〇〇八年）の建設阻止運動など、地元住民や反戦地主などの当事者を外部の幅ひろい支援体制で包みこんでまもり、一歩ずつ地歩をかためていく運動がつづいた。そのいずれにおいても、いわば金武湾闘争ＯＢ・ＯＧの人びとが陰に日向に屋台骨となって働いた。全体の運動構想、頭脳では新崎盛暉さん、法廷闘争では弁護士の池宮城《いけみやぎ》紀夫《としお》さんや照屋《てるや》寛徳《かんとく》さん（のち国会議員）がリードし、裏方では「金武湾を守る会」世話人の崎原盛秀《さきはらせいしゅう》さんを大黒柱として、元「反ＣＴＳ労働者連絡会」メンバーが名をあげないかたちでいつも奔走していた。

　金武湾闘争ではじまった流れがつづいた――それは偶然や人脈の縁ということだけではない。日本復帰までの政治や社会運動は、沖縄島南部の首里や那覇の政党・労組本部が中心になっていた。だが中心部の振興開発の進展と米軍再編のなか、復帰後は中部・北部の反公害住民運動、反基地闘争が問題の発火点となり、それを支援する体制づくりが運動の成否、沖縄全体のゆくえを決する焦点となっていった。この地理的・質的な政治の構造変動のなかで、政党・労組が立脚する従来のイデオロギー闘争から、基地や開発によって破壊される海山の自然とくらしをまもる沖縄の文化的アイデンティティの復興へと、運動を支える思想基盤は変わっていった。その新しい思想基盤を、ふるくからの民俗や生活文化から掘りおこしていったのが金武湾闘争だった。

　それゆえに、那覇中心部の政党・労組の機能が低下していくこの流れのなかで、それら大組織の利害にとらわれず、異端視された金武湾闘争を支援してきた人びとは、その経験を活かし新たな運動のスタイルと思想を中部・北部の闘争現場へと応用伝播させていく役割を担っていった。新崎さんらは地元住民が主役となる住民運動の側面支援をくり返すなかで、復帰運動の挫折と分裂をこえる新しい時代の到来を牽引していた。

　さらにその心臓部の事務局で、表舞台には立たない影の主役たちとなって元連絡会のメンバーが多くの運動を支えたのも、偶然というわけではなかった。かれらは新旧左翼の党派対立にまきこまれるのを避け、また個人がひらたくつながる「金武湾を守る会」の沖縄的な組織方式にも学び、綱領や規約をもった明確な組織をつくらなかった。だがなにも基盤となる考え方がなかったのではない。

アメリカ統治の末期、用済みとなって切り捨てられる基地労働者が米軍に解雇撤回と基地撤去をもとめた「全軍労闘争」（一九六八―七二年）の支援にとりくんで以来、かれらは労働運動の活動家たちの超党派ネットワークを全沖縄にひろげ、問題の発火点で孤立している少数者を現場で支えることで、下から沖縄の矛盾をトータルに克服する大衆運動を切りひらこうと現場でつながってきた。リーダーを議会に送りこんで政界の一角を占めていった労働界の上層部や主流派・非主流派（社会党・共産党・新左翼党派など）とは別のかたちで、「末端の職場や生産地点でのいきいきとした労働運動を支援しそこに立脚する」**少数派労働運動**のスタンスである。

この労働運動活動家のネットワーク運動は、コザを拠点にした中部地区反戦青年委員会[5]という特異なグループ活動を母体にした「労働者活動者会議」による『沖縄労働運動ニュース』（七一年一〇月創刊）の発行など、七〇年代末にいたるまでつづけられた。党派性から自立した日本本土の同志たちとの連帯も大きな柱となった。そこでつちかわれた地道な少数者支援の活動スタイルが、復帰後沖縄の社会情勢のなかでもっとも求められ、また効果を発揮する舞台となっていったのが、先に列挙した八〇年代以降の各地の反基地反公害の住民運動であった。これは意図された計画的な展開ではなく、そこには想定外の世界観の転換がかれらをとらえてみちびいた側面があった。決定的な転機は一九八二年、一坪反戦地主会の結成の際におとずれた。

一坪反戦地主運動――ひらかれる沖縄の大地

戦争と占領のなかで強制的にとりあげられた軍用地の継続使用・賃貸契約をこばむ反戦地主は、国からの種々のいやがらせ、重課税、減額処分、近親者への圧力などで精神的にも経済的にも追いつめられ、復帰当時の三〇〇〇名から八二年には一四〇名に激減した。一坪反戦地主運動は、反戦地主の土地の一部を細分化して一人一万円拠出して譲りうけ、負担を分散しながら強制使用にたいし裁判や公開審理でともにたたかうものである。「軍用地を生活と生産の場に！」という目標に賛同する者ならだれでも参加できる平和建設運動で、大組織中心から個の意志に立脚する支援ネットワークへという運動形態の転換を市民にひらいた。この本でも第一章からおなじみの元沖縄タイムス社長の豊平良顕、仲宗根政善、牧港篤三さんなども「あなたたちは非常にいい運動を始めてくれた」と賛同し、仲宗根さんは亡くなるまで一坪反戦地主会の顧問をつとめた［新崎一九九六］。

だがこの運動は出発点で二つの大きな壁にぶつかった。ひとつは外との関係――日本本土の支援者に土地共有を認めるかいなかである。沖縄の土地は沖縄人のこころのふるさとであり、いつかそれを取り返そうという夢があってこそがんばれる。①民族的同胞意識にもとづく⑨団結・自衛の基盤であった。それを、❽異文化・普遍性への越境や❿超党派的な連帯の論理で否定するのか。遠方にいて「軍用地を生活と生産の場に！」できるのか。議論は甲論乙駁、運動は挫折寸前になったが、反戦地主会長の平安常次《ひらやすつねじ》さんは次のように主張し、話し合いをかさね、門戸をひらいた。

「島津侵入以来、琉球が大和に、差別的に支配され、また戦時中、多くの沖縄県民が日本軍によって、方言を使っただけでスパイ視され、虐殺されたり、さらに一般の婦女子まで殺され、また、集団自決に追いやられたことは私たちは決して忘れない。大和の人間に対する憎しみはたいへんなものがある」。「沖縄のことは沖縄人でということもよく知っている」。しかし個人と運動双方の苦境を打開する一坪運動のため「母の反対を押し切って土地を手放した者としては、沖縄のことを共に考え、悩み、共に闘う者に対しては連帯を求めるべきだ、政府をにくんでも日本人民はにくんではいけない」。「お互いに憎しみ、差別しあっていては、力を合せて戦争に反対しうる力をつくることはできるだろうか。できることなら、ヤマト、ウチナー、党派をこえて反基地、反戦に立ち上るべきだ」（平安常次『反戦フラー物語』沖縄教文出版社、一九八八年）。

平安さんは、出稼ぎにでた親のもと少年期をすごした大阪をはじめ、全国三五カ所ほどを一年でかけまわり、自分が提供する軍用地を共有する誠実な支援を熱くうったえた。ＮＨＫの取材に答えてテレビでこんなことも語った。反戦地主個々人の矜持や一徹さに任せきりの力くらべでは、あの手この手で親類から追いつめ、情にほだした説得攻撃をしかけてくる国にどんどん切り崩されている、「反戦地主に連帯するなら、私の土地を買ってほしい。さもなければ不動産業者に売ろうかな」――一坪運動は大きな反響をよび、結成翌年の八三年には目標の一〇〇〇人をこえた。

約五〇〇人が賛同購入した関東地方では「沖縄一坪反戦地主会・関東ブロック」結成大会がひらかれ、次のようにアピールを採択した。「沖縄の大地の痛みを私たちの心の中に呼び起こし、一坪一坪の解放を私たち一人ひとりの解放につなげていこう」（上原成信『那覇軍港に沈んだふるさと』高文研、二〇〇九年）。土地の所有権ではなく基地化された「大地の痛み」とその解放への願いが、土地を手ばなす新たなこころの痛みに苦しみながら、沖縄から日本、世界にひらかれた。分断孤立化の窮地から、ひらかれた普遍的連帯に打って出る――この本で何度もみてきた強弱優劣の反転。これがのちに九五年の大田知事の日本政府にたいする抵抗（軍用地強制収用の代理署名拒否闘争）を可能にさせる、沖縄平和運動の一大バックボーンへと成長する。

もうひとつの壁は支援運動の中枢、足もとにあった。当山栄さんたち労働運動ネットワークの人びとのかたい信念の地盤には、世界の労働者の連帯、階級闘争の原則があった。その純粋で普遍的な世界観に立つことで、シマ社会の地縁血縁や系列化された党派的利害で分断される六〇年代の労働運動を乗りこえることができていた。そのため、たとえ平和のためとはいえ、土地を購入し資産保有者となることは、無産階級の労働者解放をもとめる運動理念に反すると、最初は猛烈な反対意見が圧倒していた。だがほんとうに万国普遍の運動原則一本でいいのか。

かれらはすでに各地の反公害・反基地住民運動で「労農連帯」の信頼関係を築くためキビ刈りなどの援農活動をかさね、農民やお年寄りと親しくまじわり話を聞く経験を積んでいた。沖縄の自然のなかでともに労働するきびしさとよろこびに触れ、それまでの都市的近代的な労働運動活動家としての自己イメージをすこしずつ揺さぶられていった。そのうえで、安次富さんによると――

> ぼくらは一坪反戦地主会をつくる過程のなかで学習会をかさね、沖縄戦や米軍統治の問題など、さまざま勉強していった。ちょうどそのころには戦後三三年、沖縄戦の三三回忌もすぎて、戦争体験者が重い口をひらいて語りだした時期だったことも大きかった。その学びのなかで、いわゆる沖縄的なこころというのが、ぼくたちのなかにも築かれていったのでしょうね。それまでは普遍的な労働運動を、民主的なかたちで原則的な立場でつらぬくことしかなかった。[6]

ヤマト化というかたちの縛られた近代をつきぬけて、世界的な普遍原則をつかみにいった筋金入りの闘士たちが、自己革新をとげて沖縄の大地に帰ってきた。旅をへた普遍と固有の融合である。労働者だけでない、「世界革命」主義でもない、沖縄のひとと自然に根ざした人類の平和と解放へ。

こうしてヤマト化・系列化の復帰運動の挫折を乗りこえ、思想と体験の厚みを次々に増していったネットワーク型の運動は、新しい沖縄の歴史観・社会像も打ちだしていった。九一年の軍用地強制使用の公開審理のために頒布された四〇〇ページにおよぶ訴状『安保の名の下にさまよえる平和』(一坪反戦地主会)は、「障害者人権と基地」「基地と環境問題」「基地と女性」という従来なかった切り口からも軍用地問題の発生にいたる沖縄戦後史をくわしく論じ、シマ社会の内部の抑圧構造にも普遍的人権の視座から自己解放に切りこんだ。

一坪反戦地主のなかには登記当時二歳の子ども、五五〇人の女性、視力障がいをもつメンバーがいたという。これらの子ども・女性・障がい者は破壊と殺戮の力を誇示して優位性をあらそう軍事中心の社会、軍隊の存在によってこそ「社会弱者にさせられる」——そのような人類規模の視点から軍隊に土地を提供するのを敢然と拒否する、堂々たる陳述も公開審理の場で展開された[7]。

普遍的な人権、人間解放の力をえて、沖縄人の解放運動はじつに強靱に、いつくしみと愛と信頼の力を、自由に世界にひろげられるものになっていた。九五年秋のA子ちゃんと家族の訴えを支え励ます運動が燎原の火のように燃えひろがり、女性人権団体が歴史を変える先頭に立つ、その土壌は沖縄のあちこちですでに耕されていた。施政権返還期からの少数者支援の労働運動ネットワーク、地域の反公害・反基地住民運動、そして基地のコンクリートの下で苦しんでいる沖縄の大地の痛みを人類解放の地盤につくりかえる一坪運動などの折りかさなりである。

一九九六年末の日米ＳＡＣＯ合意から浮上した辺野古の新基地建設計画は、沖縄の政治の中心地の視野からも見えにくいかたちで中北部にしずかにひろがり着実に深化していたこの民衆ネットワーク運動のなかに、意図せずして踏みこみ挑戦するかっこうになった。キャンプ・シュワブに隣接し、ベトナム戦争期に基地門前街としてにぎわったあと人口減少がつづいていた辺野古なら簡単に落とせるはずだと、日米両政府は踏んだのだろう。北部の出身で、北上する沖縄の社会運動の北部担当のオルガナイザーとして名護で数々の経験を積んできた安次富浩さんは、このときちょうど組合の役職を引退し、市民運動の立場でそれを受けて立つ位置についていた。

3　中心がない！──つながり・ひらかれゆく現場

名護市民運動 vs 沖縄サミット

しかし沖縄社会のねばり強い抵抗は日本政府の沖縄政策の本質をうきぼりにさせ、辺野古の新基地建設計画は大規模な米軍再編「日米合意」の柱へと発展していった。金武湾闘争の遺産を発展させてきた復帰後の反戦平和運動は、なんども試練に直面し、飛躍をとげていくことになる。

一九九七年一月、さっそく地元辺野古区民による「命を守る会」が結成された。沖縄戦を体験したお年寄りたちが精神的支柱となり、基地建設反対運動は急速に名護市全体にひろがった。だが当初は明確だった市長から商工会までふくむ全市的な反対姿勢は、政府のなりふりかまわぬ利益供与

（賛成派一人あたり数万円の金銭の授受などの噂が絶えなかった）や振興策提案によって上層部から切り崩されていった。それをくい止めるため、名護市民は一から手づくりの運動で市民投票条例を市に制定させ、九七年一二月二一日、建設反対が過半数を占める勝利をおさめた。

ところが市民投票には、かならず従うべきとする法的拘束力はなく、行政責任者の個人として決断をせまられた比嘉鉄也市長は、大田昌秀知事に面会をもとめたがかなわず、孤立して上京し橋本龍太郎首相らと面談（六九年の二・四ゼネスト中止のときと似ていなくもない）。そして投票から三日後の一二月二四日、基地受け入れと市長辞職を発表した。

沖縄島中部にあって「世界一危険な基地」と米国防長官が断言する普天間基地を撤去するため、辺野古は犠牲になるべきなのか。悩み苦しみながらも、県内の基地たらい回しでは基地が異常に集中する軍事植民地状態や米軍犯罪の横行を変えることはできない、そう決意して市民は運動を立ち上げ、民意をまとめた。その「汗と涙の成果」がわずか三日で無に帰され、おどろき怒り、あきれ、そして底深い無力感に沈められた。そのショックもひびいたのか、九八年二月の名護市長選は、比嘉前市長が後継指名した岸本建男候補が僅差で当選した。岸本さんは施政権返還期の「沖縄闘争」をくぐった一坪反戦地主でもあった。またも国家による分断が切りこんできた。

つづいて同年一一月の沖縄県知事選挙でも、基地受け入れ派が推す稲嶺恵一候補が、建設反対の大田知事をやぶり当選した。これをうけて九九年末には知事・名護市長が、一五年使用期限などの条件つきで基地建設受け入れを正式表明した。その見返りとして翌二〇〇〇年からは毎年一〇〇億、一〇年間で一〇〇〇億円を投下する北部振興事業がスタートした。さらに同年七月には、とどめを刺すように名護市で主要国首脳会議、G8サミットがひらかれた。

カネにものをいわせて人びとを各種建設工事など仕事に奔走させ、世界に冠たる日米同盟の政治力を誇示し、基地反対の口を封じさせる手法だった。通常の政治ドラマとしてはもはや完全に「勝負あった」である。しかもこの攻勢のたたみかけは、運動の内部に致命的な亀裂をよびおこした。

住民投票はあらかじめ届け出た受任者が有権者の署名をあつめてから条例制定、投票となる。その受任者に公務員はなれず、そのせいもあって名護市民投票では労組や政党は後景に下がり、それまで政治にかかわりをもたなかった女性たち市民が主力となる新たな運動スタイル（名護方式）が生まれた。「大事なことは市民みんなで決めよう」とのスローガンで政治をつくりかえる市民自治がもりあがった。ところがそうした無数の市民の動きをたばねて全体の意思統一をおこなうヘリ基地反対協は、名護市内の労組・政党とその関連団体が過半を占め、事務局を切り盛りしていた。

九九年末の市長基地受け入れ表明にたいし、ヘリ基地反対協は市民投票の民意に反すると市長リコール（解職請求）を宣言した。前年から共同代表についていた安次富浩さんは、全国にも支援をよびかけ、市内全戸にリーフレットとビラを配布するキャンペーンを開始した。世論調査でも依然名護市民の六割が基地建設に反対し、ふたたび市民運動が主役になる政治改革の気運が高まった。

だが選挙政治をめぐる情勢分析はきびしく、(1)市長はリコール成立の見通しとなれば先手を打って辞職し出直し選挙で信を問うべく様子をうかがっており、リコール成立前に即市長選となれば基地反対派には有力な対抗馬がいない、(2)もしリコール成立となった場合でも市長選は二〇〇〇年七月のサミット直前の実施となり、リコールと市長選でもみ合うことは世界に市の内紛をさらす恥となり市民・県民の支持がえられない。政党・労組サイドはリコール運動の中止を申し入れた。

ヘリ基地反対協は参加団体の全員一致が原則の協議体である。そのため二〇〇〇年四月、臨時総会をひらいてリコール断念が決定された。当時の沖縄政界を席巻していた「サミット成功」の大合唱にのまれ、「リコール運動は闘わずして負けた」(新崎盛暉『沖縄同時代史9』凱風社、二〇〇四年)。

リコールに立ちあがった市民団体と、市長選のゆくえを重視する政党・労組の判断、それぞれに理があった。すれ違いを打開するには市長選にむかって前方展開するしかなかったが、その前途をサミットがふさいでいた。さかのぼること一五カ月まえの九九年四月、日本政府は初の地方開催となるサミットの主会場に、予想を裏切る「どんでん返し」で名護市を選定し、あらかじめ知事・市長にたいする批判攻撃ができないように先手を打ち、それから同年末に知事・市長に条件つき基地受け入れを表明させていた。政治日程のフタをしたうえで、行動様式の異なる市民団体と政党・労組サイドのあいだにクサビを打ちこみ、市民投票敗北の意趣返しをはたした。

ここが最大のポイントだった。反対運動を分裂弱体化させてしまえば、あとは知事・市長がつけた条件をなしくずしにするのは容易とみられた。基地使用期限など、一五年間の期限内に非常事態をつくれば反古だ。二・四ゼネスト中止後、沖縄への基地一極集中をのませてきた先例もある。

市民パワーという魂をおとしたヘリ基地反対協の会議はリコール断念の流れでこぢんまりと縮小停滞し、団体間の信頼関係も地におちた。「全国に支援をよびかけた責任をとる」と安次富さんは辞意を表明し、他の執行部中心メンバーも病気をかかえているなどを理由に辞任を申し出、反対協は解散が避けられない事態におちいった。

それよりさき、二月はじめの旧正月には「新春の集い　リコール運動を成功させよう」を開催する予定だったのが、その直前に辺野古区長が「ヘリポート問題で悩み、周囲の圧力に耐えられず」服毒自殺をはかる事件がおきていた。命に別状はなかったものの、反対協は緊急役員会をひらき集会を中止した。なま身のからだに耐えられない政治の異常な重圧が人びとの心身を切り裂いていた。

ふりかえってもしあのとき反対協が解散していたら、新基地建設は政府の当初計画の二〇一二年までに終えられていたのでは？——そうお尋ねすると、安次富さんの答えはＹｅｓだった。

三〇年の孤独からのさけび——山城博治

このとき、たまたま県の人事異動で北部庁舎に勤務して二年目で、県職労の北部支部長を頼まれ、ヘリ基地反対協の会議に顔を出すようになった新しいメンバーが、解散にむかう重苦しい臨時総会の流れに猛然と待ったをかけた。

支える労組部隊として、ぼくは挙手して反対を打った。「なぜだ、市民投票に勝って市長選挙に負けたぐらいで運動をやめるか。だったら最初からやるな！　バカヤロー！　おれたちの支え方が足りないんだったら、いくらでも支えてやるっ。腹きめてやれっ！」［森編二〇一二ｄ：七］

いまでは辺野古や高江の基地建設反対の現場のリーダーとしてひろく知られる**山城博治**《やましろひろじ》さんだった。それまでの反対協のいきさつを知らない単刀直入な一言は、解散論議を一気にふきとばす気迫に満ちていた。

じつは山城さんは金武湾闘争の源流のひとつ、七〇年の東洋石油基地反対闘争に高校生グループの一員としてかかわっていた。自分は無党派の立場でいたが、新左翼党派間の対立にまきこまれた友人たちが逮捕され、運動が瓦解してゆくのを止められずに見ていた。復帰運動の挫折と混乱のなかで自身も高校を追われ、以来、「泥水をすするような」下積みぐらしに耐え、大学受験資格検定試験をくぐる苦学のすえ、何度目かの就職でようやく県庁の事務職におちついた。高校時代のような運動への深入りに心うちでブレーキをかけながら職場の組合にだけ参加し、身をひそめていた。ところが高校退学、復帰運動の挫折から三〇年、運命のめぐりあわせで東洋石油—金武湾闘争をひきつぐ辺野古の運動の最大の危機にぶつかり、見るに見かねてタンカを切ってしまった。そのとき——戦後史を背おって新たな大衆運動の時代を切りひらく男の後半生がはじまった。

ヘリ基地反対協が直面していた問題は複雑だった。名護市街地に拠点をおく反対協の内部には、先述のように政党・労組と新しい市民団体のあいだで壁があった。さらにそれら名護市中心部の西海岸住民と、基地建設予定地の東海岸住民のあいだに壁があった。辺野古の地区内をみても、戦後の基地経済でふえた移住者と先住者の寄りあい所帯で強いまとまりはなかった。このモザイク状の社会にかつてない巨額の振興資金が投下され、市民投票や選挙戦で何度も反目しあい、地域社会は分断され、苦しみ、ゆがめられていた。

一九九七年の「命を守る会」の辺野古区民の反対署名、市民投票、その後の県内世論調査をみれば、新基地建設反対の民意が多数であることは自明だった。だが地元地区では、賛成派にまわった住民との対立を避けて表立った反対の声はあげにくく、市中心部の政党・労組は組織の死命を決する選挙戦に勝つ展望をもてず、状況を変える糸口をつかめない。かといって政治や運動を本業とはしない市内の市民団体が中核を担えるわけでもない。一方、県都・那覇の人びとは北部の中心地である名護の地元に遠慮して遠くから見ている。民意を代表してくれる運動の中心がどこにもないのである。横のひらたいつながりを大事にし地域の自主性を尊重する沖縄社会のやさしさが、弱点となって露呈していた。どうしたらよいのか？

個人のからだで思いをつなぐ

この難問にたいする答えは、たぶんひとつしかなかった。地理的組織的な中核のない運動を個々人がつくり、下から現場で手をつなぎあうことである。新基地に反対する世論の支持を信じ、建設を強行してくる政治にたいしその機能不全を指摘し、個人の意志とからだで、現場で建設を阻止する。そして世論のもりあがりをうけて政治が新たに組みなおされるのを待つ。それしかなかった。「いくらでも支えてやるっ」。あのタンカは問題のありかと解決策を串刺しにしていた。そのことばどおり、山城さんはさっそく県職労の全国組織・自治労でサミットに対抗する嘉手納基地包囲行動を猛然とおしすすめ、翌二〇〇一年からは県職労北部支部の専従活動家となり、辺野古の現場にかよった（空手家のかれは九七年に没した喜屋武真栄から「ミスター沖縄」の役目をついだ）。

とはいえ三〇年間運動を遠まきに見ていた山城さんに確たる勝算があるわけではなかったのだが、それこそ三〇年来、既成の組織枠をこえる運動を鍬入れしてきた元「反ＣＴＳ労働者連絡会」の県職労の先輩たちがいた。当山栄さん、城間勝さんはサミットを機に生まれた平和市民連絡会（正式名「沖縄から基地をなくし世界の平和を求める市民連絡会」）や「基地の県内移設に反対する県民会議」などで、全県的な超党派体制づくりを進め、それまで名護市の団体の出先だった辺野古の運動を全沖縄にひらきなおす道すじを準備していった。情勢の推移もこの体制立て直しを後押ししていた。市長が条件つき受け入れを表明したあとは、現地辺野古での攻防が焦点となり、臨機応変の阻止行動が必要とされる。多方面から説得をうけヘリ基地反対協の代表委員にふみとどまった安次富浩さんは、それを当山・城間・山城さんらと連携して直に全沖縄・全国にひらいてゆくのである。

そうなると、そこでもっとも重要な意味をもつのは、よそ者たちが昼夜なく出入りし居着くことにたいする地元区民の理解である。「命を守る会」の代表・金城祐治《きんじょうゆうじ》さんは高齢のからだにむち打って、名護市東部の「十区の会」の女性たちとともに、自治をまもろうとする地元から注がれる白い目をやわらげるため、日夜細やかな配慮をかさねた。他方では〈よそ者〉たちを歓迎しつつ、かれらにも地元への理解を徹底させた。金城さんは反戦地主会の平安常次さんと同じく大阪生まれのうちなーんちゅだった。日本の沖縄差別を肌身で知りながら、知るからこそ、互いがそれを乗りこえる新たな道に心血を注いだ。「地元だけで地元の人だけでやるのではない、ということ。これは一つの運動として、全国でやることが運動だ」、「誠心誠意やっていたら誰かがわかるわけ。地元の人でも黙っていてくれる」、「うるさがられないようにする。それはしんどいよ。でも、こらえるのも一つの運動。それがより大きな支援を呼ぶんだ」［新沖縄フォーラム二〇〇六：六五］。

こうして日米同盟や国際政治の重圧を辺野古や名護の人びとだけに押しつけず、辺野古の海をまもるための困難を全沖縄・全国の個人が自発的にわかちあう態勢が築かれていった。それは民意を反映できない代表制民主主義の制度不良を、境界をこえるひとびとの非暴力直接行動によってただす、地域発の世界市民的な直接民主主義というべき新たな政治を生んでいた。

4　海と家族と大空のたたかい

海上闘争――弱さでたたかう

二〇〇三年四月八日（火曜）、ついに日本政府は建設予定地の地形調査のため、辺野古の海に乗りだしてきた。朝七時、辺野古漁港で調査器具を積みこんで出港していく防衛施設局職員らに、「いかないでください」、「お願いです、もどってください」と五、六人が説得を試みたが、相手にされなかった。政党・労組方面からはだれもきていない。

毎朝の説得をつづけているうちにこのことが知られ、土曜午前、やむにやまれぬ思いをもった人びとが沖縄各地からあつまり、辺野古の浜を掃除してから語りあう土曜集会が七月からはじまった。

泳げる人はいませんでした。私のように、体力も何もない。ひたすら止めたいというだけ。私たちが持っているのは、弱さだけよね。でも話し合いました。もしも私たちに力があって、知恵もあって、お金もあって、その力によって止めることができたとしたら、それは戦争の論理。力で止めたら戦争だよね。私たちは「弱さを武器にしよう」〔平良二〇一〇：六四〕。

そこで考え出されたのが「おもちゃのようなカヌーに乗って、海の掟を逆に使う」という方法だった。海上で大きな船と小舟が出会った場合、大きなほうが避けて通らなければいけない。ぶつかって処罰されるのは強いほうだ。ならば動力のないカヌーで作業ポイントを先取りしてしまえば、エンジンのある作業船はポイントに近づけなくなる。よし、やってみよう。

七〇歳の平良悦美《たいらえつみ》さんが最高齢のカヌー隊メンバーとなって、息子さんで牧師（日本キリスト教団）の平良夏芽《なつめ》さんが海上チームのリーダーになり、海上阻止行動にむけた練習がはじまった。メンバーの多くは政党・労組に属さない個人参加だったが、やはり宗教という精神的支柱をもつ人たちの行動は躊躇なく果敢であり、先陣を切った。地元の青年やヘリ基地反対協でも船を入手した。こうして反対協・平和市民連絡会・命を守る会が土台をつくり、国内外の平和・宗教・環境団体に協力をよびかけ、境界をこえてひとびとが海に乗りだしてゆくコラボレーションが動きだした。

翌二〇〇四年九月九日（木曜）、防衛施設局はサンゴの海に杭を打ちこむボーリング調査の強行に踏みきった。一年以上の練習の成果がためされる朝だ。二人乗りのカヌー一〇艇と四隻ほどの小型船で政府の調査船団に立ちむかった。県庁を定年退職した当山栄さんが、月曜から金曜まで現場に泊まりこんで浜辺のテント村から全体の指揮をとった。陸からは多いときで約五〇〇人が見守り、海上チームを支えて奔走し、地元のおばぁたちは大自然の神々にいのりを送った。

大きな海の上で、カヌーは本当に小さく、力の弱い存在です。どんな大きな船にもスイスイと近づいていって、「新基地をつくらないでください」と、ずっとしがみついていました。タンクを背負って海底にもぐる人がいない、ということで、三日間タンクの背負い方を習い、四日目には海底の激しい闘いに参加していました〔新沖縄フォーラム二〇一二（宜野座映子）〕。

リーフ〔浅瀬〕内ではカヌー隊と抗議船、ダイバーの連係プレーに加え、漁港の岸壁からも抗議の声を上げる。水深のぐんと落ち込むリーフ外では大きなうねりのなか、阻止船が調査船の進路に果敢に立ち向う。……技術も経験もはるかに及ばない住民・市民が、そんな命がけの非暴力抵抗で調査を相当程度遅らせてきたのは大きな成果だが、施設局は「今年度中にボーリング調査を完了させる」と発表し、何が何でも調査を進めようとする姿勢を見せ始めた（浦島悦子『辺野古 海のたたかい』インパクト出版会、二〇〇五年）。

防衛施設局にチャーターされた地元漁民の警戒船は、カヌー隊に突っこんできたり、近くで急発進して転覆させたり、女性を中心としたカヌー隊員に罵詈雑言をまくし立て精神的にも追いつめていった。さえぎるものもなく肌に突きささる太陽のもと、波にあらがって日の出から日暮れまでカヌーを漕ぎつづけるメンバーの体力は、一日だけでも激しく消耗し、一一月末、ついにリーフ内にジャングルジムのような作業用の単管（鋼管）やぐらが四カ所設置されてしまった。

それでもあきらめなかった。このころの県内世論調査では辺野古沖の海上基地建設を支持する人は七％、不支持は九割にも達し、辺野古につどう人びとを勇気づけた。夜明けまえに船を出して鋼管で組まれたやぐらを先に占拠してしまう**「海上の座りこみ」**がはじまった。やぐら上部に設置されたボーリング機械の真下に女性メンバーが鎖でからだをしばりつけた。防衛施設庁の公務員や雇われの身の業者の男性たちは、この光景にたじろがざるをえなかった。人殺しを請け負ったわけじゃない。ほんとうに「人殺しの基地建設」なのか。目まいがする。

海上での攻防は熾烈をきわめた。非暴力手段の範囲内で執拗に抗議・説得・妨害をくり返す阻止隊に、いら立つ業者は暴力による排除をエスカレートさせ、ライフジャケットをはがして海につき落とすなど住民・市民にけが人が続出した。やぐらの足場板にしがみついていた女性メンバーの両手が引きはがされ、作業船の船底に頭から落下、意識不明になって救急車に運ばれた。

海人－若者－自然界の力

だが、たまたまその場に居合わせていた海人《うみんちゅ》の山城善勝《やましろぜんしょう》さんはこれで意を決した。それまで静観姿勢をとっていた中北部近隣の漁師たちによびかけ、二〇〇四年一二月一四日、一〇隻以上の漁船をつらねて海上闘争に登場した。早朝からやぐらの周囲を漁船でとりかこみ、「わったー《(わたしたち)》の海を守ろう」と書いたむしろ旗を潮風になびかせた。地元の海に精通したかれらの登場で作業船は近づけず、ボーリング調査は以後まったく進まなくなった。

日々の攻防は持久戦となった。海上に吹きすさぶ寒風に耐えて春のおとずれを迎えると、日本全国から休暇に入った学生などおおぜいの若者たちがあつまってきた。地元のおじぃおばぁはかれらを愛し、反戦運動の連帯というより、人としてまっすぐ伸びるよう手塩にかけて育てた。事態を聞きおよんだ世界の環境保護団体も現場に大型帆船を送りこみ、「僕の代わりに戦ってくれますか?」とジュゴンの声を描いたポスターとともに緊急キャンペーンを世界に発信した。

一方、政府側も海上保安庁がそれまでの中立姿勢をうち捨てて阻止行動の排除に乗り出すようになり、請負業者に加えて海保職員による負傷者が相ついだ。さらに四月末からは夜間作業を開始した。ジュゴンとウミガメの生態に配慮して夜間はしないとの県との作業規定は一方的に破棄された。やむをえず阻止行動も二四時間体制となった。

真っ暗な海の鋼管やぐらの上、しずかに夜を明かす徹夜の監視行動。それは結局、施設局が夜間作業をあきらめて中止するまでの五〇日間つづけられた。知恵くらべ、根くらべだ。最年長カヌー隊員の平良悦美さんが海のやぐらに座りながら編みつづけ、テント村のみんなにプレゼントした毛糸のベレー帽は、やがて四〇個をかぞえた。

そうして人間たちが何度もの修羅場をくぐり抜けているあいだ、海水につかり潮風にさらされていた鋼管やぐらは腐食が進み、海の生きものたちによってすっかり漁礁と化していた。ハリセンボンが棲みつきモズクが巻きついた。すると鉄は案外にもろかった。いつ倒壊してもおかしくない老朽化で、二〇〇五年九月二日、大型台風接近の報をうけて防衛施設局はやむなく撤去をはじめた。例年になく数多く到来した台風は、たしかに阻止行動の強力な援軍となった。翌月、日米両政府は辺野古沖「海上」案の撤回を発表した。

それまでの座りこみは延べ六万人、うち海に出た人は一万人に達した。ヘリ基地反対協の安次富さんはいう。地元の「命を守る会」「十区の会」、テント村、そして「海上のやぐらの上でがんばったのも、むしろ女性たちでした」、市民投票以来、「中心は女性たちだから」。海上チームの半数以上は日本本土からきた人たちだった。地元の人びとと、境界をこえる人と自然の力が工事着工をくい止めた。

家族ぐるみの反戦運動──歴史教科書問題

このあと日米両政府は同じ辺野古の「**沿岸案**」に計画を修正した。小泉純一郎首相も一時検討を指示していた県外移設への転換は見送られた。しかし海上案の撤回は、日米の〈政治の敗北〉という意味では決定的だった。

沿岸案は既存のキャンプ・シュワブ敷地内から埋め立て工事を進められるので建設工事への反対運動をかわしやすい。それが政府のねらいだった。だが飛行経路が陸地にかかり地域住民の危険と負担が大きいため、県との協議でとうに退けられていた案だった。しかも復活した沿岸案では二本のV字型滑走路に弾薬搭載エリア、軍港設備もそなえた巨大な軍事要塞に計画はふくれ上がり、建設後一五年で民間空港に転換するという県・名護市の建設受け入れ条件など一顧だにされなかった。もはや政治とは切れている。強制だ。稲嶺知事は県民の犠牲を強要する沿岸案の復活に猛反発し、海兵隊の県外移設を主張しはじめた(琉球新報社編刊『呪縛の行方』二〇一二年、第二部)。

完全ないきづまりに直面し、小泉首相の後をついだ第一次安倍晋三内閣は、強行突破の手段に出た。まず二〇〇七年三月、文科省は高校の歴史教科書における沖縄戦の「集団自決」(強制集団死)の記述について「誤解を招く」と教科書検定の修正意見を付け、日本軍による命令・強制・誘導などの表現を修正削除させた。安倍首相が支持する「自由主義史観研究会」グループが軍による「集団自決」強要を否定する裁判(岩波・大江「集団自決」訴訟)をおこしたのに呼応した、教科書検定方針の変更であった。つづいて五月、政府は反対運動を排除して辺野古沿岸部での事前調査を進めるため、大砲・重機関銃を装備した自衛隊の掃海母艦「ぶんご」を投入した。

この二つのニュースは、日本本土なら歴史教育と国際政治で別に分類されたかもしれない。だが沖縄戦における住民切り捨ては過去のものでなく「沖縄戦は終わっていない」——それは「全島が遺族の島」沖縄では日常感覚としてあり、新基地建設強行のための軍艦投入は沖縄戦のなまの記憶をよびさます行為にほかならなかった。「市民を威圧するための派遣」、「県民に銃口を向けるもの」、沖縄戦の「軍隊は住民を守らない」から「軍隊は住民から米軍を守る」へ。歴史をくり返そうとする政治のすがたを見て、重い口をひらき、つらい戦争体験を語りだすお年寄りが次々にあらわれた。

安倍政権としては政府の指示で教科書を書きかえさせ裁判を勝利させ、国防の軍事力をつかって新基地を建設し、沖縄を鎮圧しようという目算だったのかもしれない。だがおそれるべきものを知らない政治手法は完全な裏目に出た。九月に開催された教科書検定に抗議する**超党派県民大会**には、宜野湾市の主会場に一一万人、会場の外に入りきれない人が約一万人、宮古・八重山会場に六〇〇〇人、人口一三〇万の「県民のおよそ一〇人に一人」があつまり、復帰後最大の集会となった。

当初は五万人参加を目標として、大会準備をうけもった革新系の平和団体では、それもむずかしく三万人程度かと、大会直前まで予想されていた。沖縄戦の学習会をひらいても一向にひとが増えなかったからだ［森二〇〇七］。だが、ふつうの政治ではないなにかが動いていた。県の子ども会育成連絡協議会、老人会、婦人会、ＰＴＡ連合会、元女子学徒隊のつどいなど、沖縄戦を体験したお年寄りが、子や孫に真実をつたえるためだと県議会や経済界に県民大会への結集をよびかけて回った（沖縄タイムス社編刊『挑まれる沖縄戦』二〇〇八年、二三〇頁）。これにこころ動かされない人間はとてもすくなかった。歴史研究や保守革新の系列の問題ではない。沖縄の家族のいのちの問題なのだ。

大会では教科書をつかう立場の高校生代表が、男女で声をそろえてうったえた。「一緒に住む、学習会に出かけるのでなく、家庭で「証言」が語られ、孫たちが聞きとっていた。

おじぃ、おばぁたちから戦争の話を聞いたり、戦跡を巡ったりして沖縄戦について学んできました」。「私たちのおじぃ、おばぁたちが、うそをついていると言いたいのでしょうか」。「私たちは真実を学びたい。そして、次の世代の子供たちに真実を伝えたいのです」。

大人たちでもっとも喝采を浴びたのは、うちなーぐちをまじえて熱烈な演説をふるう翁《お》長雄志《ながたけし》さん、自民党の那覇市長だった。「今こそ、国は県民の平和を希求する思いに対し、正しい過去の歴史認識こそが未来の道標になる事を知るべきだ。沖縄戦の実相を正しく後世に伝え、子供達が平和な国家や社会の形成者として育つ為にも県民一丸となって強力な運動を展開しよう」。

これまで利用してきた保守革新の分断線がこわれて一丸となった抗議の大きさに政府はあわて、文科省は「集団自決」関連記述の復活申請を教科書会社に認めるなど、介入の後退を余儀なくされた。自衛艦派遣についても一二月になって防衛大臣は国会で「沖縄は悲惨な戦場になり、苦難の歴史を経た」ことに配慮する答弁に軌道修正した。また岩波・大江「集団自決」訴訟も、翌〇八年三月に「自由主義史観研究会」グループが支援した原告側敗訴の判決が出た。そうして七月、ついに県議会は辺野古への移設計画に反対する決議を可決した。

翌〇九年夏の総選挙では、沖縄に遊説にやってきた民主党の鳩山由紀夫代表が普天間基地を「最低でも県外」に移設させると公約し、その結果、県内の選挙区で民主党候補が初めて当選、他方で自民党候補は、これも史上初めて全員が落選した。この総選挙は日本本土では自民党の連立政権からの下野、政権交代をもたらした。一方沖縄におけるそれは、中心部のために地方に犠牲を強いる日本政府の沖縄政策を、県民みずからが変えさせたという自信と確信を産みおとした。

ここにいたって沖縄の世論・政治は基地の県内たらい回しを拒否し「県外・国外」への移設をもとめる姿勢におちつき、このテーマでひらかれた一〇年四月の**超党派県民大会**には一〇万人があつまった。そして一二年九月、事故が多発して「未亡人製造機」とよばれた新型輸送機オスプレイが「世界一危険」な普天間飛行場に強行配備されるにいたったとき、沖縄社会は未踏の領域に入った。

大空の視座への飛翔——オスプレイ反対運動

九五年以来四回目となる**超党派県民大会**（一二年九月九日）には、オスプレイ配備に反対してやはり一〇万人が参加した。だが大会の前後には、これまでになかった四つの特徴があらわれていた。

・**超党派の恒常化**　大会当日だけの一過性の「一日共闘」をこえ、保守系が多い全市町村長も団結して基地の撤去縮小を要求する超党派態勢が持続されるようになった。大会の実行委員会は翌年一月、全市町村長・議長・県議ら一四〇人が総出で空路上京する、全国にも例のない「東京行動」を展開した。その中心には教科書問題の県民大会で全県的存在となった翁長那覇市長がいた。

・**経済自立との合体**　政治の超党派が恒常化されたのにつづき、経済界が横ならび参加の域をこえて経済自立の問題として運動に参加した。大会の共同代表となった県商工連合会長は「住民の生命と財産を脅かすことはもとより商工業者にとっても安心安全な経済活動を奪う」と大会で演説し、沖縄観光コンベンションビューローの会長は「安心、安全、快適な空間を守っていくこと」が県経済の基幹をなす観光産業にとっても死活問題だとオスプレイ配備に反対した（琉球新報社編刊『この空わたしたちのもの』二〇一二年）。世論調査で九割が配備反対に立つ県民の意思が、この経済界の転換をみちびいていた。

・基地に対峙する　政治・経済・世論の団結を背景に、市町村長・議員らも直接基地のゲートまえの抗議行動に立つようになり、一二年九月末には、非武装の市民が座りこんで普天間基地を全面封鎖する、日本国内でも史上例のない事態がおこった（宮城康博／屋良朝博『普天間を封鎖した四日間』高文研、二〇一二年）。非暴力抵抗の範囲をまもりながら直接行動・実力行使を辞さないのは米軍占領期以来の伝統だが、今回は基地の機能を直接止めにいった。これは六九年の二・四ゼネスト挫折以来越えられなかった一線だった。平和運動センター事務局長の山城博治さんらが台風のなか奔走した。しかしここにきて、どうしてこんなことが可能になったのか。

・大空・自然がシンボルになる　大会では、沖縄の青空をバックに「この空を取り戻そう」「沖縄の空は私たちのものだ」と大書した地元紙の特別号がひろく無料配布された。政治・経済・外交などの見解、イデオロギーや利害を異にする人間界における是非をあらそうのでなく、そのいさかいのはるか上空にひろがる大空に視点をすえ、そのもとに生きるすべてのいのちをまもる、超越的な世界観へと運動の視座がひらかれた。辺野古の海とおなじくのびやかで、はてなくひろがる空――それは沖縄のものであり、世界につながっている。〈捨て石・占領〉には囲われない。それが日米の政治家たちのつくった一線をこえる想像力を包みこんでいた。海と空のかなたにあるニライカナイから送られてくる平和のメッセージをみなでうけとるのだ。

海山の大自然から生気をえて、国境や党派など人間界の境界をこえてきずなをひろげる、自然といのちの〈平和環境運動〉――それは戦後沖縄社会運動の通奏低音としてずっと流れてきた。戦後最大の「島ぐるみ闘争」は「金は一年　土地は万年」ののぼりを立てて大地に立脚し、最大の反公害住民運動、金武湾闘争では、海とともにくらす生存権を問う裁判闘争の準備書面に『海と大地と共同の力』との表題をかかげた。そして地域的・組織的な中心をつくれない辺野古の新基地建設反対運動が追いつめられたとき、海にとびこむ海上闘争に進むことで、人類の共有財産をまもろうとする世界のひとびととの出会いがもたらされた。また二〇〇七年以降の東村高江《ひがしそんたかえ》のヘリパッド建設反対運動は、北部やんばるの森で生まれる音楽や芸術の躍動と治癒力を平和運動にもたらした。

まとめ　「戦争と革命の世紀」を終わらせる

科学兵器とイデオロギーが重んじられ「戦争と革命の世紀」とよばれた二〇世紀に、沖縄は大きくふかく傷ついた。世界大戦の戦場となり、東西冷戦の「基地の島」として決定権をうばわれ軍事占領下に置かれた。沖縄戦の遺産としての米軍基地と日米の植民地待遇はいまもひとびとを苦しめている。だがその苦しみのなかから、ひとの苦しみを他人事にしないこころ（ちむぐるさん）が島々につむがれ、一九九五年、風景の一部と化しつつあった基地の存在や、系列化された社会の分断を問いなおす自己変革の意識が全住民にひろがった。それが九七年の名護市民投票の勝利に結実し、二〇〇〇年のサミットの危機を乗りこえ、〇五年の海上闘争、一二年のオスプレイ県民大会にたどりついたとき、沖縄の自然と歴史、人と文化に立脚しながら、生きもののように外界から活力を受けとり成長をつづける、ひらかれた〈沖縄デモクラシー〉が、国家の意思をこえる「怪物」としてあらわれていた。ひとつずつはよわい、閉じていない、それらがつながりあってしなやかに生命をはぐくむ。それが自然のいのちの摂理であり、〈沖縄デモクラシー〉はみえない生きものとなった。

そこでのひとびとの位置どり——女性たちはさきがけとなり、世話役の男たちは舞台裏をまもり、大衆は外環をひろげて見守り、くじけぬ力をみなで政治指導者にあたえる。これはなにかに似てはいないか。古代からつづく琉球の宗教様式のかたちである。ノロの女性たちがひとびとの祈りを集約し自然界から霊力《せじ》（人間には不可能なことをなしうる能力）を国王にさずけ、民をまもらせる。その儀式をおこなう聖域には人為的な飾り立てをせず、中心が「何もない」ことによって、その中空構造の社会には平和への祈りの公共性が満たされ、権力から自立した平和が獲得される(8)。

民衆が権力者にはならず、名もなき民衆のまま主役となって天命のありかを指し示す。それがある意味でほんとうの民主革命であり、琉球の政治をつらぬく「天下は一人の天下に非ずして、天下の天下なり」（伊江朝助顕彰会『伊江朝助先生を偲ぶ』、一九六四年、四一頁）の政治思想であるならば、この運動法則を裏方からしつらえ、歴史の面前に押し出す——それが本章の主役たち、当山栄、安次富浩、山城博治さんらのはたしてきた役割ではなかったか。かれらとかれらを支える無数のひとびとの無私の行為は——瀬長亀次郎、上地栄、林義巳、国場幸太郎、喜屋武真栄、屋良朝苗、西銘順治といった指導者と前衛たちが格闘をかさね受けわたしてきた、沖縄の内部分裂を克服する課題に答えを出し、これらの人びとを「戦争と革命」の歴史から救った。

終　章　戦争のあとの未来へ――二〇一五年～

1　沖縄戦の政治 vs 辺野古の自由

「沖縄らしい優しい社会」

沖縄戦から七〇年、二〇一五年の沖縄はふたたび日本の政治とのあいだでふかい断絶のピークをむかえた。これに先立つ一四年末には、辺野古新基地問題にたいする全沖縄規模の答えが、それまでにない明確なかたちで出されていた。以前から世論調査では県民の七―八割が建設反対でかたまっていたが、一一月の県知事選、翌月の衆院総選挙の沖縄小選挙区のすべてで、建設反対をかかげた候補が勝利したのである。保守革新をこえた「オール沖縄」で新基地建設を阻止しようとよびかけて知事選に勝利した翁長雄志さんは、「県民が私たちより先を行っていた。そこにたどりついて、沖縄の政治が動き出した」と当確第一声をあげた。

ところが日本政府は一年まえに仲井《なかい》真《ま》弘多《ひろかず》知事が選挙公約を捨てて埋め立てを承認したのを盾に、選挙で示された民意を否定し、二〇一五年一月一五日、前年に着手していた基地建設作業を再開して本格化させ、「沖縄の政治」との正面対決に打って出た。

工事車両が出入りする辺野古のキャンプ・シュワブのゲートまえや沖合の工事現場周辺では、県内外からかけつけた個々人が連日座りこみ、あるいはカヌー隊を組んで抗議活動を展開した。機動隊や海上保安庁職員によって強制排除され、けが人を続出させながらも、人びとは暴力で対抗するのではない意思表示のしかたを話し合い、警察官や海保職員、民間警備会社の警備員たちに抗議と説得をつづけた。ゲートまえでうたを歌いあい、サンシンをかきならしてカチャーシーを乱舞し、花を植え、日陰をつくり、隣りあった人びととたがいを気づかい助けあいながら、軍事基地のまえをにぎやかなつどいの場に変えていった。かつての海上闘争の蓄積のうえに、これまでをはるかにしのぐ〈沖縄の政治空間〉の充実と自立があらわれた。どうしてこんなことができるのだろう。

ゲートまえに毎日バスを運行し数千人規模の集会もひらく「沖縄「建白書」を実現し未来を拓く島ぐるみ会議」(「島ぐるみ会議」)の「結成アピール」(一四年七月)は、こうむすばれている。

基地に支配され続ける沖縄の未来を、私たちは拒絶します。そのような未来を子どもたちに残してはなりません。私たちには、子どもたちに希望のある沖縄の未来を引き継いでいく責務があり、**沖縄らしい優しい社会**を自らの手で自由につくっていく権利があります。

子どもたちのために。これは求められてマスコミにコメントを語る人びとも決まってというほど口にする。基地建設やむなしとする場合も、若い人の仕事がなければ地元で子育てもできないというかたちで。祖父母の世代があじわった戦争の悲惨や、自分たちが日々さらされてきた「基地の島」の暴力を、子や孫たちに引きつがせたくない。その想いは基地建設の反対と容認の双方を包みこむ「沖縄のこころ」でもあるだろう。

――あなたたち警察や警備員の個人が憎いのではない、仕事だからしかたなくやっていることはよくわかる、でも、選挙や世論調査で何度も示されている気もちを無視して話しあいもせず押しつぶすような命令に従って、こころを売り渡さないで！　すこしでもいいから上司の目をぬすんで手を抜いて建設を遅らせて！　きらわれても休みをとって！　ゲートまえではこのようなよびかけがよく耳に入ってくる。これは女性たちの声だ。男性たちのほうはどうか。炎天下の攻防や暴風雨のなかで民間警備員だけが立哨をさせられていると、「労働者をなんだと思ってるんだ、働くものの権利があるぞ」と、防衛局の現場責任者にたいして抗議はおこなわれ、飲みものなどの差し入れはむこう側、襲撃をしかける右翼の兄さんたちにも声かけされる。

戦争と軍事の論理のなかにいる人びとを〈平和への意思〉で包囲して敵味方の境界をまたぎ、基地に支配されない未来を〝いま・ここ〟からあらしめようとする「優しい社会」。現場におけるこうした「沖縄らしさ」のあらわれは、基地建設の問題を、政治や軍事にとどまらない沖縄社会の自己確認、アイデンティティの問題としてうけとめる社会意識を大きく後押ししている。現場にはいつもだれかがあつまっている。そこは沖縄の人びとが平和のこころざしをたしかめあい、うちなーんちゅである誇りとよろこびを分かちあう場でもある。

またその一方で、辺野古や東村高江のヘリパッド建設反対運動の現場などでは、自然や文化、人がらや思想にひかれ、日本から応援にきたり移住した人びと、とくに若者たちが日々の活動のかなりの部分を下支えしている。おなじ米軍基地に苦しむ韓国をはじめとするアジアやアメリカなどからの訪問客も絶えない。平和をもとめる世界のひとびとがつどう草の根の国際連帯の場でもある。

ねばり強くしなやかに軍事の論理に対峙し、武装解除とアジアの平和をよびかける解放区——それをゲートまえの世話役、山城博治さんたちは「辺野古の自由」とよぶ［山城二〇一六］。

政治の競いあい——〈現場－世論－政界〉の連動

ふつう政治は首都・県都が発信地となり地方に波及するが、辺野古の現場はすでに基地問題を軸とする沖縄の政治の中心に位置している。現場の非暴力阻止行動と説得のよびかけを圧倒的多数の世論が支持し、政治家や政党もそれを追って連動する。いつから、なぜこんなことになったのか。

二〇〇九年の政権交代で首相の座についた民主党鳩山由紀夫代表は、普天間基地の県内移設を一度はとりさげて県外・国外の移設先をさがしたが、翌一〇年五月の日米首脳会談でふたたび辺野古案に回帰し、責任をとって辞任した。外務省・防衛省と米政府周辺の日本専門家の連携で首相の「政治主導」は挫折させられた。だがこの混乱のなかで問題の中心になにがあるのかが露呈した。政治の状況しだいでは普天間飛行場を県外に移転させることは可能なのだと。

それまでは、在日米軍基地のほとんどが沖縄に集中させられているのは紛争地帯に出動する好位置にある地理的な宿命だと説明されてきた。しかし沖縄の地元紙記者は研究者と協力しあい、在沖米軍の主軸をなす海兵隊が沖縄に駐留する理由は軍事的にはないことを調査報道で明らかにしていった(1)。そうして外堀が埋められたあと、二〇一二年一二月、安全保障問題の専門家でもある森本敏防衛大臣は記者会見でこう明言した。普天間飛行場の移設先は「軍事的には沖縄でなくてもよいが、政治的に考えると沖縄が最適の地域だ」、日本国内には米軍基地を「許容できるところが沖縄にしかない」（傍点引用者）。「沖縄問題」とは日本の政治の問題、「日本問題」だったのだ。

それゆえに問題の真相を突きつけられた日本政府は、辺野古移設案への回帰以降、沖縄の世論との〈対話の政治〉の成立をきっぱりと拒否し、硬直した強行姿勢をエスカレートさせていった。金銭的補償以外で対話をすれば、〝政治的には沖縄が最適〟だというところの政治が変質してしまうからだ。そしてこの流れの上に、知事選と総選挙の結果を一顧だにせず埋め立て工事を強行する、二〇一五年の問答無用の〈強制の政治〉がもたらされた。これにたいして沖縄社会では、〈現場‐世論‐政界〉が連動しあう新たな政治をつくりだしていった。問題は政治であり、それは〈政治〉という演目を競いあう舞台が生まれたことにたいする民意にもとづく応答であった(2)。

あらわになる〈沖縄戦の政治〉

二〇一五年一一月、沖縄県と日本政府は埋め立て承認の取り消しをめぐって法廷闘争に突入した。埋め立て工事の強行は、自民党内でもタカ派といわれる安倍晋三首相ならでは、とする見方もできる。だが根本にはやはり日本の歴年の政治判断がある。なぜ〝政治的には沖縄が最適〟なのか――天皇制護持のための沖縄戦、「天皇メッセージ」による沖縄切り捨てと対米従属の国策方針化という七〇年来の〈沖縄戦の政治〉が既定路線としてあるからだ。また、この無慈悲な戦争に引き入れられた米軍が被害の穴うめをもとめて築いた「基地の島」の占領体制を継承護持すること、それが六〇余年にわたる日米安保体制のカナメとなってきたからだ。〈捨て石・占領〉の継承反復である。

二〇一三年に創設された「**主権回復の日**」は、その政治姿勢をはしなくも露呈させた。沖縄・奄美・小笠原を切り捨てて日本が独立を回復した一九五二年四月二八日を、安倍政権は「我が国の完全な主権回復」の日と閣議決定し、記念式典を挙行した。沖縄を日本の「完全な主権」の外に捨てた七〇年前の大本営決定が、ここではっきりと継承反復された。式典が終わり、やにわに「天皇陛下万歳！」の唱和が会場でわきおこったとき、満面の笑みの安倍首相と対照的に、列席した天皇・皇后は顔をこわばらせ、そのまま無言のうちに退席した。

明仁天皇は「沖縄戦慰霊の日」に毎年家族で黙禱《もくとう》をささげ、「花よおしやげゆん　人知らぬ魂　戦ないらぬ世よ　肝に願て」（花を捧げます　人知れず亡くなった魂に　戦争のない世を心から願って）との琉歌も苦心してつくった平和主義者として知られる［矢部／須田二〇一五：二五］。父の昭和天皇が手がけた決定への反省がそうさせていると見られている。だが〈沖縄戦の政治〉は、〈国体護持国家〉のもとにある日本戦後史においてかたときも絶えたことがない。そして戦後七〇年をむかえ、自衛隊の制約なき海外派兵を可能にする安保法制が強行採決で立法化されるのに連動して、また猛然と顕在化をはたした。これが現実の戦後日本の歴史と現在のありようだった（→歴史ノートⅨ）。

2　〈沖縄の保守〉――支配のふところをやぶる

「オール沖縄」vs 戦後日本

普天間閉鎖・辺野古移設問題は、途中までは迷惑料の補助金政治、経済振興の問題が中心となっていた。しかし、ばらまかれた補助金はかえって名護市の財政や人心を破壊し、二〇〇〇年代なかばからは生活保護受給者も増えていった。こうした推移をうけて、沖縄の政党は役割分担に進んでいった。反戦平和を旗じるしにする革新系は、みずからの役割を基地建設をめぐる現場に集約させ、〇四年の海上闘争以後、政治の震源地となった現場でひきおこされる事態を那覇や東京につたえ増幅させる役割をはたしていった。では、現場の最前線や東京・ワシントンの動きに対応しながら、どう沖縄全体の政治を舵とりするか――これが保守系の役割として期待されている。

前節は、革新系がリードする平和運動の現場から日沖の政治をみてきたが、今度は沖縄の保守の側からみてみよう。一九九八年からの稲嶺恵一、二〇〇六年からの仲井真弘多と、経済人の保守県政が二代つづいたあと、二〇一四年から四半世紀ぶりに党人政治家の翁長雄志知事による保守県政が開始された。やはり経済から政治へが基調である。その翁長県政の旗じるしは「オール沖縄」だ。

当初このことばは二〇一〇年に初当選した稲嶺進名護市長（もとは革新系ではない行政人だった）が、辺野古の問題を沖縄全体で考えてほしいと県内でアピールする趣旨で使っていた。ところが一二年、事故が頻発していたオスプレイ（新基地建設後は辺野古に配備予定）が普天間に先行配備され県民すべてを危険にさらす事態にいたると、「オールジャパンで沖縄に対峙するなら、保革の枠を越えてオール沖縄で立ち向かう」という翁長那覇市長のスローガンへと、「オール沖縄」は発展していった。(3)この背景に、沖縄からどんなにうったえても国内の一部小地域の特殊問題として片づけ、自国の矛盾にむきあわない日本の政治のすがたがあった。

日本の社会文化の特徴のひとつにウチとソトでのモラルの使い分け、ダブルスタンダードがあるが、日本の大手メディアの主流が辺野古基地建設に賛成あるいは沈黙しているのは、新基地問題を、迷惑施設をめぐる(黙過すべき)国内の地方問題とみているからのようだ。国際社会の目や普遍的人権を意識して、対立する双方の意見を同等にあつかうべき地域紛争のようには見られていない。他府県にも例のない全市町村長・議長らの「建白書」東京行動(一三年一月)もマスコミでは大きな反響をよばなかった。その背景にある論理は、「政権中枢が考えることは、実現する可能性が高いからニュース」になるので取材・報道するが、「政権に基地政策を見直す考えがないから」、これは地方欄的なニュースにしかならないからだという(在京の全国紙記者の説明。『沖縄タイムス』一三年一月二九日・二月二日)。

この中央集権的な権威主義を前提として、長年基地関係で多額の補助金をもらっている沖縄県は全国知事会などで他府県からもうらやまれる存在と映り、なぜ辺境の一集落のことで政府とケンカになるのか、日本国内の政治感覚からすれば理解できない。そこから「沖縄を甘やかすな」というロジックがみちびかれる。仲井真弘多知事はこうした論理による普天間移設問題の放置を「日本の政治の堕落」と批判し再三にわたり応分の負担をよびかけたが、反応はなく、一三年末に基地建設容認に転じ沖縄社会から「裏切り者」とよばれるようになった。だれがかれを追いつめたかは歴然としている。

「祖国復帰」の終わり

ところで、「オールジャパン」の国家と社会に対峙するということは具体的になにを意味するのだろう。オスプレイ配備反対の県民大会の意思を日本にむけてぶつけた「オール沖縄」東京行動のヤマ場として安倍首相にたいする「建白書」の提出がすえられたことには、沖縄内部の政治的センスからいえば違和感があるとの声も、革新系からはあがった。何度県民大会をくり返し政府首脳に抗議文や要請書を手渡しても効果がなかったとの反省は、一二年九月の普天間ゲート封鎖という直接行動がおこされる背景をなしていた。しかも「建白」は上位にたいする下からの申し立てという意味である。ひらかれた自由な県民大会の空気とはちがい、たしかに時代がかっている。

ではなぜこのことばが選ばれたのか? 「建白書」は明治維新の「大政奉還建白書」や自由民権運動の憲法制定・議会開設の建白のように、日本の歴史に重大な意味をもつ想いをこめて総理大臣に手渡された。その重大な意味とは、東京集会の壇上で発せられた「うちなーは日本でしょうか?」との問いにつきる。「建白書」はいう——「古来琉球から息づく歴史、文化を継承しつつも、また私たちは日本の一員としてこの国の発展を共に願っても来た」のだが、「いみじくも祖国日本に復帰して四十年目という節目」に、政府はオスプレイ強行配備など「「差別」以外何物でもない」政治で県民を危険にさらし、「米軍はいまだ占領地でもあるかのごとく傍若無人に振る舞っている」。建白が問うたのは、日本史における沖縄の意味、人間にとっての主権国家の意味であった。

しかしこの首相直訴の結果はむなしかった。菅義偉官房長官は上京団と面談後の記者会見で「建白」を不要な心配にかられた「陳情」とよんで受け流した。保守系が大多数をしめる首長・議員を先頭に沖縄のすべての政治家が一丸となっても、日本の政治は〈捨て石・占領〉をつづける。このことがはっきりした。もうひとつ、四〇年まえの「祖国復帰」を歴史の節目とする意識がもはや日本の政治になくなっていることもわかった。前節でふれた「主権回復の日」はこの一カ月半のちに閣議決定された。沖縄の分離も復帰も、日本の「完全な主権」とかかわりはない、分離可能な外地・植民地である——安倍政権は戦後日本の対沖縄政策を率直に見せてくれた。再度捨てる態勢はつねに維持してきたのだから、沖縄のあるなしで日本の主権が左右されるようでは、国家の威信が保てない、アジアの波乱の時代をまえに、あらかじめ外しておくべきだということかもしれない。

歴史上、建白や直訴は聞き入れられなかった場合は死罪を覚悟すべき行為だった。「祖国」は沖縄で思想的に死んだのかもしれない。建白は歴史を白日のもとにさらし、これからの日沖関係のイメージがもはや軍事植民地、特別自治制ないし連邦制、独立といった座標軸でしかリアリティをもてなくなるのだとしたら、たしかにこの建白は歴史的な行動だった。国家のふところで問いを突き立て、支配をくいやぶるこのような行為は革新系ではなく、保守にしかなしえなかった。

沖縄をまもる保守の伝統

日本の国内にあるかぎり国の命令からは逃れられない、しかも東西二極対立で世界が対峙する冷戦下では日米安保を受け入れ、国の責任による経済振興と基地の部分的な整理縮小をもとめる以外に生きる道はない。「中央とのパイプ」の太さを誇った復帰後の沖縄保守政党はそう判断してきた。五六年の「島ぐるみ闘争」で社大党の再起を牽引し、冷戦末期に知事(一九七八—九〇)をつとめた西銘順治がその代表格である。しかし冷戦終結後も政府は在沖米軍基地の抜本的縮小をもとめる声に答えず、九一年の湾岸戦争の後方基地化、海外派兵を可能にする日米安保再定義へとむかっていった。

これに反旗をひるがえし、「沖縄の人間として基地の重圧はこれ以上いらない」、「県益論から基地問題を考えるべきだ」、「基地の全面撤去まで訴えたい」と、九四年に自民党県連の基地政策見直しを牽引していったのが、西銘から教えをうけた翁長雄志――県議一期目の新人議員だった。まだ超党派県民大会が復活するまえだが、「県内政党間の連携なしには沖縄の展望はない」と保革が連携した基地縮小交渉をよびかけた（『沖縄タイムス』九四年六月一三日）。

なにを支えに、いちはやく保革の連携を提唱することができたのか。日本や世界の矛盾が沖縄にしわ寄せされるなか、被害者の「県民同士がいがみあうような怖ろしい歪みがマグマのように溜まって」いたからだという。それは父が保守系の政治家であるため、かれ自身が小学校以来「歯をくいしばってきた」、「耐えきれない」無念さでもあった（翁長雄志『創造への挑戦』二〇〇三年）。

日米の手先になって引き裂かれるだけが沖縄の保守の伝統ではない。四八年からの民族戦線運動、そして五六年の「島ぐるみ闘争」の先例がある。保守勢力が沖縄をまもる〈**沖縄の保守**〉として統治権力に反旗をひるがえし下野したとき、野生のデモクラシーはひとつになって巨大化し、地下に流れる歴史の胎動が大きく表面化してきた。

「島ぐるみ闘争」において保守勢力は、それまで米軍に「協力することによって問題の解決が得られると思って」きたが、プライス勧告で二束三文の永代借地料による土地買い上げを代行するほかなくなり、これでは沖縄をまもれない、「責任を負うて退陣する決意」だと行政主席以下全首長らの総辞職決議をおこした〔鳥山二〇一三：二四二〕。そして行政府・立法院・市町村長会・軍用土地連合会からなる四者協議会は、次のような「四原則貫徹実践要綱」を発表した。

三　われらは民族を守る堅い決意で世界の人が是認するであろう正義を武器とし、一切の暴力的武器をとることを否定する。米国が万一実力を行使することがあっても、無抵抗の抵抗をもって力に対抗する。

四　われらは米国の方針と闘っているのであって、在留米人と闘っているのではない。個人としての米人の人格人権は、これを十分に尊重しなければならない。

五　われらは自主的に治安を維持し、いささかも社会を不安に陥れることをしてはならず、一切の犯罪をなくすことに努める〔新崎編一九六九。傍点引用者〕。

これにこたえて琉球民警察はさっそく「われわれは沖縄住民の一人であり、住民としての警察官であり、決して戦列を離れることはない」とのメッセージを発表した〔鳥山二〇一三：二四三〕。「実践要綱」の精神は六〇年後の「辺野古の自由」の精神とおどろくほど通じあっている。

歴史のかさなりあいはそれだけではない。二〇一三年の「建白書」東京行動の中心人物となった翁長那覇市長は、記者会見で「一九五〇年代の土地闘争を紹介。基地の固定化を狙った米軍による軍用地の一括買い上げに激しく抵抗した住民運動を引き合いに出し「当時、自治権もない沖縄が結束して土地を売らなかった。〔今は〕私たち責任世代が頑張る」という覚悟を披露」した〔『沖縄タイムス』一三年一月二九日〕。このときの集会もふくめ、翁長市長は米軍からの返還地が大きな経済効果をもたらしていることを数字をあげて紹介し、「基地は沖縄経済の最大の阻害要因」だとの持論を展開するのを常としてきたが、その成功例にあげられる那覇新都心おもろまちは、父の翁長助静《じょせい》が真和志村長だったときに強制接収された地域だった〔五三年に村から市に。五七年に那覇市と合併〕。

翁長助静市長は「島ぐるみ闘争」の総辞職表明の列にならび、五六年七月には沖縄からの四人の代表のひとりとなって日比谷野外音楽堂（「建白書」東京集会と同会場）でひらかれた「沖縄問題解決国民総決起大会」の舞台に立った。そして国会に参考人招致され、行政担当者として具体的な数字をあげながら住民の困窮と人心退廃、教育問題をくわしく説明し「沖縄の最も重大なる危機を切り抜ける」支援を全国にうったえた（衆院「外・内・法連合審査会」議事録、七月一二日）。

戦後沖縄の自治権獲得のあゆみは革新陣営のみに限定される経験ではない。むしろ「米軍占領下にあるとは言え、政府主席以下みな沖縄県民が行政にたずさわって」「本土人の影」を消しさり、「それが戦後の沖縄をつくった」（宮本常一『私の日本地図8　沖縄』未来社、二〇一二年）。その独立自営の地域行政は保守の地盤である。さらにいえば、市長村区にいたる地域の自治の伝統は保革の系列化以前、〈オール沖縄〉収容所体験（→第一章）以来つちかわれてきた戦後沖縄社会の基層にある。

一九七〇年一二月の「コザ暴動」で、夜の街で米兵犯罪を目撃して怒りを爆発させたひとびとは、米軍車両約八〇台を焼きはらい基地内を襲撃したが、黒人兵は仲間だと襲わず、略奪も死者も出さず、秩序立った「暴徒」として夜明けとともに去っていった。「右翼」の飲食店員や「新左翼」の青年らがガソリンの手配などに奔走したが、焼き打ちは周囲にくらすみんなで手がけ、カチャーシーを乱舞しあった。沖縄人のいのちをまもるための自治自衛の伝統——それが国家に対峙し内側から支配をくいやぶることもおそれない「オール沖縄」の基層にあり、つきつめれば、ときの選挙で保革（あるいは沖縄の伝統的な党派対立の「シルークルー（白黒）」）のどちらが勝つかにはかかわりなく、歴史はこの精神史の上をあゆんでいる。

3　愛の歴史——〈アジアの平和の世紀〉にむけて

三つの精神の調和

戦後七〇年をむかえた沖縄は、〈沖縄戦の政治〉の継承復興をめざす日本の政治から身をはがす、みずからの道をあゆみはじめた。革新系は前章にみた市民運動ネットワークによって系列化の分断から再生をはたし、保守系は、革新系が牽引する現場と県民世論の動向を追いながら、「イデオロギーよりアイデンティティ」とのスローガンのもと、〈沖縄の保守〉というアイデンティティを系列化から脱皮させた。ではこの先にはどんな未来が待ちかまえているのだろう。

それはもちろんこれからつくられる。えがかれる未来像もじっさいのゆくえも、これからに委ねられている。その議論や判断の土台をととのえる意味をこめて、歴史をふりかえってみよう。

この本では第一章「まとめ」と第三章3で、合計一〇の〈戦後沖縄の精神文化〉の主要素をあげ、折々にその組み合わせを手がかりにしながら戦後七〇年をたどってきた。スタート時点では、それらが沖縄の固有性を強くそなえたものと世界的普遍性にひらかれるものに相対的に大別できるのではないかと考えたが、どうだったろう。たしかに各時期の代表的な運動には二つの要素の並立がみられた。だがその一方で、固有か普遍かといった外形的二項対立とは別に、同種のテーマが三つの軸をめぐり継続して問われてきたこともみえてきた。

まず①同胞意識と⑨団結・自衛の伝統が結合した、沖縄の民族的団結・主体化のエネルギー、つぎに❽異文化や普遍性に越境し❿超越的な連帯にひらかれようとする渇望、さいごに②国家や権力の変遷を突き放してとらえる歴史（社会）観――この三つの潮流がせめぎ合い何らかの調和をとげるなかで、歴史を動かすダイナミズムが生みだされてきたようにみえる。そのほかの、❸人の情け、❹自然の偉大さ、❺いのちを重んじる価値観、⑥民俗文化、⑦女性の精神的優位性は、三つの潮流のいずれにも根源的な生命力をおくる基盤的な精神文化といえるだろう。

三つの潮流・軸をより一般的な琉球・沖縄の歴史文化のことばでまとめれば、こうなるだろう。

(1)生まれ島の自治と自衛の精神を基礎にした「**島ぐるみ**」の**主体化と団結**

(2)島々の多様性・流動性・開放性に根ざした**普遍・越境への渇望**

(3)国家など統治権力（の変遷）からの**社会の自立**、またその歴史観

近代政治学のことばにすれば、ナショナリズム、コスモポリタニズム、アナキズムに相当する。定義はともあれ、この三つの精神文化の潮流が調和するあり方の模索が、今後も沖縄の歴史の道すじをかたちづくるのではないか。順に三つに焦点をあてながら、この本でみてきた歴史からひらかれる未来への視座を整理してゆくことにしたい(4)。

しなやかな郷土愛

島嶼社会の大きな特徴のひとつは、その地勢を背景にして、島の外から新しい要素や技術、普遍性の高い文明などをとりいれることにある。それによって停滞や近親婚をさけ、外界と交流し刷新をとげることが生きる条件となってきた。そのため一方では、海のかなた（ニライカナイ）から別の

文明を背景にしてやってくる者を統治者としてうけいれることがある。だが他方では、祖先が苦難の旅をへて開拓と定住にいたった創建神話がそれぞれの島〈シマ〉にあり、外来者から自治をまもることは存続のために欠かせない。琉球・沖縄の神話や祭りには、この二つの要素を調整する思想と文化、そして歴史経験が反映されている。神話とは、くり返される循環構造のなかに歴史をはめこんで語りつぐ歴史叙述の一形態であり、そして祭りとはまつりごと、つまり政治である。

島々の自治性の上に外来の権威が乗るという政治形態は、近年のアメリカ、日本だけでなく、琉球王国にも共通している。中華文明から冊封などの政治的権威構築の技法や統治者を導入することで、琉球は統一国家形成をはたした。これは琉球・沖縄にとっての国家‐社会関係の基本形といえるだろう。そして海域にひらかれた群島社会の統制のよわさやゆるさが、近代にあらわれた集権国家につけいられ、外部の権力のために島々の生存が犠牲にされ危機に瀕した場合、沖縄社会全体をひとつのシマとする⑴「島ぐるみ」の主体化と団結がくりだされてきたのだと思われる。

そこには国家権力とシマの社会権力が結合される沖縄の民族国家形成の可能性が秘められている。これにたいし、⑵の普遍・越境への渇望と⑶統治権力からの社会の自立は、ともに⑴の団結が集権性を高めて国家形成にむかうのをはばむかのようである。しかしそのことは⑴の全否定、沖縄社会が自衛のために大同団結する支障にまではならないだろう。国家なき民族社会として国家に対峙し、生存を要求して連帯をひろげるとりくみは、沖縄戦後史において歴史的に展開されてきた。

そして⑵と⑶がともに権力の集中を緩和する働きをもつことは、⑴から生起するさまざまな危険を回避させる。外部に対抗する〈沖縄の政治〉の主体化だけが進めば、団結の中枢にあるシマが他のシマを抑圧する内部の問題が生じ、また、外部とのつながりの密度をめぐる党派対立(「シルークルー」)が激化し、外部からその亀裂につけいられる危険が増す。かたすぎる団結は瓦解や同士討ちにつながりやすい。むしろ(2)の論理によって人類や地球、アジアなどの普遍的回路につきぬけ、越境の風通しをいれること、また(3)の論理によって内外の権力をつきはなし、政治の敵味方とは別の論理で社会が自律性をたもちつづけることは、かえって(1)をしなやかに長つづきさせ、工夫しだいで外にたいする力を増大させられるゆとり・あそびをそこにもたらす。そのとき、(1)は近代の偏狭で権力的なナショナリズムとして屹立するのでなく、パトリオティズム——普遍的な愛郷心・愛郷主義として、三つの精神の調和のうちに安定するのではないか。

硬軟緩急を併用し、沖縄の団結が世界との連帯にひらかれ、敵味方の境界も薄めてぼかし、軍事の論理を自由にこえようとする運動、それが辺野古の現場などであらわれていることはすでにみた。それはまさしく「沖縄らしさ」にあふれた平和思想／運動だといえるだろう。そしてこれから必要となってくるのは、現場が核になって世論・政界が連動しあう〈沖縄の政治〉の精神やその目ざすところを、近隣のアジア諸地域にアピールしていくこと——(1)の主体化・団結に並行する(2)コスモポリタニズムの展開なのではないか。

「辺野古の自由」の越境展開

〈沖縄の政治〉の現場－世論－政界の連動を、どう外部につたえ、越境させてゆくか。このようなある種の平和外交は、もちろんこれまでもとりくまれてきた。だが「オール沖縄」の自治・平和要求は日本の政治ではあまり相手にされなかった。日米の社会へのアピール活動はもちろんあるべきだし、そこから世界市民のネットワークにつなげていく展望もひらかれる。とはいえ、それは〈沖縄戦の政治〉を継承護持する日米同盟とのあいだで利益をうばいあう正面対決の基本構図から自由になれない壁に直面している。日米vs沖縄という二項対立とは異なる話し合いのテーブルを別につくり、イスを増やして問いを多元化する工夫もあるべきだろう(5)。

二一世紀は「アジアの世紀」となるといわれて久しい。国連や米国家情報会議などの推計によると、二〇三〇年までに中国はアメリカを抜く経済大国になると予想されている。他方で若年人口の多いインドはそれ以前に人口で中国を追いぬき、過去にも国境紛争を経験してきた核保有の両国がアジアの覇権をあらそうことになるかもしれない。世界経済の中心になると目されるアジアの国際秩序はいずれ大きな変動に直面する。その時期の到来を視野にいれて、沖縄はアジアの自立的な平和創出という新しい課題・価値に、どうみずからの課題を接続させることができるだろうか。

沖縄で民主主義を否定して住民を切り捨てる〈沖縄戦の政治〉がつづけられ、その権化として最新鋭の米軍基地がつくられてゆくのは隣接地域にとっても脅威である。では二〇世紀の戦争遺産から手をはなさない日米同盟に軍縮と理性的行動をもとめるパートナーをアジアにもとめていくには、なにが必要だろう。なによりも大きな交渉力、ソフト・パワーの土台となるのは(あらかじめ沖縄にたいする支配権の名乗りあいを防いでおくためにも)歴史と文化に即した自己像を明確に打ち出すことではないか。先にあげた三つの精神を足場にすると――『琉大文学』OBの川満信一さんの近年の思想とかさなるが――こんなふうに自己像と未来像を立てることもできるだろう。

沖縄はいま独立国家の主権をもたないとはいえ、⑶時代ごとにうつり変わる支配権力から自立して、⑵島々の平和と友好、多様性を重んじる思想・文化を歴史的に築いてきた。また⑴どんな軍事的強権にたいしてもゼロから自治権をかちとってきた団結と抵抗の伝統をもっている。それゆえ、すべての国の沖縄にたいする新たな排他的な主権獲得の申し出をお断わりするとともに、みずから排他的に境界を閉じて敵対することも欲せず、これから「アジアの世紀」の平和と国際協調の舞台となって、かつて琉球王国がかかげた「万国津梁《しんりょう》」非武装中立の理想を復興させることを悲願としている。その第一歩として、たとえば沖縄の基地がアジアの不安要因となる緊張状態を緩和していくため、「非武の島」でのアジア軍縮会議をよびかける。(6)

打ち出すべき自己像は「オール沖縄」だけではない。それは日米にたいする⑴「島ぐるみ」の団結の自己像ではあるが、それだけでは各国の利害をこえる普遍的なアピール力がうまく発揮されない。足もとには「沖縄」をこえ出る先島離島の多様性があり、民主主義の否定はアジアで珍しくない。みずからの内なる⑵越境性と超越的価値への渇望を解き放つ——そこに〈沖縄の政治〉が視野に入れるべき次なるステージはあるのかもしれない。それは平和をもとめる戦後沖縄のあゆみの精華である「辺野古の自由」を、「アジアの世紀」における世界の宝へと押しひろげていく道とかさなる。

戦争と占領に抗する愛の歴史

自治体独自の国際政策はこれまでもおこなわれてきたが、観光・通商・留学・文化交流などに制限され、軍備を減らす外交交渉は原則的には国権の専権事項とされる。だが地域の歴史・文化に即した国際協調を学術を基調にアピールすることまでは禁止されないだろう。このばあい沖縄が近代的国家主権をもってこなかったこと、(3)国家から自立した歴史観・社会観をはぐくんできたことを強みにすることができる。その基盤に立って、沖縄の経験をアジアの広域的な反権力平和主義の理念につないでいくことはできるだろうか。

もう二〇年まえになるが、新川明さんは「狭い意味での沖縄ナショナリズムみたいな閉鎖的な生存空間、社会空間」をつきぬけて、五〇年一〇〇年単位で「強靫でしなやかな精神を取り戻す」「未来へのイメージ」として「沖縄独立の夢を語ろう」と提言した。それから一〇年後、仲里効《なかざといさお》さんは従来とは異なる「独立の発明」ないし「発明し直し」を提案した(『世界』一九九六年八月号・二〇〇六年一月号)。中央集権と軍事力によって国内を支配し国外に対峙する主権国家体制からの社会の独立。それは琉球・沖縄の実態的な歴史経験でもある。問題のひとつは、それが実態的なありようであって、そこに政治学的あるいは制度的な名まえや主体がないことだ。

その独立は近代の政治世界とは異なる論理のものであり、新川さんたちの提言は、よびかけを聴く者たちとのあいだで思想上の対話がはじめられることを提唱したものだと理解できる。沖縄の歴史経験を「東アジアにおける人間解放の運動」につなげ、さらには過去数世紀すすんできた西欧化の流れの先に、二一世紀のアジアと世界をどう展望し生きていくか。それが戦後沖縄の歴史から提起されている(新川明「「琉球独立論」をめぐる雑感」『うるまネシア』一六号、二〇一三年)。

その対話の成否、ゆくえはまだわからない。現在にいたる沖縄の歴史や思想のありようはどんなものか、それがこれまで国家史の霞みがかかって視えにくかったことも障害となってきた。だが私たちはもう戦後七〇年のあゆみをいちど旅してきた。別の道案内のしかたもあるだろう。みずからたどりなおすこともできるだろう。それら今後の豊富化を期待しつつ、さしあたりこの本からみなさんにはなにが視えただろう。私なりにふり返ってみれば——国史・戦史の呪いにはじまって、それをつきぬけてゆく男女の愛と同胞愛(第一章。以下順に本章までの各章テーマ)、人類愛、土地(郷土・労働)への愛、子ども(未来)への愛、自然への愛、敵味方をこえる隣人愛——まごうかたなくそれはひとびとの愛の歴史だった。

愛の領域は近代においては家庭内の私的領域に分類され、女性化され自然化され搾取の対象とされてきた(岡野八代『フェミニズムの政治学』みすず書房、二〇一二年)。しかしこの本でみてきたさまざまな愛の精神は、戦争の傷から立ちなおり、占領を終わらせ、分断とたたかいを終わらせるひとびとの歴史の、公共的な核や支えとしてあった。それは政治や外交などにもわたり、女性史や社会史の範疇に特殊化され囲いこまれることがないトータルな人間の歴史だ(→歴史ノートX)。

琉球・沖縄史における(3)反権力の自由と平等への渇望が、アジアの、二一世紀世界の精神につながるための重要な手がかりは、そこにあるのではないか。新旧宗主国の帝国主義と植民地主義の折りかさなり、国境の内外を横断する戦争と分断統治など、戦後沖縄の〈捨て石・占領〉経験は二〇世紀アジアに普遍性をもった歴史である。これらの錯綜する歴史の傷はそれぞれ単独固有であって一般化しえないが、それらを克服する反権力‐反暴力社会の未来展望を、愛の精神史のモデルとともに提起していくことは、脱帝国/植民地主義をめざす二一世紀アジアの時代精神につながり、それを牽引する意味ももつだろう。

本章1でみた日本の基地建設強行の政治は「アジアの世紀」がこれからぐらねばならないアジアみずからの帝国主義・植民地主義の葛藤を、旧帝国のひとつ、日本の国境内であらわしたものだ。その圧力に愛の精神史と自然の超越性との調和をもって抗する沖縄社会は、二一世紀の世界史のあり方を問うその中心点のひとつとなる。〈沖縄戦のあと〉の歴史——沖縄戦後史は、戦争のあとの未来をさがし求めるあゆみにほかならず、その未来はアジア・世界・自然のなかにあるからである。

歴史ノートⅨ　天皇制と沖縄――〈すぐれた対話者〉たりうるか？

いわゆる「沖縄問題」――沖縄戦後の軍事・領土・人権問題とは、世界史的にみれば「日本問題」である。では、日本戦後史と沖縄戦後史はどのような関係に立つべきであろうか。「日本問題」の中核から、このことを考えてみよう。

昭和天皇にとって沖縄は、とくに「天皇メッセージ」が発見された七九年からは、深い棘だったようだ。八七年の「海邦国体」で戦後初めて沖縄を訪問しようとしたが、「思はざる病となりぬ沖縄をたずねて果たさむつとめありしを」と詠んだように、はたせぬまま生涯を終えた。「果たさむつとめ」とはなんだったろうか。ゆけば当然待っている歓迎式典によって和合すること、そうすることによって「日本国民統合の象徴」としての憲法上の職責をはたすということだろう。

代をついだ明仁天皇は、国民の平和への願いの象徴たらんとつとめてきた。普天間基地の移設にかかわって、来日したクリントン大統領に「沖縄の問題は、日米両国政府の間で十分に話し合われ、沖縄県民の幸せに配慮した解決の道が開かれていくこと」を願うと述べたのは、立場上可能なギリギリの行為として称賛されている［矢部／須田二〇一五］。だが政治制度としての天皇制において個人の自由な意思表示は禁じられ、近代天皇制をつくりあげた長州藩士の末裔であることを自負する安倍晋三首相によって〈沖縄戦の政治〉が復興させられ、その意味で挫折を強いられつつある。これ自体が人権抑圧でもあり、平和の「象徴天皇」をかかげながら権力政治を横行させる二枚腰の体制ともいえるが、どうしたものだろうか。

この本で戦後沖縄の思想をずっと手ほどきしてくれた牧港篤三さんにきいてみよう。かれは天皇のことにはまったくふれない。だが「沖縄を訪れる本土の人たち」に、復帰を前にこんな苦言を呈している。「沖縄に対してある負い目を感じるとのことである」、「戦争中たいへんな苦労をなめ……なんといって詫びたらよいのか分からない」と。だから「余計に手に負えない」、「毅然としたものを欠いている」頼りない感じだからだ。

しなやかな思考をこのむ牧港さんは、アフォリズム(箴言)の引用をこらしながらこんなふうにいう。「すぐれた対立者はいないか」、「敵になにかをあたえるすぐれた対立者は」。日本にとって沖縄はいつも卑小な敵であり、沖縄にとっても日本はいつも卑小な敵であるというわけだ。

米軍統治からの解放を自力でかちとり日本人と再会するとき、温かく「迎えるのにやぶさかではないくらいのユトリをもはや沖縄人はもっている」。だが「民族国家としての主権確立のための努力は歴史的に見るならば時代遅れになって」「何らの希望ももてなくなってしまった時点において」再会するのだということを「自覚しなければならない」。この間のわるい再会で「非難するべきはこの世界全体」、民族の戦争と難民の列がたえないこの世界であると。ならば沖縄人と日本人は、自分たちが出会うこの世界で、なにをともにめざすことができるか。沖縄の「異形の民族主義」が日本の民族国家とむきあい、一方が他方を犠牲にしたり「所有」したり統合するのでなく、たがいが「普遍的・人間解放の理念」を視野に収められるよう、すぐれた対話関係をつくるべきなのではないか〔以上、牧港一九六五・一九八〇〕。

さて、日本の政治はどうしたら人道に反する〈沖縄戦の政治〉から脱することができるのか。出発点にある「国体護持」のための行為と、憲法から逸脱した「天皇メッセージ」についての陳謝はなく棘のままである。しかし私たちは象徴や中空をめぐる論議が政治の中央の座を占めることには気をつけ、正義と人権をもとめあう実際の行動、その公共性をもってたがいの関係の未来をつなぎあわせるべきだろう。

沖縄は、二一世紀以降のアジアに日本がアメリカの後ろ盾なしに復帰するときには、仲裁者とも架け橋ともなってくれる大事なこころある隣人なのではないか。数百年単位の歴史的な視座からそんなことを念頭に置いてもいいのかもしれない。

歴史ノートX　女性史に支えられた沖縄戦後史

　この本でみてきた戦後沖縄の思想の特徴は、人間のよわさ・情け・いのちの価値に立脚した助けあいの同胞意識と、団結・自衛の精神、これらを基礎として人類規模の生存権や自然の超越性にひとの思想と社会を融合させ、権力からの自由を得ようとするものだった。

　こうした特徴がうかびあがってきた軌跡を代表的な人物からざっとたどれば――上地栄の生存権思想にもとづく日本帰属運動（→第二章3）、国場幸太郎の「島ぐるみ」超党派連帯の思想と運動（→歴史ノートV）、仲宗根政善の家族・郷土愛と人類愛の統一（→歴史ノートVI）、一坪反戦地主運動における沖縄の土地と世界平和の融合（→第五章2）、さいごに固有と普遍を両立・融合させ、力ずくの支配から脱する未来を展望する思想家として川満信一さんと新川明さんに登場ねがった（→終章3）。

　なお、いまあげた思想家が男性ばかりなのは、女性たちの場合、わざわざ観念のことばに外在化して論じあうより、固有と普遍の両立・融合が内的にとりくまれ、個々人の生き方のなかで実践されてきたからではないか。「女にとって女性史とは、わが身の生きざまにほかならない」ともいわれる（もろさわようこ『沖縄おんな紀行』影書房、二〇一〇年）。愛情はその表現の代表的なすがたであり、列挙した男性の思想家たちは、ほとんどみな母や姉妹の愛情にまもられてこれらの思想を育んだようにみえる。もちろん「おんなという経験」（上野千鶴子『〈おんな〉の思想』集英社、二〇一三年、二八・一〇九頁）の思想化を、社会運動に直に表現するとりくみもなされてきた。そのあらわれ、形成物が、「島ぐるみ闘争」、「オール沖縄」基地反対運動、そして戦後史を貫通する平和運動なのではないか。

これらの男女比較はすべて社会的につくられた性差(ジェンダー)のなかでの議論であるが、男性たちの思想と運動が〈捨て石・占領〉に加担させられて抵抗するステップを踏み、また党派対立や分断にはまりがちだったのにたいし、女性は一貫して戦争・占領体制の犠牲者の位置に置かれてきたこと、その社会的地位がこの差異に関係しているだろう。この意味で戦後沖縄思想史の基盤は、戦争・占領からいのちと平和をまもろうとする「女性史」に支えられている(→歴史ノートⅦ)。

持続性をもった「女性史」の生命・生活史の土台の上に、男性を中心とした政治史・思想史・社会運動史などの権力闘争史の変遷が推移し、両者が交錯するときに歴史が根もとから動いてゆく。本書がえがいてきたこのような歴史のとらえ方をなんといえばいいのだろう。

いわば女性史と男性史の結合だが、それを愛の歴史とよぶのは性愛のアナロジーにかたよった見方で、ほんらい隣人愛など公共性へのひろがりをもった愛の領域をせばめるきらいがある。とはいえ、近代の軍事的主権的世界観が人類にもたらした甚大な傷と対立を克服する課題にとりくむべき二一世紀の歴史状況においては、近代の政治では公的領域から排除されるなかで「愛国」など各種の全体主義の情動的資源にあけ渡されてきた愛の領域が、公共性や超越性をもった時代精神の核として復権する可能性がある。沖縄戦後史が愛の精神史に貫かれていたことは、そのことを示唆している。

前世紀に主流を占めた「戦争と革命」のための権力と合理主義の歴史観を根底的に相対化するインパクトをもとめる意味で、今世紀の歴史学のメインテーマのひとつを人類愛、隣人愛、ジェンダー間の共生などをふくむ愛の歴史学ととらえることも可能なのではないか。多方面から批判的検討をいただきたい、これからの課題である。

注

序章

(1) 以下、伊原第三外科壕についての記述は宮良ルリ『私のひめゆり戦記』ニライ社、一九八六年、仲宗根政善『ひめゆりの塔をめぐる人々の手記』改訂再版、角川文庫、一九九五年、[柴田二〇〇七]を参照引用。

(2) 以下は[仲宗根一九八三：一二三・一八六]、[仲宗根二〇〇二：三三・七三]。

(3) この本では、戦争・占領体験のあまたの語りを紹介していく(引用は読みやすくするために若干手を加えた場合もある)。それらのことばがどのように語られ、記録され、みなさんの目にふれるところまで伝えられてきたのか。そのようすをうかがってもらうため、最初に登場ねがった二人の会話を紹介したい。

一九六八年ごろ、石垣島の小中学校の教師となっていた宮良(旧姓守下)ルリ先生は、証言を記録する依頼をうけて、戦争体験を語りだした。「まるでなにごともなかったし、これからもなにごともない」かのように、放課後の音楽教室でにこやかに録音は始められたという[日本教職員組合・沖縄教職員会一九六八]。だが仲宗根政善さんは七一年の日記にこう記す。「ひめゆりの塔で生き残った生徒が五人いる。この生徒たちの記録はもっと詳細に書きとめておかなければならない。……守下ルリ子はよく話してくれたので、もっと詳しい記録を残してくれるよう依頼したが、先日御会いした時、実は、あの当時の記録を書き始めると、その晩から発熱してどうしても書きつづけることが出来ないとひそかにもらしていた。このことは誰にも言ったことがなく、先生にだけお伝えしますということであった。……まだまだふれると腐爛した肉から血が出るようにして、頭の中に毒素のようなものをかき立てるらしい」[仲宗根二〇〇二]。

古来、毒は治療薬ともなり、この本には未来に役立てるための薬／毒が満載だが、一つひとつに語る苦しみがこめられていることを銘記して、はじめたい。

（4）［Appleman 1991: 280］。以下、沖縄戦については藤原彰編『沖縄戦と天皇制』立風書房、一九八七年、同『沖縄戦――国土が戦場になったとき』青木書店、一九八七年、林博史『沖縄戦が問うもの』大月書店、二〇一〇年、［鳥山二〇一三］参照。なお本書では学術一般書として、先行研究で定説化したと思われる史実は引用の逐次的な出典表示を省略した。

（5）陸戦史研究普及会編『沖縄作戦』原書房、一九六八年、六頁。執筆は陸上自衛隊幹部候補生学校（旧陸軍大学校）の戦史室教官。

（6）沖縄戦の主人公は「沖縄人（住民）である」。一九八一年にそう記した翌年、牧港篤三（一九一二―二〇〇四）さんは軍用地の返還をもとめる一坪反戦地主運動の発足に呼応して参加し、さらにその翌年、米公文書館所蔵の沖縄戦記録フィルムを買いとり上映活動をおこなう「一フィート運動の会」の発起人・代表となった。それまでの「政治から最も遠い位置にいる人」［新崎一九九六：六九］のイメージをやぶり、反戦平和運動家としての晩年を切りひらくようになった。

（7）この本でいう**沖縄戦後史**とは、一面で国家など統治体制に翻弄されつつも、統治体制の変遷を画期としてすすむ国家史には統合されずに自律性をもってあゆむ社会・民衆史である。国家から参政権をうばわれ自治政府をもてなかったため、直接民衆が国家および国際政治にむきあい自立的な民主政治を生みだしてきた。それゆえ本書が沖縄戦後史として見ていくのは、民衆の政治・社会建設の現場となる。このような見方の確信をつよめた機会として、鹿野政直著『沖縄の戦後思想を考える』の合評会（法政大学沖縄文化研究所、二〇一二年二月四日）での報告・討論は貴重だった。場をお世話いただいた屋嘉宗彦さん、参加されたみなさんに感謝申しあげる。なお、「またぎ越す」との表現は戸邉秀明「沖縄「占領」からみた日本の「高度成長」」『岩波講座東アジア近現代通史8』二〇一一年参照。

また、この本で平仮名で「**ひとびと**」と表記するのは「民衆」の言い換えである。民衆は統治者に対置される存在を指す集合概念だが、同時に権力論に還元できない多面性をもち、その概念に囲いこむことができない。この多元性を強調したいときに用いた。鹿野政直さんがこの用法で民衆を「人びと」と表記するのに学んだのだが、通常の意味の、なんらかの具体的な人間集団を指すときと区別するため、「民衆」

の言い換えである場合は平仮名とした。記述方法についてもう一点つけ加えると、公的な存在・役割において言及するときには敬称を略し、私人ないし個人として登場いただく場合には「さん」をつけた。

第一章

（1）引用文は『沖縄タイムス』二〇一五年七月六・一三日、[大田一九九六：三四五]。
（2）米海軍軍政府厚生部のデータ（大田昌秀『総史沖縄戦』岩波書店、一九八二年、二二五頁）をもとに算出。つづく四六年一月一五日現在の沖縄諮詢委員会社会事業部調査（『沖縄県史料 戦後1』一九八六年、六〇二―〇四頁）では、遅れて投降した青壮年男性の増加や海外からの引き揚げも影響したのか、二一―六〇歳の女性は全体の二五％、男性は一二％となった。
（3）[牧港一九六五：一〇九]、『沖縄の証言 上』沖縄タイムス社、一九七一年、三八頁。
（4）以下、宮永次雄『沖縄俘虜記』国書刊行会、一九八二年、二〇九―四一頁、[沖縄タイムス社一九九八：七九]。
（5）宜保榮治郎『軍国少年がみたやんばるの沖縄戦』榕樹書林、二〇一五年、六五頁、那覇市総務部女性室編『なは・女のあしあと』琉球新報社、二〇〇一年、六一頁。この報復事件については、比嘉慂『カジムヌガタイ 風が語る沖縄戦』講談社、二〇〇三年で漫画化され、また謝花直美「子どものやんばる戦」『沖縄タイムス』二〇一五年八月一日でさらに調査が進められている。

第二章

（1）この時期の人の移動、諸制度の創始については[鳥山二〇一三：一三―四四]の整理を参照。
（2）以下、沖縄諮詢会から沖縄民政府、群島議会、立法院の一九五一年までの会議録は、沖縄県公文書館HP「戦後初期琉球民政機構会議録フルテキストデータベース」を参照引用。
（3）こうした初期の占領状況は[鹿野一九八七：八八―]にくわしい。
（4）以下、GHQスタッフと沖縄民政府首脳の会談は琉球政府文教局編刊『琉球史料 第一集』一九五六年、一九九―二〇三頁。

（5）森宣雄編『伊差川寛さんインタビュー記録』未公刊。伊差川さんが一九五〇年代からとりくんだのは日本復帰運動であるが、当面の米軍支配からの脱出ではあっても、それで沖縄の問題が解決するとは周囲でも考えられていなかったという。店先に「琉球人お断り」と貼られるような日本の沖縄差別への復帰となるのか、それを運動のなかで変えていけるのかが、「後門」にある問題だった。

（6）以下、初期の政党については［森二〇一〇b：第二章］、［鳥山二〇一三：第三章］参照。

（7）以下は「沖縄人民党演説会開催に関する件」一九四七年九月九日付、沖縄県公文書館所蔵『沖縄人民党に関する書類綴』より、北部演説会での各弁士の発言を、若干順序を入れ替えるなどして要約摘記した。演題は要約内容にあわせて私がつけた。ことばづかいは原文のまま。

（8）以下、政党と軍政府の関係については［森二〇一〇b：一七九―九一］。

（9）以下に述べる食糧問題の事実経過は［鳥山二〇一三：八三―九六］によって初めて明確に整理された。本書ではその恩恵をうけながら、この問題であらわれた住民の対応の思想を分析した。

（10）市町村長会については琉球政府文教局『琉球史料 第四集』一九五九年、二〇七―二一頁を参照引用。

（11）沖縄議会の議員総辞職問題については『琉球史料 第二集』一九五六年、八九―九一頁参照引用。

（12）三党合同演説会・民政府講演会については［森二〇一〇b：第二章］参照。

（13）民政議会設置はNSC一三／三の政策転換が届くまえに決定されていた［宮里政玄一九八一：一三五］。

（14）「野生のデモクラシー」は、ピエール・クラストルの『国家に抗する社会』などを下敷きにミゲル・アバンスールが提起した概念で、制度に飼いならされない、異議申し立てをつづけるラディカル・デモクラシーを指す。これを紹介した土佐弘之『野生のデモクラシー』（青土社、二〇一二年）は、民主主義国家体制のなかに囚われた「制度としてのデモクラシー」に抵抗する新しいアナキズムの思想・運動を表現する概念としてこれを展開した。本書での概念設定は、牧港篤三さんの詩的イメージを下敷きに、民族戦線運動、復帰署名運動、「島ぐるみ闘争」で特徴的にあらわれ、その後も沖縄社会の底流に生きつづける、日米の国家権力の統制・系列外の自生的な社会運動の精神ととらえている。三者はそれぞれ文脈が異なるが、国家権力からの解放やその適切な最小化をめぐる歴史的民族誌的な知恵をさぐる問題関心を共有していると思われ、越境的な検討の呼び水としたい意味もこめて、このことばを援用させていただいた。

(15)　The 526th Counter Intelligence Corps Detachment Ryukyu Command, "Fourth Year of Ryukyuan Politics," 5 December 1950 p. 190.（沖縄県公文書館所蔵琉球民政局文書）

(16)　以下は同議会「衆議院議員選挙法改正法律案特別委員会議事速記録第二号」参照引用。森脇弘二については防衛庁防衛研修所戦史室『沖縄方面陸軍作戦』朝雲新聞社、一九六八年、六一一頁、我部政男「沖縄戦争時期のスパイ（防諜・間諜）論議と軍機保護法」『沖縄文化研究』四二号、二〇一五年参照。

(17)　上地栄（戦後に上地平栄から改名）については［森二〇一〇b：第二章］。また同書刊行後、上地の次女・上地美也子さんのご厚意により、実姉をはじめとするご遺族・親類から生い立ち・生前の事績・発言など懇切に教示いただいた。上地は後述する沖縄人民党への入党・除名後、一九五四年一一月、三たび沖縄を離れ、東京に住んだ。職を転々としたあと労働者のからだを安く確実に治す鍼灸師をこころざし、こちらでも稀代の名人として才能を発揮し、日本経絡学会理事長をつとめるなど活躍した。とくに日本各地の伝統鍼灸を歴史学的に調査し復興させた功績で知られる。その一方で東京の日本共産党支部で一地方党員として地道な活動をつづけた。七〇年の瀬長亀次郎の国会議員当選後は、上地が国会質問を代筆し、上地も瀬長の議員特権で国会図書館の東洋医学貴重文献を閲覧させてもらうなど、かつての友情と協力関係をとりもどした。九八年に七七歳で死去。著書『昭和鍼灸の歳月』（積文堂、一九八五年）など。

(18)　「昭和二十年十一月二十三日沖縄人連盟の（伊波普猷）請願による指令」那覇市史編集室所蔵。『自由沖縄』三号、四六年一月二五日。

(19)　「独立メッセージ」の詳細な検討は［森二〇一〇b：八五―九七］。引用は『資料集Ⅲ』一九一―九五。

(20)　永丘智太郎『沖縄民族読本』自由沖縄社、一九四六年、および『自由沖縄』六・一〇号（一九四六年五月五日、一一月一五日）掲載の永丘の論稿。

(21)　以下は『自由沖縄』八・一一号（一九四六年六月一五日、一二月一五日）、『朝日新聞』四七年六月一七日掲載の上地の論考を参照引用。

(22) 伊波・徳田との交流は生前に上地が家族・親類に語ったエピソードとして伝わっているほか、『人民文化』一九五〇年四月号に、伊波普猷『沖縄歴史物語』の上地執筆と思われる書評が掲載されている（署名は「SU」。同書は上地が中心メンバーだった沖縄青年同盟中央事務局から四七年に発行）。

(23) 群島知事選挙については［森二〇一〇b：二〇七—一四］参照。

(24) 前出 "Fourth Year of Ryukyuan Politics," p. 159.

(25) 以下、復帰運動の展開と人民党については［森二〇一〇b：二一五—三一］。

(26) 復帰署名運動を牽引した青年会や農村の状況については［鳥山二〇一三：一四七—五三］参照。

第Ⅱ部　幕間1

(1) 'Memorandum regarding Ryukyus,' June 27, 1951, "Foreign Relations of the United States," 1951, Vol. VI, p. 1152. ここで述べている占領法制については［森二〇一〇b］など参照。

(2) 西銘順治『沖縄と私』月刊沖縄社、一九六八年、二一二頁。引用文は『沖縄朝日新聞』五三年九月二三日掲載論説。

第三章

(1) 本章で述べる史実の詳細は［森二〇一〇b］［森／鳥山編　二〇一三］参照。

(2) 前出（歴史ノートⅣ）'Report of Finding,' p. 47, No. 144.

(3) "Foreign Relations of the United States, 1952-1954," Vol. XIV, Pt. 2, pp. 1428-33.

(4) 川満信一さんインタビュー。以下、『資料集Ⅲ』一八頁参照。

(5) 『資料集Ⅲ』二三八頁、『瀬長亀次郎回想録』新日本出版社、一九九一年、一四二—四六頁、瀬長フミ『熱い太陽のもと激動の島に生きる』あけぼの出版、一九九六年、七二—七四頁。

(6) 『資料集Ⅱ』一九三頁。沖縄県公文書館所蔵ＩＲＲ文書 "Kotaro KOKUBA" ファイル所収 'Extract from Weekly Intelligence Digest, Issue No 42-54, 22 Oct 54, BIOGRAPHICAL: KOKUBA, KOTARO,' 18

Nov 1954, Agent Report, 'OKINAWA PEOPLE'S PARTY (OPP), '20 March 1957, 'Kokuba Kotaro, SECTION V SYNOPSIS OF POLITICAL HISTORY,' 28 March 57.

（7）『沖縄を深く知る事典』日外アソシエーツ、二〇〇三年、七九頁。二〇〇四年八月四日の筆者によるインタビュー。

第四章

（1）李鐘元『東アジア冷戦と韓米日関係』東京大学出版会、一九九六年、七〇頁、我部政明『沖縄返還とは何だったのか』日本放送出版協会、二〇〇〇年、七九頁、鳥山淳「一九五〇年代沖縄の軍用地接収」『歴史評論』七一二号、二〇〇九年、四七頁、太田昌克『日米「核密約」の全貌』筑摩書房、二〇一一年、[我部一九九六：第三章]。

（2）以下は次を参照引用。川満信一さんへのインタビュー。『沖縄文化研究』二二号（仲宗根政善追悼特集号）、一九九六年、沖縄言語研究センター編刊『追悼・仲宗根政善』一九九八年、復刻版『琉大文学』不二出版、二〇一四年、[鹿野一九八七]。

（3）非合法共産党と『琉大文学』の関係については[森／冨山／戸邉編二〇一六]参照。

（4）このくだりは、那覇中心部の上山中学校の生徒たちが青信号で横断中、米軍の大型トラックがつっこみ国場秀夫君をひき殺し、犯人の米兵には非公開の軍法会議で無罪判決が下された「国場君事件」（一九六二年）か、それに類する無数の米軍犯罪が想起されているものと思われる。

（5）琉球銀行調査部編『戦後沖縄経済史』琉球銀行、一九八四年、五五八頁、平良好利『戦後沖縄と米軍基地』法政大学出版局、二〇一二年、一三二頁、[宮里政玄二〇〇〇：一二二]、[鳥山二〇〇九：八九―]。

（6）以下、「同胞援護」事業については沖縄協会編刊『南方同胞援護会一七年のあゆみ』一九七三年、九一一五頁、[鳥山二〇〇九：八二―九〇]。

（7）以下は[森二〇一〇a]参照。沖縄戦後史における瀬長亀次郎の絶大な役割と、人間としての苦悩については、別の場であらためて考えることとしたい。かれは功罪を簡単に断じることのできない偉大さをもった歴史的人物であり、通史の枠内では、その内面に踏みこんで論じきることができないからである。

(8) 瀬長亀次郎「安保改定と沖縄」『世界』一九六〇年五月号、九三頁、同「新安保と沖縄の総選挙」『世界』一九六〇年一一月号、一七一頁。

(9) 以下、主席公選闘争については[中野・新崎一九六五：一八二―]、[琉球新報編一九八三：四六八―]、沖教組編『教公二法闘争史』沖縄県教職員組合、一九九八年など参照引用。

(10) 以下、[喜屋武一九七〇：三三・四〇―五七]、関広延『沖縄教職員会』三一書房、一九六八年、九九頁、『喜屋武真栄国会報告・第四集』一九七三年、一二三頁。

(11) 二・四ゼネストは[屋良一九七七]、[屋良一九八五]、[琉球新報一九八三]、[新崎一九七六]など参照引用。

(12) 宮城島明(松島朝義)『何故 沖縄人か』離島社、一九七一年。[沖縄研究会編一九七一：一二五]。この「沖縄人プロレタリアート」の思想と中部地区反戦の活動については[森/冨山/戸邉編二〇一六]参照。

第五章

(1) 本章の記述は[森/鳥山編二〇一三]のほか、その時々の新聞報道による。引用・参照の詳しい出典は、繁雑を避けるため一部略した。

(2) 女性人権団体の行動は[井上編一九九六]、高里鈴代『沖縄の女たち』明石書店、一九九六年参照引用。

(3) 以下の記述は、登場する本人やその知人の方々が質問に答えてくださった数多のインタビューによって基本的になりたっている。とくにまとまったかたちのものは巻末の文献一覧に森編のインタビュー記録としてあげた。また森宣雄「安次富浩 よみがえりの海・辺野古」『ひとびとの精神史8』岩波書店、二〇一六年は本章の記述と部分的にかさなる。

(4) 金武湾闘争については、崎原盛秀・照屋勝則・松田米雄さんのご厚意により、近刊の金武湾を守る会編『金武湾闘争史』原稿を参照させていただいた。なお金武湾闘争は、七二年の石川アルミ工場建設反対運動からはじまったと考えるが、この本では外縁部のネットワークに焦点をあてるにとどまるので、トータルな検討は別の機会にゆずる。

（5）この中部地区反戦という存在は、沖縄戦後史の本流部分をたどるこの本では規格外にすぎて収まりきらない。追って「島ぐるみ闘争」以後の沖縄戦後史「外伝」をえがく際にとりあげたい。琉球大学マルクス主義研究会、反戦インター、沖縄闘争学生委員会、中部地区反戦、コザ暴動にいたる系譜である。森宣雄「戦後沖縄社会運動史の往きと還り」『情況』八・九月合併号、二〇一一年、Yoshio Mori, 'The Return to Ordinariness.'『サピエンチア』第四六号に若干提示した。

（6）安次富浩さん、手登根順義さんインタビュー、二〇一五年五月一八日。一坪運動の重要性については城間勝さんから、平安常次さんの役割については手登根さんから教示いただいた。

（7）この陳述は、又吉京子さんがおこなった（沖縄軍用地違憲訴訟支援県民共闘会議編『くさてぃ』一九九八年、一五九頁）。一九七七年、県立の重度知的障がい児施設ゆうな学園で、又吉さんたち保育士は連続拘束時間二七時間という当時の異常な労働条件の改善闘争にとりくんだ。女性の保育労働者や障がい児の待遇改善をあとまわしにする県の姿勢に抗議し、宿直拒否や配置転換拒否をつらぬいた結果、県は又吉さんらを懲戒免職処分にし、さらには労働運動の系列化の混乱のなかで県職労も支援を放棄した。彼女たちを最後まで支援しつづけたのが当山・城間・安次富さんらで、当山さんは処分に抗議して七七年に県職労の組織部長を辞任した。この復帰後労働運動の傷を乗りこえ、真によわい立場によりそう社会運動を切りひらく挑戦が、かれらが事務方を担ったネットワーク諸運動のなかに埋めこまれていた。

（8）岡本太郎『忘れられた日本』中央公論社、一九六一年。古代からのコスモロジーを現代に透視する、このような政治人類学的な見方には、隣接する論点があり、短く触れておこう。第一に、近代の政治から排除されてきた主体の復権・エンパワメントでは近代以前の文化資源がよく活用されるが、それが「女性」や「沖縄」の本質かいなかを学問の高みから論じて定義づけるより、現代史研究としては、それがその時点の社会の文化建設運動としてどう機能し、生きられているかに注目する立場をとることとしたい。

第二に、政治的絶対権力の中心を置かないことで外力の導入と力の均衡・協調を実現する「中空構造」については、構造内に収まらない者への排他的攻撃性や無責任体制化が欠点として指摘され、「中心の空性」を公共的エネルギーで満たして権力による専断を封じ、ひらかれた状態に保つ方法があるのか問われてきた。これに関して本書が示唆するのは二つ。(1)権勢は日没・日の出のように盛衰循環し、党同伐異のいさかいもいずれリセットされると見る太陽神信仰の世界観、つまり「世替わり」と「物呉ゆすど我御主」の権力相対化と生存の思想、(2)社会の公共利益に献身する無名の前衛役割(退場)論である。日本の中空構造(論)や天皇制にはこれらが(欠損劣化して)落ちていて、公共性や生存権の思想で権力を制御し社会を再生させつづけるダイナミズムにとぼしい。それゆえに個人主義や忠誠心からの諫争、「新しい公の創出」といった処方箋が出されても、おおむね表層的な政治提言にとどまってしまうのではないか(丸山眞男『忠誠と反逆』ちくま学芸文庫、一九九八年。河合隼雄『神話と日本人の心』岩波書店、二〇〇三年)。

終章

(1) 屋良朝博『砂上の同盟』沖縄タイムス社、二〇〇九年、宮里政玄・新崎盛暉・我部政明『沖縄「自立」への道を求めて』高文研、二〇〇九年。

(2) 〈現場－世論－政界〉の連動が本格的にはじまったときのもようは、森宣雄「思想史から見た評価書搬入阻止行動」『沖縄タイムス』二〇一二年一月一三日参照。

(3) 伊田浩之「オスプレイ配備撤回要求!! 沖縄〝一揆〟」『週刊金曜日』二〇一三年二月一日。

(4) 私見では、この三つが琉球・沖縄の歴史の中核的な精神だと考えている。詳細は別稿を期したい。琉球・沖縄の歴史観については末次智「歴史叙述と歴史書」『岩波講座日本文学史15』岩波書店、一九九六年、島村幸一『琉球文学の歴史叙述』勉誠出版、二〇一五年参照。

(5) 国際NGOの活動から生まれた、ガバン・マコーマック＋乗松聡子『沖縄の〈怒〉』(法律文化社、二〇一三年)は英語・韓国語・中国語版が出された。さらなる飛躍にむけた環境はととのいつつあるのだろう。

(6) 川満信一さんの非武装中立地帯論については[森／冨山／戸邉編二〇一六]。「万国津梁」は、一四五八年に鋳造され首里城正殿にかけられた鐘にあることばで、アジア世界のかけはしをめざす理念。「非武の島」の伝統は一六世紀初めの武器携行禁止令にはじまり、その後の植民地的支配のなかで形づくられてきたと考えられている。支配の歴史を平和の未来展望へと流用する論法のひとつである。

文献一覧

＊本文・注で書名を示して読書の参考に供したものを除き、［著者　発行年：頁］で略表記した文献の書誌データをまとめて表示する（複数回つかうもの、研究者むけの論著など）。また本文・注からは漏れたが大いに参考にした図書を紙幅のゆるす範囲で若干加え、おすすめに供した（★印）。
＊とくに頻出する加藤哲郎・森宣雄・鳥山淳・国場幸太郎共編『戦後初期沖縄解放運動資料集』全三巻（不二出版、二〇〇四―二〇〇五年）は『資料集』と略記し巻数をローマ数字で示した。

明田川融（二〇〇八）『沖縄基地問題の歴史』みすず書房。
阿波根昌鴻（一九九二）『命こそ宝　沖縄反戦の心』岩波新書★
新川明（一九七一）『反国家の兇区　沖縄・自立への視点』現代評論社。
新崎盛暉（一九六三）「転機に立つ祖国復帰運動」『世界』七月号。
――（一九七六）『戦後沖縄史』日本評論社。
――（一九九六）「一坪反戦地主会顧問・仲宗根政善」『沖縄文化研究』二二号。
――（二〇〇五）『沖縄現代史　新版』岩波新書★
新崎盛暉編（一九六九）『ドキュメント沖縄闘争』亜紀書房。
石牟礼道子（二〇一二）『最後の人　詩人高群逸枝』藤原書店★
石山永一郎（二〇一二）「メア発言の真相と普天間の行方」『世界』八二五号。
井上澄夫編（一九九六）『いま語る沖縄の思い』技術と人間。
色川大吉（一九九二）『歴史の方法』岩波同時代ライブラリー★

上原栄子（一九八九）『辻の華 戦後篇 上』時事通信社。

大田昌秀（一九九六）『拒絶する沖縄』近代文芸社（初版一九七一年）。

大峰林一（二〇〇六）「闇に消えた党内党」加藤哲郎など編『社会運動の昭和史』白順社。

岡本達明／松崎次夫編（一九八九―一九九〇）『聞書水俣民衆史』全五冊、草風館★

沖縄研究会編（一九七一）『沖縄解放への視角』（一九七〇年刊『物呉ゆすど……』を改題）田畑書店。

沖縄タイムス社編刊（一九九八）『庶民がつづる 沖縄戦後史』。

鹿野政直（一九八七）『戦後沖縄の思想像』朝日新聞社（岩波書店刊『鹿野政直思想史論集』第三巻に収録）。

我部政明（一九九四）「歴史認識と沖縄」金両基編『アジアから見た日本』河出書房新社。

――（一九九六）『日米関係のなかの沖縄』三一書房。

――（二〇〇七）『戦後日米関係と安全保障』吉川弘文館。

川満信一（一九八八）『ザ・クロス 二一世紀への予感』沖縄タイムス社。

喜屋武真栄（一九六九）「沖縄からの訴え」『沖縄からの直言 怒りの梯梧』ノーベル書房。

――（一九七〇）『政治を人間の問題として』あゆみ出版社。

金武湾を守る会（一九七八）『海と大地と共同の力』準備書面（第二）。

国場幸太郎（一九七五）『沖縄の歩み』改訂第二刷、アリス館牧新社★

――（二〇一三）「沖縄の人びとの歩み」森／鳥山編（二〇一三）所収。

柴田昌平（二〇〇七）『ひめゆり』公式パンフレット、プロダクション・エイシア。

ジョンソン、チャルマーズ（二〇〇〇）『アメリカ帝国への報復』鈴木主税訳、集英社。

新沖縄フォーラム『けーし風』一八号（一九九八年）、四八号（二〇〇五年）、五七号（二〇〇七年）七七号（二〇一二年）。

進藤榮一（二〇〇二）『分割された領土 もうひとつの戦後史』岩波現代文庫。

大東島正安（一九七二）「復帰運動の総括によせて」「連帯」編集部編『連帯』三号、亜紀書房。

平良悦美（二〇一〇）「海に座る」『あけもどろ』二七号、歴史を拓くはじめの家。

平良辰雄(一九六三)『戦後の政界裏面史』南報社。

高橋敏夫(二〇〇二)『藤沢周平 負を生きる物語』集英社新書★

手登根順義編(二〇一一)「追悼・当山栄さん」『労働情報』八〇六・七号。

照屋林助(一九九八)『てるりん自伝』みすず書房。

ドゥルーズ、ジル(一九八七)『フーコー』宇野邦一訳、河出書房新社。

戸邉秀明(二〇〇八)「沖縄教職員会史再考のために」近藤健一郎編『沖縄・問いを立てる2』社会評論社。

鳥山淳(二〇〇九)「占領と現実主義」鳥山編『沖縄・問いを立てる5』社会評論社。

――(二〇一三)『沖縄／基地社会の起源と相克 一九四五―一九五六』勁草書房。

仲宗根政善(一九八三)『石に刻む』沖縄タイムス社。

――(二〇〇二)『ひめゆりと生きて 仲宗根政善日記』琉球新報社。

中野好夫・新崎盛暉(一九六五)『沖縄問題二十年』岩波新書。

中野好夫編(一九六九)『戦後資料 沖縄』日本評論社。

――(一九七六)『沖縄戦後史』岩波新書★

長元朝浩「相思樹に吹く風 仲宗根政善と時代」『沖縄タイムス』一九九一年六月二〇日から二〇〇回連載★

那覇市史編集室(一九八一)『那覇市史 資料篇 第三巻8 市民の戦時・戦後体験記2』。

西岡虎之助・鹿野政直(一九七一)『日本近代史 黒船から敗戦まで』筑摩書房★

日本教職員組合・沖縄教職員会共編(一九六六)『沖縄の子ら』合同出版。

――(一九六八)『沖縄の母親たち』合同出版。

ネグリ、アントニオ(一九九九)『構成的権力』斉藤悦則／杉村昌昭訳、松籟社。

ノーマン、E・H(一九八六)『クリオの顔 歴史随想集』大窪愿二訳、岩波文庫★

長谷正人(二〇一二)『敗者たちの想像力 脚本家山田太一』岩波書店★

牧野浩隆(一九九〇)「戦後沖縄の経済政策」大田昌秀先生退官記念事業会編刊『沖縄を考える』。

牧港篤三(一九六五)『沖縄精神風景 日本とアメリカの谷間で』弘文堂。

牧港篤三(一九八〇)『沖縄自身との対話・徳田球一伝』沖縄タイムス社。

真尾悦子(一九八六)『いくさ世を生きて』ちくま文庫。

宮里政玄(一九八一)『アメリカの外交政策決定過程』三一書房。

――(二〇〇〇)『日米関係と沖縄』岩波書店。

宮里政玄編(一九七五)『戦後沖縄の政治と法』東京大学出版会。

宮里千里(二〇〇〇)『ウーマク! オキナワ的わんぱく時代』小学館。

森宣雄(二〇〇七)「悼みと政治」『インパクション』一六三号。

――(二〇一〇a)「沖縄戦後史の分岐点が残したある事件」『サピエンチア』第四四号。

――(二〇一〇b)『地のなかの革命 沖縄戦後史における存在の解放』現代企画室。

森宣雄編(二〇一二a)『座談会記録 歴史と現在のなかの「金武湾を守る会」』未公刊。

――(二〇一二b)『崎原盛秀さんインタビュー記録』未公刊。

――(二〇一二c)『安次富浩さんインタビュー記録』未公刊。

――(二〇一二d)『山城博治さんインタビュー記録』未公刊。

森宣雄/冨山一郎/戸邉秀明編(二〇一六)『あま世へ』法政大学出版局(近刊・仮題)。

森宣雄/鳥山淳編(二〇一三)『「島ぐるみ闘争」はどう準備されたか』不二出版。

矢部宏治/須田慎太郎(二〇一五)『戦争をしない国 明仁天皇メッセージ』小学館。

山城博治(二〇一六)「沖縄からひらかれるアジアの平和の世紀」『ひとびとの精神史9』岩波書店。

屋良朝苗(一九七七)『屋良朝苗回顧録』朝日新聞社。

――(一九八五)『激動八年 屋良朝苗回想録』沖縄タイムス社。

琉球新報社編刊(一九八三)『世替わり裏面史 証言に見る沖縄復帰の記録』。

歴史を拓くはじめの家編刊(二〇一一)『歴史を拓くはじめの家三〇周年 こころ華やぐ 文縁を編む』★

Appleman, Roy E. et al. 1991 "Okinawa: The Last Battle," Center of Military History United States Army.

あとがき

あの、ちょっとおたずねしてもいいでしょうか——はい、なんでしょうね。

この本はこうした会話から生まれました。お聞きした話を反芻《はんすう》し、おたずねをかさね、資料をさがしあつめ、文章にまとめてお送りすると、それをご家族や友人に配って、「そのことはこの人に聞いたらいいはずよ」と橋渡ししてくださり、それらが積みかさなって一冊になりました。

方向音痴のぼくはとてもよく人に道をきいてきた。迷ったあげくの助けて……という気もちがにじんでくるから、おたずねした人のようすをじっと見て、教わった道順よりもそちらのほうが鮮明になり、結局たどり着けないから困ったことです。しかし聞き手がダメだと語り手はいろいろと教えてくれて、これはダメだとわかると、わざわざ連れていってくれることもあります。

声をかけられた人たちも喜んでくれることがあったのは謎でした。「これはどうして、なぜ？」おたずねしてゆくと、道をきいたときとおなじに「さあ、どういったらいいだろうね」とあたりを見まわし、思いをめぐらすふうです。語り手の人はそのとき、日常生活での位置どりや目線の高さから、いっとき離れ、過去に自分のあゆんだ道や地元のありようを鳥瞰しています。土地の上をじかにすすむ歴史の流れから自由になる語りを楽しみ、ゆくさきへの思いを教えてくれることもあります。思えば、その飛翔するさまを、美しいものとしてぼくはずっと見てきました。

よく、これほどものご厚意に恵まれたものです。自分の力のなさ・わからなさが、「見ちゃいられない」という思いとゆたかさが示されてくる呼び水へと変えられ、その対話が民衆史の一冊へと結晶したのなら、無力さに苦しんできた甲斐があります。ひとびとのあゆみから沖縄と日本の戦後史、人類のグローバル・ヒストリーを透かし見て、時の円環をめぐり未来へむかう。それは沖縄の人ならではの歴史物語だったのだと、いまにして気づきます。ある意味、これらのご厚意と歴史観の縁由《えんゆう》をたずねたのがこの本です。沖縄のみなさんにこの本を献げます。とりわけ我部《がべ》政明《まさあき》・新崎盛暉《あらさきもりてる》両先生はじめ、四半世紀まえ琉球大学に迷いこんだときお世話になった方がたへ。このあとがきにいたる道は、みなさんのみちびきからはじまりました。お返しになるでしょうか。

本書は学位論文「戦後沖縄 - 奄美 - 日本の解放運動／思想」（大阪大学、二〇〇三年）に全面加筆したもので、加筆にはＪＳＰＳ科研費 20520603, 24520785 の助成をうけました。草稿段階では鹿野《かの》政直《まさなお》・古波藏《こはぐら》契《けい》・照屋《てるや》勝則《かつのり》・戸邉《とべ》秀明《ひであき》・松島《まつしま》朝義《ちょうぎ》さんに懇切なご指導と励ましをいただき、ようやく一書をなしました。また鹿野・戸邉・冨山一郎《とみやまいちろう》さんと発表して、堀場《ほりば》清子《きよこ》さんらの尽力で広めていただいた「戦後沖縄・歴史認識アピール」（『世界』二〇一六年一月号 https://goo.gl/HUO5iM）に寄せられた賛同とメッセージ、辺野古・高江に日々つどうみなさんのとりくみからは、困難な執筆にのぞむ多大な勇気をあたえられました。そして歴史（書）編集者の吉田浩一さんは、五年をかけてこの本を引き出した〈世話人〉であり、産婆役です。みなさまに感謝申しあげます。

二〇一六年二月

森　宣雄

■岩波オンデマンドブックス■

岩波現代全書 086
沖縄戦後民衆史――ガマから辺野古まで

2016年3月17日 第1刷発行
2019年12月10日 オンデマンド版発行

著 者 森《もり》 宣《よし》雄《お》

発行者 岡本 厚

発行所 株式会社 岩波書店
〒101-8002 東京都千代田区一ツ橋 2-5-5
電話案内 03-5210-4000
https://www.iwanami.co.jp/

印刷/製本・法令印刷

ISBN 978-4-00-730954-0 Printed in Japan